Peripherisierung, Stigmatisierung, Abhängigkeit?

Matthias Bernt • Heike Liebmann (Hrsg.)

Peripherisierung, Stigmatisierung, Abhängigkeit?

Deutsche Mittelstädte
und ihr Umgang mit
Peripherisierungsprozessen

Herausgeber
Dr. Matthias Bernt
Leibniz-Institut für Regionalentwicklung
und Strukturplanung (IRS)
Erkner b.Berlin, Deutschland

Dr. Heike Liebmann
B.B.S.M. Brandenburgische Beratungsgesellschaft für Stadterneuerung
und Modernisierung mbH
Potsdam, Deutschland

ISBN 978-3-531-18596-5   ISBN 978-3-531-19130-0 (eBook)
DOI 10.1007/978-3-531-19130-0

Die Deutsche Nationalbibliothek verzeichnet diese Publikation in der Deutschen Natio-
nalbibliografie; detaillierte bibliografische Daten sind im Internet über http://dnb.d-nb.de
abrufbar.

Springer VS

Gedruckt auf säurefreiem und chlorfrei gebleichtem Papier

Springer VS ist eine Marke von Springer DE. Springer DE ist Teil der Fachverlagsgruppe
Springer Science+Business Media.
www.springer-vs.de

Inhalt

Heike Liebmann, Matthias Bernt
Vorwort der HerausgeberInnen 9

Heike Liebmann, Matthias Bernt
Städte in peripherisierten Räumen – eine Einführung 11

Umgang mit Peripherisierung: Theoretische Zugänge und empirische Ergebnisse

Manfred Kühn, Sabine Weck
Peripherisierung – ein Erklärungsansatz zur Entstehung von
Peripherien 24

Sabine Beißwenger, Hanna Sommer
Rahmenbedingungen und Probleme der Peripherisierung in Mittelstädten –
Einordnung der Fallstudienstädte 47

Matthias Bernt
Governanceprozesse und lokale Strategiebildung 65

Manfred Kühn, Sabine Weck
Interkommunale Kooperation, Konkurrenz und Hierarchie 83

Hanna Sommer, Heike Liebmann
Städtische Karrieren zwischen Pfadabhängigkeit und Neuorientierung 107

Thomas Bürk, Sabine Beißwenger
Stigmatisierung von Städten 125

Ergebnisse aus weiteren Studien

Axel Stein, Hans-Joachim Kujath
Peripherisierte Städte im Wettbewerb der Wissensgesellschaft 148

Thomas Bürk, Susen Fischer
Zuwanderung aus dem Ausland – Eine Perspektive für Städte in
peripherisierten Räumen? 178

Daniel Förste
Innere Peripherien in großstädtischen Kontexten – das Beispiel Berlin 193

Resümee

Matthias Bernt, Heike Liebmann
Zwischenbilanz: Ergebnisse und Schlussfolgerungen des
Forschungsprojektes 218

Anhang

AutorInnenverzeichnis 234

Vorwort der HerausgeberInnen

Heike Liebmann, Matthias Bernt

Thema des vorliegenden Buches sind Peripherisierungsprozesse in Mittelstädten, die sich in strukturschwachen Regionen befinden. Wir analysieren dabei unterschiedlichen Problemlagen und Entwicklungsverläufe von Städten in Ost- und Westdeutschland, die durch wirtschaftliche und demographische Krisenerscheinungen geprägt sind und sich mit Problemen der Abhängigkeit, der Abkopplung und der Abwanderung auseinandersetzen müssen. Von Interesse sind dabei für uns vor allem Handlungsoptionen für die Stadtpolitik: Wie wird ihr Handeln durch diese Umstände geprägt? Wie gehen lokale Akteure mit den Problemen um? Unser Anliegen ist, zu erklären, warum Städte trotz vergleichbarer regionaler Ausgangsbedingungen ganz unterschiedliche Entwicklungsverläufe nehmen und wie sie sich in Prozessen des Strukturwandels neu positionieren. Den Titel des Bandes verdanken wir Prof. Dr. Jürgen Aring, der In einer Diskussionsrunde mit Vertretern aus Praxis und Wissenschaft im September 2011 das Handeln der lokalen Akteure in peripherisierten Räumen als „Strampeln im Morast" beschrieb. Wir fanden dieses Bild in vielen Punkten passend und möchten mit der Wahl des Titels für den vorliegenden Band an diese Metapher anknüpfen. Es verweist bereits auf die begrenzten Handlungsmöglichkeiten lokaler Akteure, die ein zentrales Thema unseres Bandes darstellen.

Die Grundlage des Buches bildet das Leitprojekt „Stadtkarrieren in peripherisierten Räumen", das von Januar 2009 bis Dezember 2011 am Leibniz-Institut für Regionalentwicklung und Strukturplanung (Erkner) in der Forschungsabteilung „Regenerierung von Städten" bearbeitet wurde. Leitprojekte des IRS werden über die institutionelle Förderung des Instituts finanziert. Ihre Laufzeit ist identisch mit der Laufzeit eines Arbeitsprogramms. Dabei wird in jeder Forschungsabteilung jeweils ein Leitprojekt von interdisziplinär zusammengesetzten Teams bearbeitet. Mit der Leitprojektforschung verbindet das IRS das Ziel, die Grundlagenforschung auf dem Gebiet der sozialwissenschaftlichen Raumforschung voranzutreiben.

Eine Besonderheit des Projektes „Stadtkarrieren in peripherisierten Räumen" lag vor diesem Hintergrund darin, dass dieses in Kooperation mit WissenschaftlerInnen des ILS - Institut für Landes- und Stadtentwicklungsforschung in Dortmund durchgeführt wurde. Das verantwortliche Projektteam erstreckte sich entsprechend über zwei Institute und umfasste WissenschaftlerInnen aus den Disziplinen Geographie, Stadt- und Regionalplanung und Politikwissenschaft.

Obwohl der Form nach als Sammelband organisiert, verstehen wir die vorliegende Veröffentlichung als Projekt-Monographie. Sie ist arbeitsteilig auf der Grundlage eines gemeinsamen Forschungsprojektes erarbeitet worden und präsentiert sowohl in der konzeptionellen Anlage, als auch im empirischen Material die kollektive Arbeit des gesamten Untersuchungsteams. Die Beiträge sind dabei aufeinander bezogen und widerspiegeln jeweils verschiedene Facetten unserer Untersuchungsergebnisse. Sie werden ergänzt durch weitere Artikel von AutorInnen, die nicht direkt an unserem Forschungsprojekt mitgearbeitet haben, jedoch in ihren Forschungen am IRS Fragen thematisiert haben, die unseren Ansatz hervorragend ergänzen.

Der vorliegende Band richtet sich vor allem an Studierende, Lehrende und Forschende auf dem Gebiet der sozialwissenschaftlichen Stadtforschung sowie an Praxisvertreter der Stadtentwicklung in Wirtschaft, Politik und Verwaltungen.

Die HerausgeberInnen

Städte in peripherisierten Räumen – eine Einführung

Heike Liebmann, Matthias Bernt

Globale wirtschaftliche Restrukturierungsprozesse, interregionale Wanderungen und demographischer Wandel führen weltweit zu einer zunehmend disparaten Stadtentwicklung. Wachsenden Agglomerationen stehen Räume gegenüber, die durch ökonomischen Niedergang, Einwohnerverluste und soziale Probleme geprägt sind. Die „Peripherisierung" von Räumen ist sozusagen die Kehrseite von Wachstums-, Innovations- und Zentralisierungsprozessen.

Gleichzeitig differenzieren sich die Muster, in denen sich Zentralisierungs- und Peripherisierungsprozesse räumlich widerspiegeln, immer weiter aus. Wachstums-, Stagnations- und Schrumpfungsprozesse lassen sich immer häufiger in enger räumlicher Nähe finden. Zusehends sind dabei Konstellationen zu beobachten, die nur noch bedingt dem Gegensatz von innovativer Metropole und strukturschwachen ländlichen Räumen entsprechen. Peripherisierungsprozesse finden sich mittlerweile auch in zentralen Lagen, mitten in strukturstarken Metropolräumen und sie entsprechen auch nicht mehr durchgängig dem für Deutschland typischen Nord-Süd- und Ost-West-Gefälle. Hinzu kommt, dass auch innerhalb peripherisierter Räume zunehmend unterschiedliche Entwicklungsdynamiken zu beobachten sind. Während einige Städte und Regionen dabei geradezu in einer Abwärtsspirale aus wirtschaftlichen, demographischen und sozialen Problemen gefangen scheinen, können andere sich nach einer Zeit der Strukturschwäche neu positionieren und zu alter Prosperität zurück finden.

Differenziert verläuft aber nicht nur die Entwicklung unterschiedlicher peripherisierter Räume – auch im lokalen Umgang mit den durch Peripherisierungsprozesse ausgelösten Entwicklungsproblemen lassen sich zwischen verschiedenen Städten beträchtliche Unterschiede finden. Einige Städte setzen so zur Überwindung der Krise auf eine aggressive Standortpolitik und versuchen, sich im wirtschaftlichen Wettbewerb mit anderen Städten zu positionieren, andere orientieren sich eher an staatlichen Förderprogrammen um die Folgen des Niedergangs (z.B. Wohnungsleerstände, Gewerbebrachen, Überdimensionierte Infrastruktur) zu bearbeiten, während wieder andere Städte derart darniederzuliegen scheinen, dass ihnen von Beobachtern ein „sklerotisches Milieu" (Läpple 1994, S. 41f.) bescheinigt wird, welches nur noch tradierte Handlungsmuster abarbeite und jede Entwicklungschance verbaue.

Sowohl die unterschiedlichen Entwicklungsverläufe peripherisierter Städte als auch die Unterschiede in den Entwicklungsstrategien, mit denen in die Krise geratene Städte versuchen, auf Probleme der „Peripherisierung" zu reagieren, sind bislang in der Forschung eher unbefriedigend bearbeitet worden. So definieren die in Deutschland gängigen Raumkonzepte „periphere Räume" im Wesentlichen mit den geographischen Merkmalen Zentrendistanz, Erreichbarkeit und Siedlungsdichte. Peripher sind demnach besonders die abgelegenen, dünn besiedelten ländlichen Räume oder Grenzregionen – die Beschreibung von Peripherisierungsproblemen innerhalb von Agglomerationen oder in zentralen Lagen fällt damit aus dem Blick. Noch komplizierter gestaltet sich die Forschungslandschaft in Bezug auf den Umgang mit Peripherisierung: Hier konkurrieren bspw. Pfadansätze, welche die Entwicklungschancen von Regionen in ihrer historischen Prägung verorten, mit unterschiedlichen Spielarten von lokalen Governanceanalysen, wirtschaftsgeographischen Untersuchungen und Best-Practice Ratgebern jeder Couleur.

Vor diesem Hintergrund führten das Leibniz-Institut für Regionalentwicklung und Strukturplanung in Erkner (IRS) und das Institut für Landes- und Stadtentwicklungsforschung in Dortmund (ILS) von 2009 bis 2011 im Rahmen ihrer institutionellen Förderung ein gemeinsames Forschungsprojekt unter dem Titel „Stadtkarrieren in peripherisierten Räumen" durch. Dieses Forschungsprojekt bildet die inhaltliche Basis des vorliegenden Bandes. Das Projekt zielte darauf ab, ein integratives und dynamisches Verständnis von Peripherisierung als einem „sozial-räumlichen Prozessbegriff" (Keim 2006) zu entwickeln. Gegenüber dem eher statisch wirkenden Begriff des peripheren Raumes sollte der Blick vor allem auf den Prozess gerichtet werden, „in dem Räume zu peripheren Räumen 'gemacht' werden" (Weck 2009). Von besonderem Interesse war dabei das Wechselspiel zwischen dem lokalen Handeln und überlokalen Rahmenbedingungen, also die Art und Weise, wie als überlokal determiniertes Schicksal erscheinende Peripherisierungsprozesse auf der lokalen Ebene verarbeitet werden.

Forschungsleitend war für das Projekt die These einer doppelten Bedingtheit: Einerseits wurde angenommen, dass Peripherisierungsprozesse für die betroffenen Städte zu spezifischen Handlungsrestriktionen führen, die sich von denen nicht-peripherisierter Städte unterscheiden. Andererseits fußte das Projekt auf der These, dass diese Restriktionen vor Ort in unterschiedlicher Weise verarbeitet werden. Entsprechend ergaben sich für das Forschungsprojekt zwei Leitfragen:

- Wie werden die Handlungsoptionen lokaler Akteure durch Peripherisierungsprozesse geprägt?
- Wie gehen lokale Akteure mit Problemen der Peripherisierung um?

Theoretische Perspektiven

Das Forschungsinteresse richtete sich also auf das Wechselspiel von überlokalen Rahmenbedingungen und lokalem Handeln im Umgang mit Peripherisierungsprozessen. Konzeptionell ließ sich das Projekt damit auf ein kompliziertes Spannungsfeld von struktur-, handlungs-, diskurs- und pfadtheoretischen Ansätzen ein, das in gängigen Theorien zu einer Vielzahl von Ansätzen für die Erklärung städtischen Wandels geführt hat.

Die Antwort auf die Frage, welche Handlungsoptionen strukturschwache Kommunen haben und wie sie diese nutzen können, oszilliert dabei interessanterweise tendenziell zwischen der Einschätzung einer Allmacht und der Diagnose einer Machtlosigkeit lokaler Akteure. Für peripherisierte Städte hat diese Entgegensetzung besondere Relevanz, denn die einzelnen Pole der Debatte legen grundverschiedene Entwicklungsansätze nahe. Während die eher an der überlokalen Strukturierung von Entwicklungspfaden orientierten Ansätze die Notwendigkeit von Investitionen in die Infrastruktur, eine innovative Wirtschaftsförderung und eine adäquate politische Steuerung als Rezept für die Bewältigung von Krisen betonen und das Schicksal krisengeschüttelter Städte sozusagen in die Hände von Markt und Staat legen, betonen auf die „Eigenlogik" lokaler Entwicklungen rekurrierende Ansätze gerade die Bedeutung lokalen Milieus und Wissensbestände und die einem spezifischen Ort innewohnenden endogenen Potenziale. Während Städte in dem einen Ansatz nahezu ausschließlich als ohnmächtiges Objekt von Sachzwängen erscheinen, sind sie in der anderen Sicht tendenziell allmächtige Gestalter ihres eigenen Schicksals.

In der Realität der meisten Städte treffen beide Beschreibungen zu. Allmacht und Ohnmacht sind dabei sozusagen Pole eines Kontinuums, innerhalb dessen eine große Bandbreite von Konstellationen möglich ist. Sie beschreiben sozusagen eher verschiedene Perspektiven, die jeweils unterschiedliche Kausalitäten von Stadtentwicklung betonen. Versucht man die Handlungsoptionen peripherisierter Städte zu untersuchen, erscheint deshalb ein Ansatz angebracht, der beide Perspektiven zusammenführt und sie jeweils zur Analyse unterschiedlicher Momente von Stadtentwicklungspolitik nutzt. Entsprechend wurde in dem Projekt auf fünf grundlegende theoretische Bezüge zurückgegriffen, mit denen jeweils verschiedene Perspektiven auf den lokalen Umgang mit Peripherisierungsprozessen ermöglicht und für das Forschungsprojekt zentrale Fragestellungen konzeptionalisiert wurden.

- Eine erste Perspektive verweist auf Debatten, die unter der Überschrift „Local Dependence" in den 1980er und 1990er Jahren in der angelsächsischen Stadtforschung geführt wurden. Dabei wurden lokale Entwicklungen vor allem als Ergebnis der sich ändernden Position dieser Städte auf Märkten interpretiert (bspw. Peterson 1981, Molotch und Logan 1987, Cox und

Mair 1988). Theoretisch auf verschiedenen Traditionen fußend (v.a. Public Choice und Neomarxismus), wurde argumentiert, dass die Spielräume für Stadtentwicklung im Wesentlichen von der Gunst von Investoren und von der Attraktivität des jeweiligen Standorts auf überlokalen Märkten abhingen. Für die Optionen der lokalen Entwicklung sei demnach vor allem die Position des jeweiligen Standorts in überlokalen Wirtschaftskreisläufen ausschlaggebend, deren Wandel die lokale Politik mehr oder weniger schutzlos ausgesetzt sei.

▪ Eine weitere Perspektive, die für das Verständnis des Wechselverhältnisses von lokalen Spielräumen und überlokalen Rahmenbedingungen zentral ist, findet sich in der, seit etwa zehn Jahren unter dem Stichwort „Scales" bekannt gewordenen, humangeographischen Literatur über die Verflechtung lokaler mit regionalen, nationalen und globalen sozialräumlichen Maßstabsebenen. Verschiedene sozialräumliche Maßstabsebenen (lokal, regional, national, global) sind demnach einem permanenten Prozess des „Rescaling" (Brenner 2004) unterworfen, indem sich ihr Verhältnis zueinander fortlaufend verändert. Globalisierung, Regionalisierung und Lokalitätsbildung sind entsprechend nicht als konkurrierende, sondern als komplementäre und gleichzeitige Prozesse zu verstehen (Swyngedouw 1997). In ähnlicher Art und Weise beschreibt der eher in politikwissenschaftlichen Beiträgen verwendete Begriff der „Multilevel-Governance" (Benz 2004) die dynamischen Mehrebenenprozesse in vertikal gegliederte Staatsorganisationen, bei denen Kompetenzen und Ressourcen auf verschiedene Staatsebenen verteilt sind.

▪ Eine dritte Perspektive beleuchtet unter dem Begriff „Urban Governance" (vgl. Pierre 1999, Kooiman 2003, Di Gaetano und Strom 2003) eher das Zustandekommen handlungsfähiger lokaler Koalitionen in einem Geflecht vielfältiger staatlicher und nicht-staatlicher Akteure. Als vieldeutiger Terminus verweist „Urban Governance" auf das weite Feld zwischen Staat, Markt und Netzwerken, in dem öffentliche Entscheidungen getroffen werden, und bezeichnet Konstellationen, in denen private, öffentliche und zivilgesellschaftliche Akteure die öffentlichen Angelegenheiten von Städten regeln. Governance ist also ein Prozess, in dem eigeninteressierte Akteure Formen von Konflikten und Kooperationen entwickeln, und in dessen Ergebnis Interessen austariert und Entscheidungen getroffen werden. Politische Entscheidungen unter einer Governance-Perspektive zu untersuchen, beinhaltet dabei einen Analysefokus, der den Schwerpunkt auf das Zusammenspiel von Interessen und Handlungsorientierungen privater, öffentlicher und zivilgesellschaftlicher Akteure mit dem institutionellen Kontext, in dem diese wirken, setzt.

- Da das Handeln lokaler Akteure nicht allein als rationales Ausagieren von Interessen, Rollen und Strukturen verstanden werden kann, erlangt – viertens – die soziale Konstruktion von Policy-Issues, d.h. die Transformation von Normen, Vorstellungen und Deutungsmustern zu hegemonialen Narrativen eine grundlegende Bedeutung für das Verständnis von Stadtentwicklungspolitik. Dieser Zusammenhang zwischen diskursiven Praktiken und Imaginationen sowie politischer Hegemonie wurde bereits von Gramsci und Foucault konzeptionalisiert und ist seitdem verbindendes Thema einer Vielzahl von Diskurstheorien (für einen Überblick siehe Keller 2008; Torfing 1999). Städte bilden dabei – im Sinne eines Verständnisses von sozialer Konstruktion von Wirklichkeit – ein dynamisches Ergebnis und Medium kollektiver Aushandlungs- und Deutungshandlungen gesellschaftlicher Entwicklung. Über Städte kommunizierte Bilder und Imaginationen orientieren in diesem Verständnis jeweils auf Ausschnitte städtischer Wirklichkeit, die mit Bedeutung aufgeladen werden. Hierdurch werden Problemwahrnehmungen und Handlungsperspektiven vorselektiert und Fragen der Stadtentwicklung in ein spezifisches Verständnis der betreffenden Stadt eingebettet. Diese Bilder der jeweiligen Stadt können als wirkmächtige *agenda-setting* und *framing*-Prozesse der Stadtpolitik betrachtet werden.
- Beschreiben ökonomische Dependenz, politische Mehrebenenverflechtung, Urban Governance und lokale Diskurse vor allem die Bedingungen, unter denen Stadtentwicklungspolitik in der *Gegenwart* gemacht wird, beschäftigen sich Konzepte der Pfadabhängigkeit (David 1985; Arthur 1994) vor allem mit den zeitlich oft weit zurückreichenden Vorprägungen heutiger Entwicklungen. Dabei wird die Historizität von Institutionen betont und davon ausgegangen, dass in der Vergangenheit getroffene Entscheidungen, eingebürgerte Denkweisen und Routinen in die Gegenwart hinein wirken. Institutionell verfestigte Pfadabhängigkeiten, die sich im Schatten eines ehemals erfolgreichen Stadtentwicklungspfades herausgebildet haben, können so in Krisenzeiten einen dynamischen institutionellen Wandel zur Überwindung dieser Krise in irrationaler Weise hemmen oder gar verhindern („lock-ins").

Welche Schlussfolgerungen lassen sich aus den hier skizzierten theoretischen Bezügen für die Analyse des lokalen Umgangs mit Peripherisierungsprozessen ableiten? Zunächst ist festzuhalten, dass die in den Ansätzen beschriebenen stadtentwicklungspolitischen Muster ein kompliziertes Wechselspiel von überlokaler Determinierung und lokalem Handeln nahelegen. Angesichts unterschiedlicher makrotheoretischer Prämissen der dargestellten Ansätze ist es gleichzeitig kaum möglich, unterschiedliche Konzepte zu einer Art „Universaltheorie" zusammenzufassen. Entsprechend blieb dem Forschungsprojekt

eigentlich nur die Wahl, verschiedene Perspektiven, mehr oder weniger summa-
risch, in ein recht einfaches Modell zusammenzufassen, das sozusagen die konzeptionelle Grundlage für die Entwicklung des empirischen Forschungsdesigns
bilden konnte. Dabei wurde davon ausgegangen, dass sich ökonomische Basis
und Mehrebenenverflechtung zusammengefasst als gesellschaftlicher Kontext
beschreiben lassen, in dem die Parameter für lokale Politikprozesse gesetzt
werden. Dieser gesellschaftliche Kontext selektiert die Chancen für verschiedene lokalpolitische Akteure, handlungsfähige Allianzen zu formen, und begüns-
tigt damit die Durchsetzung je verschiedener Entwicklungskonzepte. Gleichzeitig sind die formulierten Konzepte diskursiv fundiert, d.h. sie setzen sich in ein
Verhältnis zu Selbst- und Fremdbildern der Stadt und aus diesen resultierenden
Zukunftsentwürfen. Das auf dieser Grundlage entwickelte Design versuchte
deshalb verschiedenen Dimensionen der Peripherisierung möglichst gleichberechtigt Rechnung zu tragen und untersuchte sowohl die ökonomischen und
politischen Rahmenbedingungen der jeweiligen Städte, als auch die in diesen
Städten vorzufindenden Politikarenen und Diskursformationen.

Empirischer Hintergrund

Auf der Basis dieser Konzeption wurden schließlich vertiefende qualitative
Fallstudien in sechs Mittelstädten West- und Ostdeutschlands, die in drei peripherisierten Räumen liegen, durchgeführt. Es handelt sich dabei um die Städte
Eschwege und Osterode im Raum Nordhessen / Südniedersachsen, Pirmasens
und Völklingen im Raum Westpfalz / Saarland sowie Sangerhausen und Lutherstadt Eisleben im Mansfelder Land / Südharz. Diese Gemeinden bildeten die
empirische Grundlage für unsere Forschungen, die im vorliegenden Buch dargestellt werden.
    Die Auswahl der Räume erfolgte anhand des eher einfachen, aber dafür ro-
busten Indikators „Abwanderung", d.h. anhand einer Auswertung der Fernwan-
derungsbilanzen in der Altersgruppe der 15-65jährigen für den Zeitraum der
letzten 20 bzw. (bei entsprechender Datenverfügbarkeit) 30 Jahre. Abwanderung wurde dabei als „Abstimmung mit den Füßen" verstanden, die in der Entscheidung für „Gehen" oder „Bleiben" auf mangelnde Zukunftsperspektiven
hindeutet. Neben diesem quantitativen Indikator wurden bei der Auswahl der
Untersuchungsräume weitere Kriterien in Bezug auf die Aspekte der Abhängigkeit und Abkopplung berücksichtigt, bspw. im Hinblick auf den Besatz mit
wissensbasierten Arbeitsplätzen oder die Zuweisung von Förderkategorien der
EU. Innerhalb der Untersuchungsräume wurden jeweils zwei Referenzstädte
ausgewählt, die trotz vermeintlich ähnlicher äußerer Rahmenbedingungen und
Strukturkontexte unterschiedliche Entwicklungsverläufe zeigen. Die Auswahl

der Städte erfolgte wiederum über sekundärstatistische Auswertungen, insbesondere aber auf der Grundlage von Experteninterviews in den Regionen, in
denen wichtige Hinweise auf unterschiedliche Handlungsmuster im lokalen
Umgang mit Peripherisierungsprozessen gewonnen werden konnten.

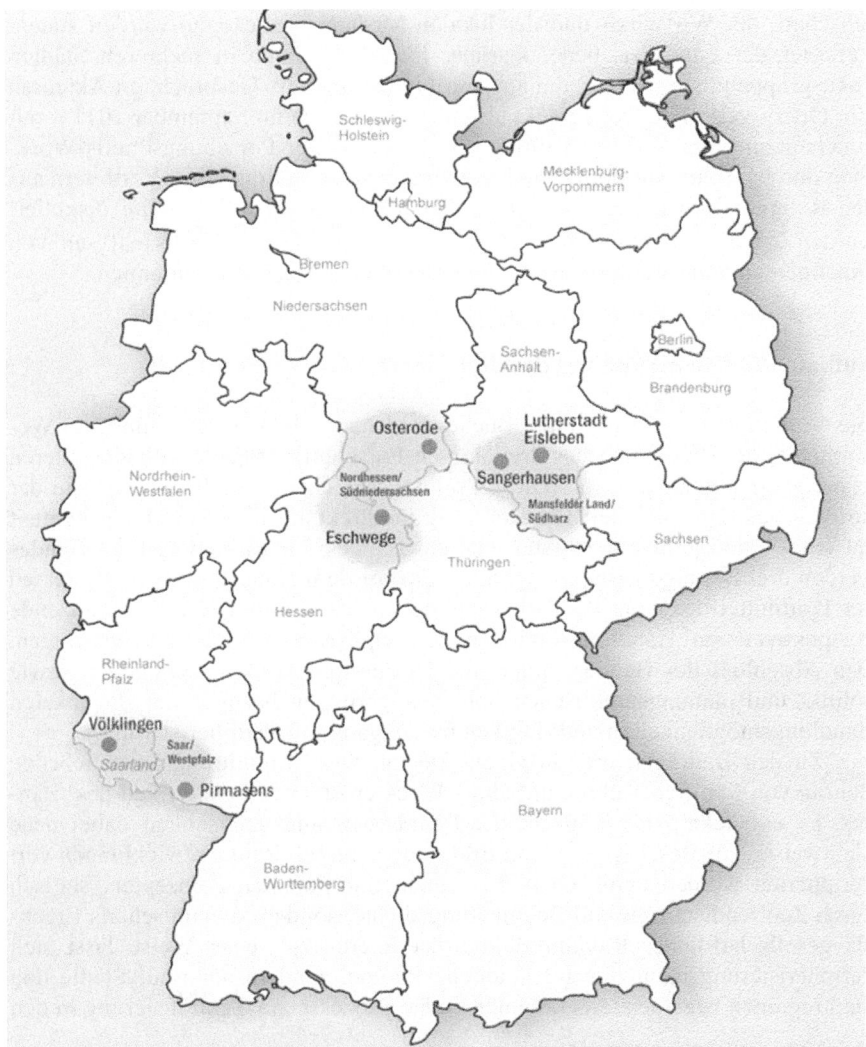

Abb. 1:   Lage der Referenzstädte (eigene Darstellung)

In den Referenzstädten wurden in der Zeit von Ende 2009 bis Ende 2010 insgesamt mehr als 120 leitfadengestützte Experten-Interviews durchgeführt und ausgewertet *(Pirmasens 20, Völklingen 19, Osterode 34, Eschwege 15, Eisleben 18, Sangerhausen 18)*. Die Auswahl der Interviewpartner umfasste sowohl die lokale Politik und Verwaltung als auch Akteure aus dem Bereich der Zivilgesellschaft, der Wirtschaft und der lokalen Medien. Einbezogen wurden zudem Vertreter der Landkreisebene. Darüber hinaus erfolgten in mehreren Städten Fokusgruppendiskussionen, um ausgewählte Themen im Gespräch mit Akteuren Vor Ort zu vertiefen. Das Projekt abschließend wurde im September 2011 – mit Unterstützung der Montag-Stiftung – ein zweitägiger Forschung-Praxis-Workshop durchgeführt, auf dem Projektergebnisse vorgestellt und mit Vertretern aus den Referenz- sowie weiteren Mittelstädten und aus der Forschung diskutiert wurden.[1] Weiterhin wurden Recherchen und qualitative Inhaltsanalysen von Dokumenten und Literatur sowie lokalen Presseberichten vorgenommen.

Aufbau und Gliederung des Bandes

Die Grundlage des vorliegenden Buches bilden, wie bereits ausgeführt, im Wesentlichen die Ergebnisse des dreijährigen Forschungsprojektes „Stadtkarrieren in peripherisierten Räumen". Diese Projektgeschichte spiegelt sich auch in der Struktur des Bandes wider: Die Beiträge, die direkt aus dem Forschungskontext entstanden sind, bilden den ersten Teil des Bandes. Im zweiten Teil des Bandes werden drei Beiträge zusammengeführt, die vor dem Hintergrund von Projekten der Drittmittelforschung des IRS geschrieben wurden und jeweils ergänzende Perspektiven auf Handlungsoptionen in peripherisierten Räumen einbringen. Den Abschluss des Bandes bildet eine Diskussion von konzeptionellen sowie politik- und planungspraktischen Schlussfolgerungen bezogen auf die lokalen Handlungsmöglichkeiten und -logiken im Umgang mit Peripherisierung.

Zu den Beiträgen im Einzelnen: Der an diese Einführung anschließende Beitrag von Manfred Kühn und Sabine Weck eröffnet den ersten Teil des Bandes. Er entwickelt das Konzept der Peripherisierung und schlägt dabei neue Sichtweisen zur Beschreibung und Erklärung aktueller Raumentwicklungen vor. Peripherien werden demnach nicht, wie in traditionellen Konzepten, statisch durch Zentrendistanzen und Bevölkerungsdichte, sondern dynamisch als Ergebnis gesellschaftlicher Raumproduktion definiert. Auf diese Weise lässt sich Peripherisierung nicht nur auf ländliche Räume, sondern auch auf Städte und Stadtregionen beziehen. Als komplementäre Prozesse zur Zentralisierung in den

---

1   Dokumentation dieses Workshop unter Montag Stiftung 2012

Metropolen werden Prozesse der demographischen Abwanderung, wirtschaftlichen und politischen Abhängigkeit und der infrastrukturellen Abkopplung unterschieden. Peripheriebildung wird so nicht nur mit Kriterien von Dichte und geographischer Lage, sondern auch mit sozioökonomischen und politischen Faktoren analysiert.

Der Beitrag von Sabine Beißwenger und Hanna Sommer setzt dort an und stellt die sechs Referenzstädte des Forschungsprojektes vor. Deutlich werden dabei Unterschiede, aber auch Gemeinsamkeiten der Städte Eschwege und Osterode am Harz in Nordhessen / Südniedersachsen, Pirmasens und Völklingen in der Region Saar / Westpfalz sowie Sangerhausen und Lutherstadt Eisleben im Südwesten Sachsen-Anhalts. Aufgezeigt werden Wechselwirkungen zwischen den Problemen der Abwanderung, der Abhängigkeit und der Abkopplung, sowie unterschiedliche Konstellationen, Intensitäten und Geschwindigkeiten dieser Teilprozesse.

Der Beitrag von Matthias Bernt zu Governanceprozessen und lokaler Strategiebildung diskutiert die Spezfika lokaler Governanceformen unter den Bedingungen der Peripherisierung. Am Beispiel der peripherisierten Mittelstädte Völklingen, Sangerhausen, Eisleben, Eschwege, Pirmasens und Osterode wird dabei der lokale politische Umgang mit Peripherisierungsproblemen analysiert. Dabei wird zum einen deutlich, dass in peripherisierten Städten nationale und europäische Entscheidungsebenen für die lokale Politik an Bedeutung gewinnen. Andererseits werden zwischen den Städten sehr verschiedene lokale Konstellationen und Handlungsdynamiken sichtbar. Auf dieser Grundlage wird lokale Governance in dem Beitrag als „Schnittstellenmanagement" zwischen lokalen Politikstrukturen und überlokalen Handlungsfenstern entschlüsselt. Eine übergreifende Gemeinsamkeit aller untersuchten Städte ist dabei die Abhängigkeit von externen Ressourcen, die vor Ort langfristig angelegte Stadtentwicklungsstrategien erschwert.

Nach dem Blick auf die lokalen Governanceprozesse widmen sich Manfred Kühn und Sabine Weck im folgenden Beitrag der Strategiebildung im Umgang mit Peripherisierung im regionalen Kontext. Sie gehen davon aus, dass sich in peripherisierten Regionen der interkommunale Standortwettbewerb um Einwohner, Unternehmen und staatliche Fördermittel verschärft. Dadurch sind Mittelstädte zunehmend gefordert, sich strategisch zu positionieren. Horizontal wird die Position der Städte dabei durch ein Verhältnis von Konkurrenz und Kooperation zu den Umlandgemeinden und Nachbarstädten bestimmt. Vertikal bestimmt sich die Position der Städte durch ihren Status als Kreisstadt oder Mittelzentrum sowie den Zugang zu Fördermitteln. Der Beitrag fokussiert am Beispiel der Städte Pirmasens und Eschwege auf die Frage, inwieweit städtische Akteure als Lösungsstrategie im Umgang mit Peripherisierung die Möglichkeiten der Positionierung nutzen. Es wird auf drei Handlungsbereiche eingegangen:

die interkommunale Kooperation, der Anschluss an Metropolregionen und die aktive Mehrebenenverflechtung.

Der Beitrag von Hanna Sommer und Heike Liebmann zu städtischen Karrieren zwischen Pfadabhängigkeit und Neuorientierung setzt sich mit der Historizität von Stadtentwicklungsprozessen auseinander. Anhand der beiden durch Deindustralisierung gekennzeichneten Mittelstädte Lutherstadt Eisleben und Sangerhausen wird gezeigt, wie und warum zentrale lokale Leitthemen in historischer Betrachtung – trotz Strukturwandel und Strukturbrüchen – Bestand haben, den Akteuren Handlungsorientierungen, aber auch Potenziale für Reinterpretationen bieten und Chancen eröffnen, um an bereits verschüttete traditionelle lokale Themen anzuknüpfen.

Der Beitrag von Thomas Bürk und Sabine Beißwenger greift einen bis dahin kaum beleuchteten Aspekt der Peripherisierung: die Stigmatisierung von Städten in lokalen und überlokalen Medien. Um die Bedeutung von Stigmatisierung besser zu verstehen, werden die Städte Sangerhausen und Völklingen genauer auf dieses Phänomen hin analysiert. Anhand von diskursanalytischen Auswertungen von Medienbeiträgen und Interviewmaterial wird nachgezeichnet, mit welchen Themen und durch welche Akteure Stigmatisierung vollzogen und wie diese in den Städten aufgegriffen wird. Es wird gezeigt, wie durch ‚negatives Branding' nicht nur Stadtteile, sondern ganze Städte Gegenstand von Stigmatisierungsprozessen werden. Stigmatisierung entschlüsselt sich dabei als ein Akt der kommunikativen Konstruktion von sozialem Raum auf der Grundlage der Skandalisierung von Problemlagen wie Arbeitslosigkeit, Rechtsextremismus oder innerstädtischen Gewerbeleerständen.

Der zweite Teil des Bandes mit Beiträgen aus passfähigen Forschungskontexten des IRS wird eröffnet durch einen Beitrag von Axel Stein und Hans-Joachim Kujath zu peripherisierten Städten im Wettbewerb der Wissensgesellschaft. Der Beitrag geht davon aus, dass moderne Gesellschaften durch einen Strukturwandel gekennzeichnet sind, der als Entwicklung von der Industrie- zur Wissensgesellschaft beschreibbar ist. Damit rückt Wissen als kreative Ressource in den Mittelpunkt des Wirtschaftens und verändert auch das soziale Leben im Raum. Der zunehmende (globale) Wettbewerbsdruck zwingt Unternehmen, aber auch Städte und Regionen, sich der Entwicklung zu einer Wissensgesellschaft pro-aktiv zu stellen. Auf der örtlichen Ebene müssen sich vor allem Arrangements entwickeln, die den Anschluss an globale Lern- und Innovationsnetzwerke sicherstellen und die Verarbeitung globalen Wissens möglich machen. Die Gestaltung des Spannungsverhältnisses zwischen lokalen Besonderheiten und globaler Integrationsfähigkeit wird in den (peripherisierten) Klein- und Mittelstädten zu einer besonderen Herausforderung. Dies wird anhand einer empirischen Untersuchung zum Entwicklungsstand der Wissensgesellschaft und deren globaler Vernetzung in Städten und Regionen von Rheinland-Pfalz aufgezeigt.

Im anschließenden Beitrag von Susen Fischer und Thomas Bürk wird die Zuwanderung von Migranten in Städte in peripherisierten Räumen thematisiert. Ausgangspunkt des Beitrages ist, dass Abwanderung als ein wesentliches Merkmal von Peripherisierung beschrieben wird. Inzwischen aber löst die Auseinandersetzung mit dem demografischen Wandel in einigen Städten, insbesondere in strukturschwachen Regionen Deutschlands, eine verstärkte Beschäftigung mit der Zuwanderung ausländischer Migranten aus. Während die Kommunen in der Vergangenheit aus Sorge um ihre finanzielle Situation noch weitgehend für einen Zuwanderungsstopp warben, sind es nun vor allem Kommunen in peripherisierten Räumen, die eine Lockerung des Zuwanderungsrechts und die Anerkennung im Ausland erworbener, akademischer Abschlüsse fordern. Vor diesem Hintergrund fragt der Beitrag, inwieweit und unter welchen Voraussetzungen Zuwanderung Prozessen der Peripherisierung entgegensteuern kann.

Der dritte Beitrag in diesem Teil des Buches nimmt eine Perspektiverweiterung im Hinblick auf den betrachteten räumlichen Kontext vor. Daniel Förste diskutiert am Beispiel der Stadt Berlin, inwieweit sich das Konzept der Peripherisierung auf großstädtische Kontexte übertragen lässt und zu einem besseren Verständnis von dort zu beobachtenden Phänomenen beiträgt. Der Beitrag fokussiert auf die Entmischung von Quartieren mit der Folge sich verfestigender Exklusion und Segregation. Die Zunahme der sozialen Ungleichheit im Zuge des Strukturwandels von der Industrie- zur Dienstleistungsgesellschaft zeigt sich dabei in verstärktem Maße in den Auf- und Abwertungsprozessen von Stadtteilen. Anhand einer empirischen Auswertung von Monitoringdaten für Berlin wird analysiert, ob sich durch die sozialstrukturellen Gegensätze in den Berliner Stadtteilen „innere Peripherien" ergeben, deren Funktionslogiken und Entwicklungen mit denen der bisher untersuchten peripherisierten Klein- und Mittelstädte vergleichbar sind.

Im abschließenden Beitrag von Matthias Bernt und Heike Liebmann werden die inhaltlichen Facetten und Ergebnisse der Einzelbeiträge zusammengeführt und daraus Schlussfolgerungen hinsichtlich lokaler Handlungsmöglichkeiten und -logiken im Umgang mit Peripherisierung gezogen.

Literatur

Benz A (2004) Multilevel Governance - Governance in Mehrebenensystemen. In: Benz A (Hrsg) Governance – Regieren in komplexen Regelsystemen. VS Verlag für Sozialwissenschaften, Wiesbaden, S 125-146

Brenner N (2004) New state spaces. Urban Governance and the rescaling of statehood. Oxford University Press, Oxford

Cox KR, Mair A (1988) Locality and Community in the Politics of Local Economic Development. In: Annals of the Association of American Geographers, 78 (2), S 307-325

Di Gaetano A, Strom E (2003) Comparative urban governance. An integrated approach. In: Urban Affairs Review 34 (4), S 546-577

Keim KD (2006) Peripherisierung ländlicher Räume. In: Aus Politik und Zeitgeschichte. 37/2006 Beilage zur Wochenzeitung Das Parlament, S 3-7

Kooiman J (2003) Governing as Governance. Sage Publications, London

Läpple D (1994) Zwischen gestern und übermorgen. Das Ruhrgebiet – eine Industrieregion im Umbruch. In: Kreibich R, Schmid AS, Siebel W, Sieverts T, Zlonicky P (Hrsg): Bauplatz Zukunft. Dispute über die Entwicklung von Industrieregionen. Essen, S 37-51

Molotch HL, Logan JR (1987) Urban Fortunes. The Political Economy of Place. University of California Press, Berkeley

Montag-Stiftung (2012) Mittelstädte im peripherisierten Raum zwischen Abkopplung und Innovation. Ergebnisse eines Experten-Workshops in Günne/Möhnesee am 08. und 09. September 2011

Peterson PE (1981) City Limits. University of Chicago Press, Chicago

Pierre J (1999) Models of Urban Governance. The institutional Dimensions of Urban Politics. In: Urban Affairs Quarterly, 34 (3), S 372-396

Swyngedouw E (1997) Neither Global nor Local. 'Glocalization' and the Politics of Scale. In: Cox KR (Hrsg): Spaces of Globalization. Reasserting the Power of the Local, Guilford, New York und London, S 137-166

Weck S (2009) Charakterisierung von „peripherisierten Räumen" und „Peripherisierung" im Rahmen des Projektes, Internes Arbeitspapier; ILS Dortmund

Theoretische Zugänge und empirische Ergebnisse des Umgangs mit Peripherisierung

Peripherisierung – ein Erklärungsansatz zur Entstehung von Peripherien

Manfred Kühn, Sabine Weck

1 Einleitung

In der Raumentwicklung der letzten Jahrzehnte zeigen sich zunehmende Ungleichheiten sowohl zwischen als auch innerhalb von Städten, Regionen und Ländern. Dabei sind zunehmend disparate Wachstums- und Schrumpfungsprozesse zu beobachten: Einerseits zählen in Deutschland einige ländliche Räume in Grenzlage, die vor wenigen Jahrzehnten noch als „strukturschwach" und „provinziell" galten, heute zu den wachstumsstarken und dynamischen Regionen. Dies gilt z.B. für das Emsland oder die Bodenseeregion. Andererseits sind von den seit etwa anderthalb Jahrzehnten besonders mit Bezug auf Ostdeutschland diskutierten Schrumpfungsprozessen auch westdeutsche, zentral gelegene Regionen wie Nordhessen oder das Ruhrgebiet betroffen. „Schrumpfung" ist zudem nicht mehr nur ein Thema peripher gelegener ländlicher Räume, vielmehr kämpfen auch altindustrielle Städte und Stadtregionen, die den Strukturwandel der Deindustrialisierung nicht bewältigt haben, mit Bevölkerungsverlusten. Das alte Bild von städtischen Zentren, die Motoren für Innovationen und wirtschaftliche Dynamik sind und im Gegensatz hierzu stehenden ländlichen Peripherien, die sich entleeren, ist vor diesem Hintergrund immer weniger in der Lage aktuelle Entwicklungen zu erklären. Heute finden sich kleinräumig schrumpfende Teilgebiete auch innerhalb von wachsenden Agglomerationsräumen – so wie sich andersherum auch innerhalb von peripher gelegenen Regionen Wachstumskerne finden lassen. Strukturindikatoren wie Lage, Erreichbarkeit und Siedlungsdichte reichen deshalb nicht mehr aus, um Aufstieg und Niedergang einzelner Teilregionen zu erklären.

Entsprechend werden in diesem Beitrag Erklärungsansätze diskutiert, die Peripherien weniger als räumlichen Zustand, denn Peripherisierung als sozialräumlichen Prozess konzeptualisieren. Gegenüber einer räumlich-statischen Definition von Peripherie fokussieren wir also vor allem auf die Prozesse, in denen Peripherien produziert und reproduziert werden, und berücksichtigen somit das Handeln der Akteure. Dabei unterscheiden wir zwischen den Prozessen der Abhängigkeit, der Abkopplung, der Abwanderung und der Stigmatisierung.

Im folgenden Kapitel 2 wird zunächst die Entwicklung des wissenschaftlichen Diskurses zur Erklärung von Peripherien, oder genereller gefasst, konzeptioneller Ansätze ungleicher räumlicher Entwicklung dargestellt. Danach wird auf das Verständnis von Peripherien in der deutschen Raumordnung eingegangen, das vor allem auf Kriterien der geographischen Lage, der Erreichbarkeit und der Siedlungsstruktur basiert. Demgegenüber wird in Kapitel 3 ein Erklärungsansatz für die Peripherisierung von Räumen entwickelt. Dabei werden ökonomische, politische, infrastrukturelle sowie kommunikative Prozesse der Peripherisierung unterschieden. Abschließend wird in Kapitel 4 ein Fazit zum Mehrwert des von uns gewählten Verständnisses von Peripherie und Peripherisierung gezogen.

2 Zur Konstruktion von Peripherien in Forschung und Raumordnung

2.1 Peripherien in der Forschung

Das wissenschaftliche Verständnis davon, was Peripherien sind und wie diese entstehen, hat sich in den letzten Jahrzehnten grundlegend verändert. Im Gegensatz zu althergebrachten Ansätzen wird die Konstruktion von Peripherien heute verstärkt unter Bezugnahme auf den komplementären Gegensatzprozess der Zentralisierung diskutiert und in den breiteren Kontext ungleicher räumlicher Entwicklung eingeordnet.

Ungleiche räumliche Entwicklung und die Perpetuierung von Entwicklungsunterschieden zwischen Zentrum und Peripherie wurden so bereits in den 1950er Jahren über die Polarisationstheorien thematisiert (z.B. Polarisationseffekte nach Hirschman 1958; Modell des Prozesses kumulativer Wachstums- und Schrumpfungsprozesse nach Myrdal 1957). Polarisationstheorien widersprachen der bis dahin gängigen neoklassischen Modellannahme in der Regionalökonomie, dass sich Entwicklungsunterschiede zwischen Zentrum und Peripherie langfristig über eine den Märkten innewohnende Gleichgewichtstendenz angleichen. Die Polarisationstheorien argumentierten demgegenüber, dass sich räumliche Ungleichgewichte im Laufe der Zeit nicht von selbst ausgleichen, sondern sich im Gegenteil regionale Disparitäten über den Markt verfestigen und vertiefen und somit zu räumlich langfristig divergierenden Entwicklungsprozessen führen.

Auf polarisationstheoretischen Erklärungsansätzen aufbauend wurden die Beziehungen zwischen Zentrum und Peripherie in den 1960er und 1970er Jahren auf unterschiedlichen Maßstabsebenen weiterentwickelt; zum einen auf einer globalen Ebene, zum anderen auf einer Stadt-Umland-Ebene. Den im Rahmen der Dependenztheorien entwickelten Zentrum-Peripherie-Modellen, die sich insbesondere auf das Verhältnis von industrialisierten Ländern zu sogenannten Entwicklungsländern bezogen (z.B. Friedmann 1973; Wallerstein 1974; Senghaas 1974), liegt ein Verständnis von einer Peripherie zu Grunde, deren (systematische) Marginalisierung das Wachstum eines dynamischen Zentrums erst ermöglicht. Im Stadt-Umland-Verhältnis gehen die Wachstumspolkonzepte von einer Dualität aus, in der die städtische Agglomeration das Wachstumszentrum für ein davon abgrenzbares ländlich strukturiertes „Hinterland" darstellt. Die Arbeiten zur Wachstumspoltheorie (Lasuén 1973; Boudeville 1966) analysierten, wie die Ballung von Funktionen und Aktivitäten in einem Agglomerationsraum, die Durchsetzung von Innovationen und andere Entwicklungsimpulse sich gegenseitig zirkulär verstärken und daraus räumliche Entwicklungsunterschiede – eine boomende Entwicklung in einigen wenigen Regionen und die Abwanderung von Ressourcen aus den entwicklungsschwächeren Regionen – entstehen, die sich perpetuieren. Peripherien lagen in diesen Modellen „am Rande" bzw. „on the edge of contiguous spaces" (Herrschel 2011, S. 93). Anfänglich einfache statische Modelle wurden dabei um die Analyse zirkulärer sich selbst verstärkender und pfadabhängiger Entwicklungen, um Machtbeziehungen und Abhängigkeiten auf unterschiedlichen Maßstabsebenen und um die Frage nach der (fremdbestimmten) Bewertung und Interpretation der Peripherien erweitert.

Auch für unser heutiges Verständnis des Verhältnisses von Zentrum und Peripherie ist interessant, wie in den beschriebenen Beiträgen Autoritätsbeziehungen und Abhängigkeiten zwischen Zentrum und Peripherie analysiert wurden. John Friedmann (1973) definierte Zentren so als Regionen mit hoher Innovationsdichte („core regions"), während alle übrigen Gebiete als Peripherien („peripherial regions") konzeptualisiert wurden. Für Friedmann bildeten Zentrum und Peripherie dabei ein geschlossenes räumliches System, bei dem die Stellung des Zentrums nur durch die Stellung der Peripherie erklärt werden kann, und vice versa. Das Verständnis von Zentrum und Peripherie erweiterte sich mit Friedmann um politische und soziale Aspekte, um Machtbeziehungen und Abhängigkeiten. Zentrum und Peripherie bilden deshalb für Friedmann ein zusammenhängendes räumliches System, in dem die Kernregionen ihre Peripherien in organisierte Abhängigkeit bringen und halten, die Dominanz der Zentren sich über verschiedene Effekte selbst verstärkt und diese Dominanz durch die Einführung von Innovationen aus dem Zentrum in die Peripherie noch verstärkt wird (Friedmann 1973, S. 51ff.).

Gegenüber diesen, stark durch die Dependenztheorie beeinflussten Ansätzen haben jüngere Beiträge zunehmend die starre Dichotomisierung von Zentrum und Peripherie in Frage gestellt und Peripherisierung als relationalen, in ständigen Verschiebungen begriffenen, dynamischen Prozess analysiert. Eine Reihe von Autoren konstatiert so eine zunehmend flexible und veränderbare Zuschreibung von Wachstumszentren und Peripherien durch die dynamische

Inwert- und Außerwertsetzung im Rahmen globalisierter Wirtschaftsstrukturen (Brenner 2008; Swyngedouw 1997; Smith 1995). In der Realität können auch infrastrukturell gut angebundene Metropolregionen und einstmals boomende Industriegebiete rapide an Zentralität verlieren; gleichzeitig sind ehemals periphere Räume zu innovativen Wachstumszentren aufgestiegen.

Aus der Perspektive der *radical geography* ist ungleiche räumliche Entwicklung und die Produktion und Reproduktion von Zentren und Peripherien dabei Resultat wie auch Voraussetzung der gegenwärtigen kapitalistischen Entwicklung (Smith 1984; Harvey 2000; Moulaert und Swyngedouw 1990). Ein Charakteristikum heutiger ungleicher Entwicklung ist die kleinräumige Fragmentiertheit und die flexible Überlagerung von Prozessen der räumlichen Angleichung als auch der räumlichen Differenzierung auf allen Maßstabsebenen. Zentren und Peripherien ändern sich sowohl in den Intensitäten der Beziehungen, wie auch durch sich verändernde Zentralitäten und Umorientierungen von Peripherien auf neue Zentren.

Neben der Ausdifferenzierung von sozialräumlichen Maßstabsebenen verweist die wissenschaftliche Diskussion der letzten Jahre verstärkt auf die Bedeutung von Netzwerken und die damit verbundenen Mechanismen der Exklusion und Inklusion für das Verständnis von Peripherisierungsvorgängen. Die Bedeutung der Einbindung in Netzwerke, so verschiedene Autoren (Castells 1996; Grabher 2006), erhöht sich unter den Rahmenbedingungen einer globalisierten und wissensbasierten Ökonomie. Die neuen Geographien der Zentralität in den „spaces of flow" führten so teilweise an bestehenden Raumkonfigurationen vorbei, stellten auf globaler Ebene neue Verbindungen her und implizierten so – en passant – die Herausbildung neuer Peripherien. Dabei überlagert eine fehlende Einbindung bzw. der Ausschluss aus Netzwerken die bereits bestehenden Formationen sozialräumlicher Ungleichheit, aber löst diese nicht ab (Brenner 2008, S. 79f.).

Dieser Befund wird auch aus der Perspektive der politischen Soziologie geteilt. Kreckel (2004) kennzeichnet Zentrum und Peripherie als Kräftekonzentration (Zentrum) und Kräftezersplitterung (Peripherie). Er schlägt den Begriff der „peripheren Lage" vor, mit dem sich einzelne Individuen, aber auch Regionen als „peripher" beschreiben lassen. Dahinter steht die Annahme, dass periphere Lagen auf mangelnde Konfliktfähigkeit zurückzuführen sind, die sich teils aus der Exklusion von Machtressourcen, teils aus fehlenden Ressourcen zur Bildung von Gegenmacht ergibt. Der damit einhergehende Ausschluss der Peripherie aus relevanten Politiknetzwerken hat einen kumulativen Effekt, denn er führt dazu, dass Peripherien auf die Formulierung und Implementierung von Politikagenden wenig Einfluss nehmen können (Herrschel 2011, S. 87).

Fasst man die hier skizzierten Argumentationslinien zusammen, wird deutlich, dass bei der Produktion von Peripherien soziale Prozesse der Kommunikation, der Netzwerkbildung und der medialen Konstruktion von Räumen mit räumlich-geographischen Tatsachen (Erreichbarkeit, Dichte oder Distanz) eine Wechselwirkung eingehen. Peripherien liegen damit nicht einfach „am Rande" eines Territoriums oder in Distanz zu einem „Zentrum" oder einem dynamischen „Kern", sondern Peripherisierungs- und Zentralisierungsprozesse überlagern und überformen sich großräumig wie kleinräumig. Im englischsprachigen Raum wird entsprechend von „spatial" und „aspatial" (Copus 2001) bzw. von „two types of peripherality – spatial and social-communicative" gesprochen (Herrschel 2011, S. 89) – wobei räumliche Peripherie und a-räumliche Peripherie zusammenfallen können, aber nicht müssen.

2.2   Peripherien in der Raumordnung

Im Gegensatz zur hier skizzierten wissenschaftlichen Diskussion definiert die deutsche Raumordnung periphere Räume bisher vor allem durch die geographischen Kriterien der Zentrenerreichbarkeit und Siedlungsdichte. Deshalb werden Peripherien häufig mit abgelegenen, ländlichen oder grenznahen Räumen gleichgesetzt (ARL 2008; Barlösius und Neu 2008; Bundeszentrale für politische Bildung 2006).

Der Raumordnungsbericht 2005 bildet so durch Überlagerung der Merkmale Zentrenerreichbarkeit und Bevölkerungsdichte drei Grundtypen von Räumen (Zentralräume, Zwischenräume und Peripherräume) und teilt das gesamte Bundesgebiet danach ein (BBR 2005). Der Zentralraum ist dabei durch hohe Siedlungsdichten und eine starke Siedlungs- und Verkehrsdynamik gekennzeichnet. Als Zwischenraum bilden sich in der kartographischen Umsetzung das Umland von Zentralräumen und die stark frequentierten Verkehrskorridore ab, teils mit entsprechender Siedlungsdynamik. Der Peripherraum umfasst die dünn besiedelten, überwiegend ländlich geprägten Gebiete mit weniger als 100 Einwohnern je km² und mit größeren Entfernungen zu den Zentren. Diese Peripherräume sind über das ganze Bundesgebiet verteilt und nehmen 58 Prozent der Fläche des Bundesgebietes ein. Trotz der geringen Bevölkerungsdichte lebt hier knapp ein Viertel der Bevölkerung. Auf die Kategorie des ländlichen Raumes wurde in dieser Systematik bewusst verzichtet.

Einen Versuch, diese Kategorisierung flexibler zu gestalten, stellen die ursprünglich in Vorbereitung auf den Raumordnungsbericht 2010 entwickelten „Raumtypen ROB 2010" dar. Sie entwerfen ein kleinräumigeres Analyseraster, das die o.g. Raumstrukturtypen weiterentwickelt und ergänzt. Städtisch und ländlich geprägte Räume werden dabei differenzierter betrachtet und die siedlungsstrukturelle Einteilung wurde mit der Lagekomponente ergänzt (BMVBS und BBSR 2009). Die neuen Raumtypen beruhen auf den Merkmalen Besiedlung (Unterscheidung zwischen ländlich und städtisch geprägten Gebieten) und Lage (in vier Abstufungen von sehr zentral bis sehr peripher). Damit lassen sich ländlich periphere und ländlich sehr periphere Regionen abbilden. Als sehr peripher wird rund ein Fünftel des Bundesgebietes eingestuft, als peripher weitere zwei Fünftel. Ein Viertel der Bevölkerung lebt in peripheren oder sehr peripheren Regionen und rund ein Fünftel der Beschäftigten arbeitet dort.

Während in der Forschung zunehmend die Bedeutung von nichträumlichen Faktoren – wie Netzwerke und Machtbeziehungen – für die Peripheriebildung thematisiert wird, ist die Raumordnung in Deutschland noch einem räumlich-geographischen Verständnis von Peripherien verhaftet. Die Überwindung von Peripherien ist nach dieser Logik in erster Linie durch die Verbesserung der Erreichbarkeit – z.B. durch den Bau von Autobahnen – zu erreichen. Die Kategorisierung nach Lage und Besiedlung wurde bislang nicht mit Merkmalen ökonomischer Stärke oder Schwäche und weiteren Merkmalen ergänzt.

3 Peripherisierung – zur Produktion von Peripherien

Wie der Forschungsstand zeigt, wird eine statische Definition, die periphere Räume vor allem über Lage und Siedlungsstruktur definiert, der dynamischen Verschiebung von Wirtschaftszentren sowie der zunehmenden Ausdifferenzierung von demografisch wachsenden und schrumpfenden Regionen kaum noch gerecht. Auf der einen Seite entwickeln sich manche ländliche Räume, die früher als strukturschwach galten und fernab der Metropolen liegen, zu dynamischen Zentren des Wachstums (Köhler 2007). Beispiele für solche peripheren „Aufsteiger" sind der Landkreis Cham an der tschechischen Grenze (Troeger-Weiß et al. 2008) oder das Emsland an der niederländischen Grenze (Danielzyk und Wiegandt 2005). Auf der anderen Seite entwickeln sich altindustrielle Städte und Regionen zu strukturschwachen Gebieten, die durch Arbeitslosigkeit und Abwanderungen von der gesellschaftlichen Entwicklung zusehends „abgehängt" werden. Peripherisierung betrifft damit nicht nur ländliche Räume, sondern auch Städte und Stadtregionen. Dass geographische Lage und Peripherisierung nicht deckungsgleich sein müssen, zeigt sich am früheren Zonenrandgebiet in Westdeutschland. Dieses Gebiet liegt seit der Wiedervereinigung geographisch wieder in der Mitte Deutschlands. Die neue räumliche Zentralität hat jedoch in den letzten beiden Jahrzehnten nicht dazu geführt, die wirtschaftliche Strukturschwäche zu überwinden. Heute ist dieses Gebiet durch überdurchschnittliche demographische Schrumpfungs- und Alterungstrends gekennzeichnet (BBR 2005).

Wie Studien zu „Wachstumsmotoren außerhalb der Metropolen" zeigen, sind Siedlungsstruktur und Bevölkerungsdichte allein keine ausschlaggebenden

Faktoren zur Bestimmung der Entwicklungsdynamik von Städten und Regionen. Vielmehr wird neben der regionalen und lokalen Wirtschaftsstruktur und der Qualität der Infrastrukturen auch weichen Standortfaktoren, wie dem Engagement von politischen Führungspersonen, Netzwerken zwischen Wirtschaft, Politik und Verwaltung und einem qualifizierten Regional- bzw. Projektmanagement eine entwicklungsfördernde Rolle zugemessen (Troeger-Weiss et al. 2008, S. 37 ff.; siehe auch: Danielzyk und Wiegandt 2005). Auch die in Deutschland insgesamt elf anerkannten Metropolregionen umfassen als politisch definierte Konstrukte keineswegs nur Wachstumsregionen, sondern aufgrund ihrer Großflächigkeit teilweise auch Schrumpfungsgebiete. Dies betrifft sowohl monozentrische Metropolregionen wie z.B. Berlin-Brandenburg, zu der die Randregionen von Brandenburg zählen, aber auch polyzentrische Konstrukte wie z.B. Rhein-Ruhr oder Mitteldeutschland (vorher Sachsendreieck).

Aus unserer Sicht gilt es deshalb, räumliche Kriterien wie Erreichbarkeit und Dichte mit wirtschaftlichen, sozialen und politischen Entwicklungsprozessen zu ergänzen und die dichotome Gegenüberstellung von Raumtypen zu überwinden. Angesichts der Ausdifferenzierung der Entwicklungsdynamik von Städten und Regionen ist aus unserer Sicht ebenfalls die Überwindung des Denkens in ländlichen Peripherien und städtischen Zentren notwendig. Diese räumliche Dichotomie wird in Deutschland auch durch den Ressortzuschnitt der Ministerien in den Bundesländern konserviert.

Durch die Diskrepanzen zwischen der Raumforschung und der Raumordnungspolitik erscheint ein dynamischeres Verständnis von Peripherien als „sozial-räumlichen Prozessbegriff" (Keim 2006) erforderlich. Anstatt Peripherie als statische Realität und unabhängig vom Handeln der Subjekte zu definieren und zu analysieren, sollte Peripherisierung den Prozess, in dem Räume zu peripheren Räumen „gemacht" werden in den Blick nehmen. Versteht man Peripherisierung zudem als Komplementärbegriff zur Zentralisierung (Keim 2006), müssen Zentralisierungs- und Peripherisierungsprozesse in ihrem Zusammenspiel benannt werden.

Die Definition von Peripherien wird damit zu einer komplexen Aufgabe, die schon allein in Bezug auf das zur Verfügung stehende empirische Material vor erheblichen Herausforderungen steht. Nichtsdestotrotz können sozusagen „Leitplanken" für ein relationales und dynamisches Verständnis von Peripherisierung entwickelt werden. Auf der Basis einer Literaturauswertung schlagen wir deshalb vor, folgende Dimensionen für die Definition von Peripherisierung aufzugreifen und analytisch zu unterschieden: a) Abwanderung, b) Abkopplung, c) Abhängigkeit und d) Stigmatisierung.

3.1 Abwanderung

Nach dem Sozialwissenschaftler Gerd Vonderach sind peripherisierte Regionen in Deutschland nur zum Teil durch geographische Randlagen und dünne Besiedlung gekennzeichnet. Als gemeinsames Merkmal sieht er vielmehr die Abwanderung. „Alle sind sie aber – bei niedriger Geburtenrate und unzureichendem Arbeitsplatzangebot – von der Abwanderung gerade der reproduktions- und leistungsfähigsten Bevölkerungsteile mit negativen wirtschaftlichen Folgen und entsprechendem Transferleistungsbedarf betroffen" (Vonderach 2006, S. 29). Abwanderungen sind „Abstimmungsprozesse mit den Füßen", die in der Entscheidungsabwägung für „Gehen" und gegen „Bleiben" auf eine fehlende Lebensqualität oder fehlende Zukunftsperspektiven für die Menschen hindeuten. Abwanderung schwächt die Innovationsfähigkeit von Städten und Regionen, weil durch den *brain drain* die jungen, gebildeten und qualifizierten Akteure fehlen, um ökonomische und politische Neuerungen einzuführen. Empirische Wanderungsstudien in Ostdeutschland zeigen außerdem, dass bereits peripherisierte Regionen über eine geringe Zu- und Rückwanderungsquote verfügen (Beetz 2009, S. 139).

Eine Folge der Abwanderung aus Städten und Regionen ist – bei gleichzeitig fast überall vorhandenen Geburtendefiziten – die demographische Schrumpfung und überdurchschnittliche Alterung der Wohnbevölkerung.

Während die Abwanderung in peripheren Regionen ein Problem darstellt, führt komplementär die altersspezifische Zuwanderung in den Zentren zu Bevölkerungsgewinnen und forciert somit bereits bestehende Zentralisierungsprozesse in prosperierenden Regionen. Im Ergebnis ist für Deutschland eine Polarisierung in Zuwanderungs- und Abwanderungsregionen bzw. wachsende und schrumpfende Regionen festzustellen (BBR 2005). Die demographische Schrumpfung ist dabei auch in weiten Teilen Westdeutschlands angekommen; aktuelle Zahlen belegen die zunehmende Polarisierung der demographischen Entwicklung (Herfert und Osterhage 2011). Abbildung 1 verdeutlicht diese Entwicklung anhand der Fernwanderungsbilanz der erwerbsfähigen Bevölkerung im Alter zwischen 15 und 65 Jahren in den kreisfreien Städten und Landkreisen Deutschlands für den Zeitraum von 1995 bis 2009 und eine Wanderungsdistanz über 80 km.

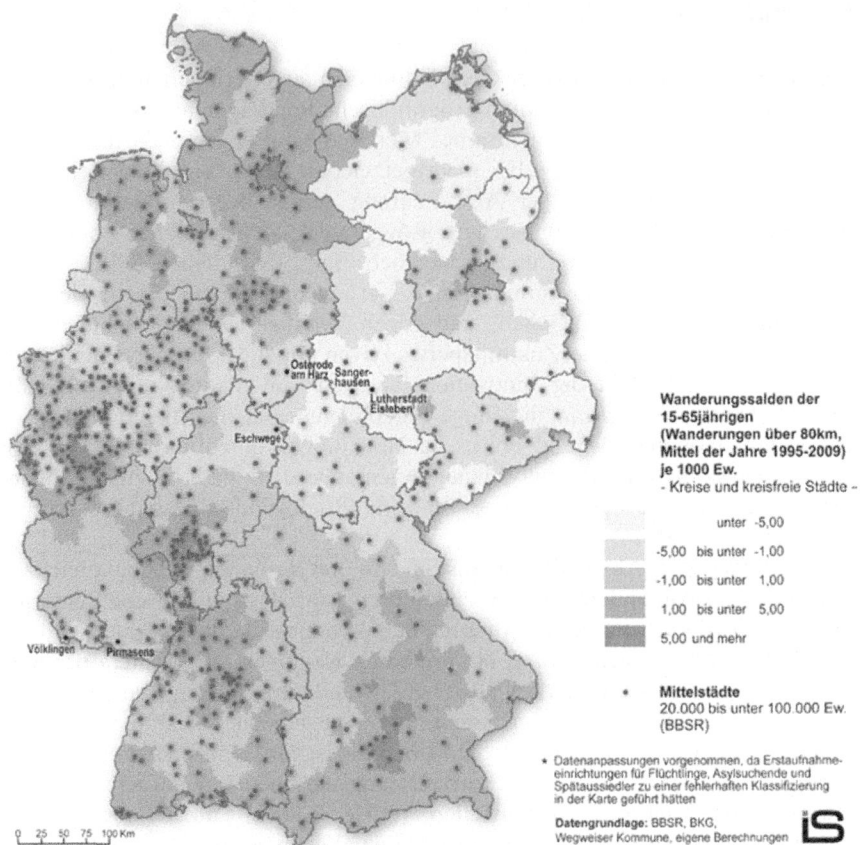

Abb. 1: Wanderungsbilanz 1995-2009 der 15- bis 65-Jährigen (nur Fernwanderungen über 80 km)

Quelle: Auswertung und Darstellung ILS auf der Grundlage von Daten des BBSR (Sonderauswertung Wanderungsdaten)

Der Schlüsselindikator Wanderungsgewinne oder -verluste erfasst die Summe der individuellen Abwägungen die zum Zuzug oder Wegzug in eine bestimmte Region führen. Lang anhaltende Abwanderungen aus einer Region zeigen sich im Ergebnis von ökonomischen Prozessen (z.B. individueller Zugang zu Bildung, Ausbildung und Arbeitsplätzen), Verlusten an Lebensqualität (z.B. verfügbares Versorgungsangebot und kulturelle Infrastruktur) wie auch der Kommunikation über den Raum (z.B. Stigmatisierung als verödete oder altindustrialisierte Region). Regionen mit lang anhaltenden Wanderungsverlusten heben sich von Regionen mit entsprechenden Wanderungsgewinnen ab. Lang anhaltende Wanderungsverluste hatten ostdeutsche zentrenferne Regionen, Teile von Nordbayern, die Region um Kassel und Göttingen, Saarland und Westpfalz, sowie Teile des Ruhrgebiets hinzunehmen. Zu den langjährigen Wanderungsgewinnern zählen die süddeutschen Regionen, und teils die ländlichen Räume um Ballungszentren. Deutlich wird aus der Datenlage, dass sich auch peripher gelegene Räume dynamisch entwickeln können, wie das Beispiel Emsland zeigt. Umgekehrt sind Schrumpfungsprozesse in ländlichen Regionen zu beobachten, finden sich aber auch in zentralen städtischen Räumen, siehe das Beispiel des nördlichen Ruhrgebietes.

3.2 Abkopplung

Eine weitere Dimension der Peripherisierung stellt die Abkopplung dar. Der Stadt- und Regionalsoziologe Karl-Dieter Keim definiert Peripherisierung als „graduelle Schwächung und/oder Abkopplung sozial-räumlicher Entwicklungen gegenüber den dominanten Zentralisierungsvorgängen" (Keim 2006). Ungeklärt bleibt in dieser Definition die Frage nach dem Unterschied zwischen Schwächung und Abkopplung. „Schwächung" entspricht der normativen regionalpolitischen Definition von „strukturschwachen Räumen". Danach wird das Unterschreiten von bestimmten gesellschaftlichen Durchschnittsstandards als „Rückständigkeit" und „Unterentwicklung" interpretiert. Beispielsweise definiert die EU strukturschwache Regionen als Konvergenz-Regionen, in denen weniger als 75 Prozent des EU-Bruttoinlandsproduktes erwirtschaftet wird.

Eine „Abkopplung" von Städten und Regionen bedeutet, dass sich ihre Integration in die übergeordneten Regulierungssysteme von Markt und Staat lockert und Zugänge dazu erschwert werden. Während für die Entwicklungsländer früher eine „strukturelle Abkopplung" als endogene Strategie der Verminderung von Abhängigkeiten des Weltmarktes diskutiert wurde, erfolgt eine Abkopplung peripherer Regionen innerhalb des Landes heute eher unfreiwillig durch die Zentren wirtschaftlicher und politischer Macht. Eine Abkopplung kann ökonomische und infrastrukturelle Dimensionen umfassen (Neu 2006). Ökonomisch steht die Abkopplung von bzw. fehlende Ankopplung an die Innovationsdynamik der wissensbasierten Ökonomie im Vordergrund, welche zu den wesentlichen Trägern des Beschäftigungswachstums gezählt wird. Das „upgrading" und „downgrading" einzelner Städte wird dabei durch den Integrationsgrad in die Wissensökonomie erklärt (Kujath und Schmidt 2007). Peripherien sind damit Räume mit lokaler und regionaler Innovationsschwäche. Diese Innovations-

schwäche kann sich u.a. in einer geringen FuE-Dichte durch fehlende Hochschulen, niedrigen industriellen FuE-Aktivitäten, einem niedrigen Bildungs- und
Qualifikationsniveau der Arbeitskräfte oder einer geringen Investitionstätigkeit
der Unternehmen in Produkt- und Verfahrensinnovationen ausdrücken. Abkopplungen peripherer Städte und Regionen sind damit das Ergebnis von marktbezo-
genen Standortentscheidungen von privaten Wirtschaftsunternehmen, aber auch
des Staates, der durch die öffentliche Bildungs- und Forschungspolitik bestimmte Standorte privilegiert und andere benachteiligt.

Die Abkopplung kann aber auch die technischen und sozialen Infrastrukturnetze betreffen. Hier haben vor allem die staatlichen Politiken einen großen
Einfluss, je nachdem ob durch eine aktive Ausgleichspolitik gleichwertige Lebensbedingungen in allen Teilräumen gewährleistet werden oder die Förderung
von Wachstumsregionen stärker in den Vordergrund gerückt wird (Keim 2007).
Insbesondere die Ausdünnung und Schließung von Einrichtungen der öffentlichen Daseinsfürsorge (wie z.B. Schulen, Krankenhäuser oder Sport- und Kultureinrichtungen) oder die Aufgabe von Haltestellen im öffentlichen Bahnverkehr
stellen staatliche Politiken dar, die die Peripherisierung der davon betroffenen
Räume befördern.

Eine Abkopplung kann jedoch nicht nur als aktiver Vorgang, sondern auch
als passives „Zurückfallen" von Räumen gegenüber gesellschaftlichen Innovationen verstanden werden. So haben einige dünn besiedelte Regionen bisher keinen Zugang zu schnellen Internetverbindungen.

Komplementär zur ökonomischen Abkopplung werden Zentralisierungsprozesse durch Innovationen auf der Basis von FuE, hochqualifizierten Beschäftigten sowie Technologie- und Wissenstransfer vorangetrieben. Komplementär
zur infrastrukturellen Abkopplung bestehen Zentralisierungsprozesse im Ausbau
von Flughäfen, Fernverkehrsbahnhöfen und Autobahnanschlüssen. Nicht zufällig werden nach diesen Merkmalen auch die „Innovations- und Wettbewerbsfunktionen" sowie die „Gatewayfunktionen" von Metropolregionen
bestimmt (Blotevogel und Danielzyk 2009). Eine Zentralisierung der sozialen
Infrastruktur erfolgt schließlich durch den Ausbau von Bildungs-, Gesundheits-,
Kultur- und Versorgungseinrichtungen in wachsenden Städten und Regionen.

Auch hier lässt sich ein deutliches Auseinanderklaffen verschiedener Räume in Deutschland beobachten. Abbildung 2 zeigt die räumliche Verteilung der
sozialversicherungspflichtig Beschäftigten am Arbeitsort in wissensintensiven
Wirtschaftszweigen im Jahr 2006.

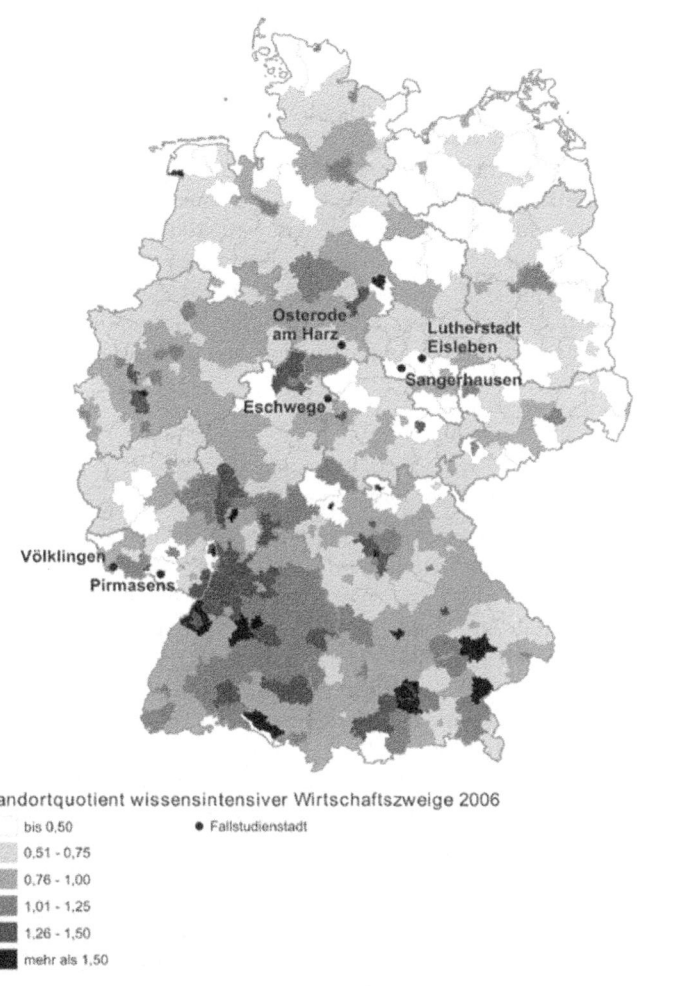

Standortquotient wissensintensiver Wirtschaftszweige 2006

bis 0,50   ● Fallstudienstadt

0,51 - 0,75

0,76 - 1,00

1,01 - 1,25

1,26 - 1,50

mehr als 1,50

Grafik: IRS   Quelle: Bundesagentur für Arbeit, eigene Berechnungen

Abb. 2: Regionale Konzentration wissensintensiver Beschäftigung.

Quelle: Darstellung nach Kujath et al. 2008 auf der Grundlage von Daten der Bundesagentur für Arbeit.[1]

---

1   Farblich veränderte Darstellung einer Abbildung, die zuerst in Kujath et al. 2008 erschienen ist.

In dunklen Farben dargestellt sind die kreisfreien Städte und Landkreise mit überdurchschnittlicher Ausstattung von Beschäftigung in der Wissensökonomie, je heller die Farben, desto geringer diese Ausstattung. Deutlich wird die räumliche Konzentration der Wissensökonomie in den süddeutschen Bundesländern Baden-Württemberg und Bayern sowie in einigen wenigen anderen Großstadtregionen. In Ostdeutschland sticht besonders die Stadt Jena als „Wissensstadt" hervor. Durch die Abkopplung vom Strukturwandel zur Wissensökonomie besonders peripherisiert erscheinen die dünn besiedelten Landkreise in Mecklenburg-Vorpommern, Brandenburg, Sachsen-Anhalt, aber auch einige Landkreise in Rheinland-Pfalz, Niedersachsen und Schleswig-Holstein. Die Karte stellt lediglich eine Momentaufnahme dar. Um den Prozess der Abkopplung von der Wissensökonomie abzubilden, wäre die Dynamik über einen längeren Zeitraum darzustellen.

3.3 Abhängigkeit

Eng verwandt mit der Dimension der Abkopplung steht auch die Diagnose der Abhängigkeit peripherer Städte und Regionen. Diese lässt sich bereits in der Dependenztheorie finden, für die eine hierarchisierte Zentrum-Peripherie-Beziehung – die Abhängigkeit der Peripherie vom Zentrum – eine zentrale Erklärungskategorie für die (persistente) Randständigkeit von Peripherien (Senghaas 1974; Wallerstein 1974) darstellte. Charakteristisch für Peripherien ist demnach ein Mangel an Autonomie (vgl. Friedmann 1973), der diese abhängig von Entscheidungen in den Zentren macht.

Diese Analyse findet sich auch in der Politischen Soziologie wieder. Reinhard Kreckel arbeitet so in seiner Politischen Soziologie sozialer Ungleichheit mit dem Begriff der „peripheren Lage". Diese ergibt sich durch den „institutionalisierten und/oder gewaltsam durchgesetzten *Ausschluß von den jeweils dominierenden Machtressourcen sowie aus der mangelnden Möglichkeit, Fähigkeit oder Bereitschaft zur Bildung von Gegenmacht.*" (Kreckel 2004, S. 44, Hervorh. im Orig.). Die Abhängigkeit bzw. die Machtlosigkeit von Peripherien betont auch Neu (2006, S. 13): „Sich nicht mehr gegen Benachteiligungen wehren zu können, das bedeutet Peripherie."

Eine wirtschaftliche Abhängigkeitsform, welche die Dependenztheorie beschrieben hat, bezieht sich auf regionale Zweigwerke mit überwiegenden Fertigungsfunktionen („verlängerte Werkbänke"), die von den Entscheidungszentralen externer Unternehmen abhängen. Die Headquarter von Konzernen und Großunternehmen außerhalb der Region kontrollieren und steuern die Wirtschaftsentwicklung von Städten und Regionen, indem sie über Ausbau oder Schließung von Zweigwerken bestimmen. Aufgrund der Globalisierung der

Wirtschaftsunternehmen betrifft dies längst nicht mehr nur Standorte in ländlichen Räumen, wie viele aktuelle Beispiele belegen. Mit Blick auf die räumliche Organisation der Staatlichkeit besteht eine Abhängigkeit strukturschwacher Kommunen von staatlichen Transferleistungen. Durch ihre Finanzschwäche aufgrund geringer eigener Gewerbe- und Einkommenssteuereinnahmen sowie hoher Sozialausgaben hängen diese am „Dauertropf" (Vonderach 2006) des staatlichen Finanzausgleichs und zentraler staatlicher Finanzzuweisungen.

Komplementär zu den die Peripherisierung von Räumen bestimmenden Abhängigkeiten lassen sich Zentralisierungsprozesse durch die Standortwahl von autonomen Entscheidungszentralen in Wirtschaft und Politik beschreiben. So zählen die „Entscheidungs- und Kontrollfunktionen" von Headquartern nationaler und internationaler Unternehmen sowie der Sitz von Parlamenten, Regierungen, Gerichten und Behörden sowie Nichtregierungsorganisationen zu den Merkmalen von Metropolregionen (Blotevogel und Danielzyk 2009). Auch hier lässt sich eine deutliche Polarisierung zwischen Zentren und Peripherien in Deutschland beobachten.

Abbildung 3 zeigt den ermittelten Metropolitätsindex für die Entscheidungs- und Kontrollfunktionen in Wirtschaft und Politik. Als Indikatoren lagen im Bereich der Wirtschaft die Beschäftigtenzahl der 500 größten Unternehmen, der Umsatz der 500 größten Unternehmen, die Bilanzsumme der 50 größten Banken, die Bruttobeiträge der 20 größten Versicherungen und die Börsenstandorte zugrunde. Im Bereich der Politik wurde das Personal von Bund und Ländern, der Sitz von Bundesministerien und Landesbehörden, Botschaften und internationalen Organisationen und Gerichten berücksichtigt (Blotevogel und Schulze 2009, S. 38). Im Ergebnis zeigt sich eine starke räumliche Konzentration der Kontroll- und Entscheidungsfunktionen in den Großstädten München, Berlin, Düsseldorf, Frankfurt am Main, Bonn, Stuttgart, Hamburg, Köln sowie der Region Hannover und dem Landkreis München (in dieser Reihenfolge) (Danielzyk et al. 2008). Demgegenüber sind viele Landkreise wirtschaftlich und politisch ganz ohne Entscheidungszentralen in Wirtschaft und Politik ausgestattet und auch einige Landeshauptstädte wie Potsdam, Schwerin, Magdeburg und Kiel verfügen aufgrund kaum vorhandener Unternehmenszentralen nur über geringe Entscheidungs- und Kontrollmacht.

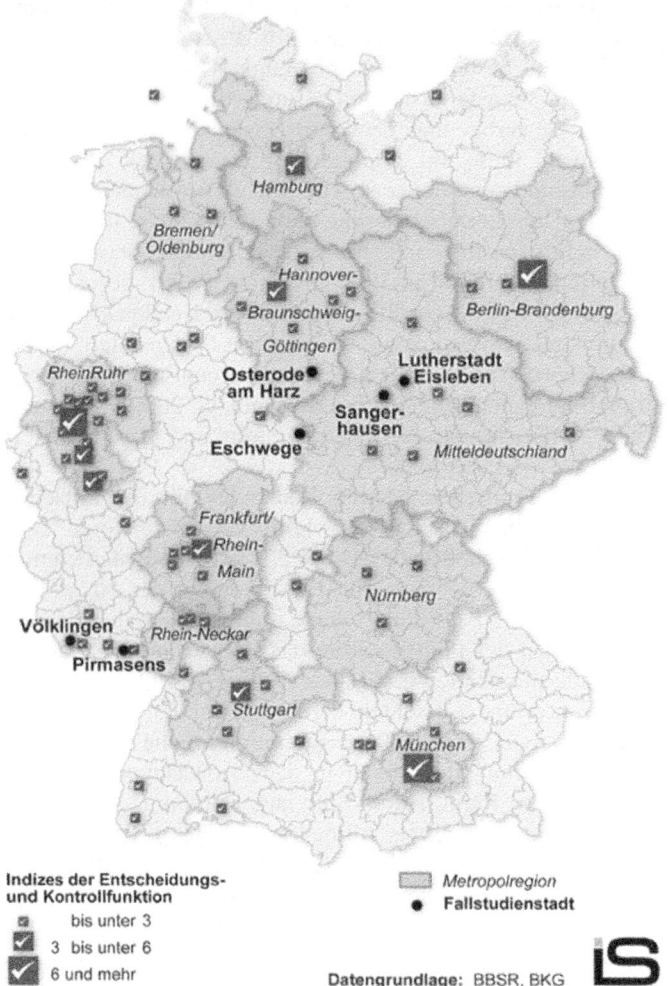

Abb. 3: Entscheidungs- und Kontrollfunktionen in Wirtschaft und Politik.

Quelle: Eigene Darstellung auf der Grundlage von Daten (2005-2007) von H.H. Blotevogel und K. Schulze[2]

---

2   Farblich veränderte Darstellung einer Abbildung, die in Blotevogel und Schulze 2009 (mit Daten von 2005) und in Danielzyk et al. 2008 (mit Daten von 2007) erschienen ist.

3.4 Stigmatisierung – „Peripherisierung im Kopf"

Eine letzte, an dieser Stelle zu diskutierende Dimension von Peripherisierung bezieht sich auf kommunikative Prozesse. Im Fokus steht hier die Frage, wie und mit welchen Folgen die Peripherisierung in öffentlichen Diskursen kommuniziert wird. Dieser Erklärungsansatz bezieht sich auf die kommunikative Dimension, sozusagen auf die „Peripherisierung in den Köpfen".

Stigmatisierung ist die Zuschreibung negativer Merkmale auf Personen oder Gruppen, die von der Mehrheit abweichen und „die damit in eine randständige Position zur Gesellschaft geraten" (Hohmeier 1975). Stigmatisierung kann damit Ursache und Folge sozialer Randständigkeit sein.

Peripherisierte Städte und Regionen werden dabei in den Medien häufig mit dramatisierenden Problemzuschreibungen wie „Entleerung", „Verödung", „Vergreisung" und „Schrumpfung" kommuniziert. Diese negativen Problemzuschreibungen können eine Abwärtskarriere peripherisierter Städte und Regionen in zweifacher Hinsicht verstärken: erstens durch negative Fremdbilder und Images, welche Zuwanderer und Investoren hemmen. Häufig ist weniger die Abwanderung von jungen Menschen das wichtigste Problem, sondern die fehlende Zuwanderung. So kann ein starker Rechtsradikalismus in peripherisierten Regionen die notwendige Zuwanderung von Immigranten hemmen. Zweitens kann Peripherisierung durch negative Selbstbilder verstärkt werden, welche die aktive Handlungsfähigkeit der Bevölkerung beeinflussen und Resignation und Apathie fördern können. Die Soziologin und Demografin Claudia Neu beschreibt für Teile von Mecklenburg-Vorpommern bei vielen Bewohnern verbreitete Gefühle des „Abgehängtseins" und „Vergessenseins" (Neu 2006, S. 11). In einer Fallstudie zur sächsischen Kleinstadt Johanngeorgenstadt wurden Prozesse der „multiplen Peripherisierung" beschrieben: „Geographische Randlage, ökonomische Rezession, demographische Schrumpfung und Alterung, unzureichende Sanierungsmittel sowie mentale Selbstverortungen „am Rande" der Gesellschaft und „ohne Zukunft" gehen im Binnenimage von Johanngeorgenstadt eine unheilvolle Verbindung ein, die sich als allgemeine Hoffnungslosigkeit manifestiert." (Steinführer und Kabisch 2007, S. 120).

Fremd- und Selbstzuschreibungen als Peripherie können damit negative Entwicklungsdynamiken eines Raumes verfestigen und verstärken. Eine „Peripherisierung in den Köpfen" entsteht beispielsweise auch, wenn Akteure in den nicht als Metropolregionen definierten Städten und Regionen sich selbst als von den politischen Diskursen „abgehängt" wahrnehmen (Troeger-Weiss et al. 2008, S. 67).

3.5 Zusammenfassung: Prozesse und Ursachen der Peripherisierung

Die Produktion von Peripherien ist Teil einer Konstellation ungleicher räumlicher Entwicklung. Peripherien entstehen durch Abwanderungs-, Abkopplungs- und Abhängigkeitsprozesse und können durch Stigmatisierungsprozesse verstärkt werden. Die verschiedenen Prozesse der Peripherisierung können in einzelnen Städten und Regionen unterschiedlich ausgeprägt sein, wirken jedoch in der Regel multipel zusammen. Um Prozesse der Peripherisierung zu erfassen, lassen sich zusammenfassend folgende Aspekte unterscheiden:

Handlungsfelder	Peripherisierungsprozesse
Wirtschaft	▪ Abwanderung von qualifizierten Arbeitskräften in wirtschaftsstärkere Regionen aufgrund von Defiziten der regionalen Ausbildungs- und Arbeitsmärkte; ▪ Abkopplung der lokalen und regionalen Wirtschaft von der Innovationsdynamik der wissensbasierten Ökonomie; ▪ Abhängigkeit regionaler Zweigwerke mit überwiegenden Fertigungsfunktionen von den Entscheidungszentralen überregionaler Unternehmen.
Infrastruktur	▪ Abkopplung von technischen Infrastrukturnetzen (z.b. ÖPNV, Internet-Zugang); ▪ Abkopplung von sozialen Infrastrukturnetzen (Bildungs-, Gesundheits- und Versorgungseinrichtungen).
Politik	▪ Abhängigkeit der Kommunen und Landkreisen von staatlichen Transferleistungen (Zuweisungen, Finanzausgleich, Förderprogramme); ▪ Abhängigkeit der Kommunen von staatlichen Entscheidungen in Hauptstädten (Standortschließungen, Zentrale Orte, Kreissitze).
Kommunikation	▪ Stigmatisierung von Städten und Regionen durch negative Fremdbilder (Images) als Hemmnis für Zuwanderungen; ▪ Stigmatisierung von Städten und Regionen durch negative Selbstbilder als „Kultur der Hoffnungslosigkeit".

Tab. 1: Peripherisierungsprozesse in einzelnen Handlungsfeldern

Peripherisierung ist damit ein mehrdimensionaler Prozess, der wirtschaftliche, infrastrukturelle, politische und sozial-kommunikative Teilprozesse umfassen kann. Als analytische Begriffe setzen Abwanderung, Abkopplung und Abhängigkeit auf verschiedenen Ebenen an. Abwanderung ist ein allgemeiner Indikator für die sozioökonomische Strukturschwäche eine Region. Damit werden jedoch nicht die Ursachen von Peripherisierung erfasst, sondern deren Folgen. Abkopplung hat verschiedene Dimensionen, die sich auf die Ökonomie und die Infrastrukturen beziehen lassen. Der im Sinne eines „Making" von Peripherien am stärksten gesellschaftlich produzierte Aspekt ist die Abhängigkeit. Auch dieser hat einen ökonomischen und einen politischen Bezug. Abhängig sind in peripherisierten Regionen zum einen die Zweigwerke und Tochterunternehmen von Unternehmenszentralen, zum anderen aber auch die finanzschwachen Städte und Gemeinden von staatlichen Entscheidungen und Finanzzuweisungen in den Hauptstädten. Nach Friedmann (1973) ist Macht hauptsächlich die Autonomie zu entscheiden und Entscheidungen durchzusetzen. Die politische Dimension der Peripherisierung drückt sich deshalb vor allem in der Ohnmacht gegenüber Entscheidungen (über Standorte, Investitionen oder Finanzzuweisungen) aus.

Innovationsschwäche – als Abkopplung von der Innovationsdynamik – und Abhängigkeit von Entscheidungszentralen in Wirtschaft und Politik sind damit zentrale ökonomische und politische Ursachen der Peripherisierung. Abwanderungen und infrastrukturelle Abkopplungen sind die Folgen, die jedoch selbst verstärkende Effekte haben können. Dabei bedingen sich die Prozesse der Peripherisierung und der Zentralisierung gegenseitig und ergänzen sich komplementär. Deshalb wird den Zentralisierungsprozessen eine kausale Bedeutung für die Peripherisierung zugemessen: „Es sind die Logik und die Dynamik der räumlichen Zentralisierungen (z.B. in den größeren Stadt- und gar Metropolregionen), welche die Abseitsstellung der übrigen Räume weitgehend bestimmen. Und zwar dadurch, dass sie – die Zentralisierungen – wirtschaftliche Produktivität, intellektuelle Innovationsfähigkeit, Infrastrukturfunktionen, aber eben auch Bewohner und Arbeitsplätze bündeln – und damit gleichzeitig den peripherisierten Räumen entziehen." (Keim 2007, S. 36).

Lokale, regionale oder nationale Politik trägt auf diese Weise zur Verstärkung oder Abschwächung ungleicher Entwicklungsprozesse bei. Peripherisierungs- und Zentralisierungsprozesse werden aber auch über regional bzw. lokal spezifische Kooperations- und Informationsnetzwerke, soziales Kapital und soziales Vertrauen, wie auch die Kommunikationsprozesse in einer Region und über eine Region beeinflusst. Politische Aushandlungsprozesse und soziale Diskurse filtern, beeinflussen und transformieren somit Peripherisierungsprozesse. Peripherien können deshalb nicht als geographisches Schicksal begriffen werden, sondern nur als relationaler Prozess. Ebenso müssen Peripherien keine

Peripherien bleiben. Schon Friedmann (1973) hat auf die Möglichkeit einer Entperipherisierung verwiesen. Wenn es Peripherien gelingt, ihre Innovationsschwäche und Abhängigkeit zu überwinden, dann entsteht im Verhältnis zwischen Zentren und Peripherien ein kritischer Wendepunkt, der die Möglichkeit einer Entperipherisierung eröffnet („the emergence of new core regions on the periphery" Friedmann 1973, S. 56).

Wenn Innovation als sozialer und nicht rein technologischer Prozess verstanden wird und zudem wirtschaftliche Entwicklung immer stärker als kontextabhängig von kulturellen, sozialen und institutionellen Faktoren analysiert wird (vgl. die Diskussion um kreative Milieus oder Cluster), gewinnen spezifische regionale und lokale Faktoren an Bedeutung. Ohne die Rolle struktureller ökonomischer wie politischer Abhängigkeiten abschwächen zu wollen, wird dennoch deutlich, dass peripherisierte Kommunen nicht ohnmächtig oder ohne Handlungsspielraum sind. Regionale und lokale Kooperationsstrukturen und Netzwerke, soziale Beziehungen und politische Aushandlungsmuster werden von den lokal verorteten Institutionen, Akteuren und Unternehmen kooperativ und wechselseitig weiterentwickelt. In der Nutzung dieser endogenen Potentiale und deren Verknüpfung mit überörtlichen Ressourcen bietet sich Handlungsspielraum für Kommunen im Umgang mit Peripherisierung.

4   Fazit

Im Beitrag wurden die vier Dimensionen der Abwanderung, der Abkopplung, der Abhängigkeit und der Stigmatisierung analytisch voneinander getrennt, um Peripherisierungsprozesse zu erklären. Diese vier Dimensionen überlagern und bedingen sich gegenseitig und wirken auf unterschiedlichen Ebenen; sie sind somit weniger trennscharfe Bestimmungen, als vielmehr konzeptionelle Erklärungsansätze zur Produktion von Peripherien. Die einzelnen Dimensionen zeigen sich, wie der folgende Beitrag belegt, auch sehr unterschiedlich in den untersuchten Regionen und Städten.

Ein Vorteil des dynamischen Prozessbegriffes der Peripherisierung ist es, dass Peripherien weniger als „geographisches Schicksal" und stärker als Ergebnis eines multidimensionalen Prozesses verstanden werden. Der Begriff der Peripherie ist nicht an eine eindeutige Raumeinheit gebunden und ist als komplementärer Gegenpol zu Konzentrations- und Zentralisierungsprozessen zu sehen. Aus dieser Perspektive ist es weniger die territoriale Verortung, sondern der Prozess, durch den Peripherien produziert und re-produziert werden, der von Interesse ist. Nichtsdestotrotz kann die Zuschreibung „Peripherie" oder „peripherisierte Region" als real wirksame Stigmatisierung fungieren. Über die gewählten Dimensionen der Abhängigkeit, Abkopplung und Stigmatisierung kann die Produktion von Peripherien mit der Analyse von Kommunikationsprozessen, Machtbeziehungen und der historischen Bedingtheit von Entwicklungsprozessen verknüpft werden. Der Mehrwert unseres Erklärungsansatzes liegt aus wissenschaftlicher Sicht vor allem darin, dass Peripherisierung als sozialräumlicher Prozessbegriff die Perspektive auf die Akteure und ihr Handeln öffnet. Politische Aushandlungsprozesse und soziale Diskurse filtern, beeinflussen und transformieren Peripherisierungsprozesse. Inwieweit und wie die Akteure in peripherisierten Städten und Regionen selbst den Prozessen der Peripherisierung entgegen wirken können, wird in den folgenden Beiträgen näher analysiert.

Literatur

ARL – Akademie für Raumforschung und Landesplanung 2008: Politik für periphere, ländliche Räume: Für eine eigenständige und selbstverantwortliche Regionalentwicklung. Hannover. = Positionspapier aus der ARL, 77

Barlösius E, Neu C (2008) Peripherisierung – eine neue Form sozialer Ungleichheit? Berlin-Brandenburgische Akademie der Wissenschaften. Materialien der Interdisziplinären Arbeitsgruppe Zukunftsorientierte Nutzung ländlicher Räume – LandInnovation. Berlin. = Materialien Nr. 21

BBR – Bundesamt für Bauwesen und Raumordnung (2005) Raumordnungsbericht 2005. Bonn. = Berichte Band 21

Beetz, St (2008) Peripherisierung als räumliche Organisation sozialer Ungleichheit. In: Barlösius, E.; Neu, C. (Hrsg): Peripherisierung – eine neue Form sozialer Ungleichheit? Berlin-Brandenburgische Akademie der Wissenschaften. Berlin, S 7-16. = Materialien Nr. 21

Beetz, St (2009) Analysen zum Entscheidungsprozess Jugendlicher zwischen „Gehen und Bleiben". In: Schubarth W, Speck K (Hrsg) Regionale Abwanderung Jugendlicher als Teil des demografischen Wandels. München, S 135-152

Blotevogel H, Danielzyk R (2009) Leistungen und Funktionen von Metropolregionen. In: Knieling J (Hrsg) Metropolregionen. Innovation, Wettbewerb, Handlungsfähigkeit. Hannover, S. 22-29. = Forschungs- und Sitzungsberichte der ARL, Band 231

Blotevogel H, Schulze K, . (2009) Zum Problem der Quantifizierung der Metropolfunktionen deutscher Metropolregionen. In: Knieling J (Hrsg) Metropolregionen. Innovation, Wettbewerb, Handlungsfähigkeit. Hannover, S 30-58. = Forschungs- und Sitzungsberichte der ARL, Band 231

BMBau – Bundesministerium für Raumordnung, Bauwesen und Städtebau (1993) Raumordnungspolitischer Orientierungsrahmen. Leitbilder für die räumliche Entwicklung der Bundesrepublik Deutschland. Bonn

BMVBS, BBSR (2009): Ländliche Räume im demografischen Wandel. Berlin, Bonn. = BBSR-Online-Publikation 34/2009

Boudeville JR (1966) Problems of Regional Economic Planning. Edinburgh

Brenner N (2008) Tausend Blätter. Bemerkungen zu den Geographien ungleicher räumlicher Entwicklung. In: Wissen M, Röttger B, Heeg S (Hrsg): Politics of Scale.

Räume der Globalisierung und Perspektiven emanzipatorischer Politik. Münster, S 57-84

Bundeszentrale für politische Bildung (2006) Ländlicher Raum. Beilage zur Wochenzeitung Das Parlament. = Aus Politik und Zeitgeschichte 37/2006

Castells M (1996) The Space of Flows. In: Castells M (Hrsg) The Rise of the Network Society. Vol. 1: The Information Age. Oxford, S 376-482

Copus AK (2001) From core-periphery to Polycentric Development: Concepts of Spatial and Aspatial Periperality. In: European Planning Studies. 9(4), S 539-552

Danielzyk R, Wiegandt C-C (2005) Das Emsland – ein prosperierender ländlicher Raum. In: Geographische Rundschau Heft 3, S 44-51

Danielzyk R, Knapp W, Schulze K (2008) „metropoleruhr" oder „TripelMetropolis Rhein-Ruhr". In: Informationen zur Raumentwicklung (IzR) Heft 9/10: Wo steht das Ruhrgebiet? S 549-562

Friedmann J (1973) Urbanization, Planning, and National Development. Beverly Hills, London

Grabher G (2006) Trading Routes, Bypasses, and Risky Intersections: Mapping the Travels of 'Networks' between Economic, Sociology and Economic Geography. In: Progress in Human Geography, Vol. 30, No. 2, S 163-189

Hamm R, Wienert H (1990) Strukturelle Anpassung altindustrieller Regionen im internationalen Vergleich. Berlin. = Schriftenreihe des rheinisch-westfälischen Instituts für Wirtschaftsforschung Essen, Heft 48

Harvey D (2000): Spaces of Hope. Edinburgh

Herfert G, Osterhage F (2011) Bevölkerungsentwickung: Schrumpfung auch im Westen angekommen. In: NAD (Nationalatlas Bundesrepublik Deutschland) aktuell 1 (01/2011).   http://aktuell.nationalatlas.de/Bevoelkerungsentwicklung.1_01-2011.0.html. Zugegriffen: 22. Juni 2011

Herrschel T (2011) Regional Development, Peripheralisation and Marginalisation – and the Role of Governance. In: Herrschel T, Tallberg P (Hrsg) The Role of Regions? Networks, Scale, Territory. Kristianstads Boktryckeri. Sweden, S 85-102

Hirschman AO (1958) The Strategy of Economic Development. New Haven

Hohmeier J (1975) Stigmatisierung als sozialer Definitionsprozeß. In: Brusten M, Hohmeier J (Hrsg) Stigmatisierung 1. Zur Produktion gesellschaftlicher Randgruppen. Darmstadt, S 5-24

Homepage BBSR Raumbeobachtung 2010: Laufende Raumbeobachtung – Raumabgrenzungen Raumtypen ROB 2010. www.bbsr.bund.de/cln_016/nn_103086/BBSR/DE/Raumbeobachtung/Werkzeuge/Raumabgrenzungen/Raumtypen2010/Raumtypen2010.html. Zugegriffen: 22. Juni 2011

IzR – Informationen zur Raumentwicklung (2006) Neue Leitbilder der Raumentwicklung in Deutschland. Heft 11/12.2006, S 701-724

Keim, KD (2006) Peripherisierung ländlicher Räume. Essay. In: Aus Politik und Zeitgeschichte. 37/2006 (11. September 2006), S 3-7. = Beilage zur Wochenzeitung Das Parlament

Keim KD (2007) Regionalpolitische Antworten auf die Peripherisierung ländlicher Räume. In: Berlin-Brandenburgische Akademie der Wissenschaften (Hrsg) Berichte und Abhandlungen. Band 13, S 35-42.

Köhler S (2007) Wachstumsregionen fernab der Metropolen. Hannover. = ARL Arbeitsmaterial Nr. 335

Kreckel R (2004) Politische Soziologie der sozialen Ungleichheit. Frankfurt a. M., New York.

Kujath HJ, Schmidt S (2007) Wissensökonomie und die Entwicklung von Städtesystemen. Leibniz-Institut für Regionalentwicklung und Strukturplanung, Erkner bei Berlin. = Working Paper

Kujath HJ, Pflanz K, Stein A, Zillmer S (2008) Raumentwicklungspolitische Ansätze zur Förderung der Wissensgesellschaft, BMBS/ BBR (Hrsg) Werkstatt: Praxis Heft 58, Bonn

Lasuén JR (1973) Urbanisation and Development. The Temporal Interaction between Geographical and Sectoral Clusters. In: Urban Studies, Jg. 10, S 163-188

MKRO – Ministerkonferenz für Raumordnung (1995) Raumordnungspolitischer Handlungsrahmen. Bonn

Moulaert F, Swyngedouw E (1990) Regionalentwicklung und die Geographie flexible Produktionssysteme. Theoretische Auseinandersetzung und empirische Belege aus Westeuropa und den USA. In: Borst R et al.: Das neue Gesicht der Städte. Basel, S 89-109

Myrdal G (1957) Economic Theory and Underdeveloped Regions. London

Neu C (2006) Territoriale Ungleichheit – eine Erkundung. In: Aus Politik und Zeitgeschichte. 37/2006 (11. September 2006), S 8-15. = Beilage zur Wochenzeitung Das Parlament

Schmitt P (2009) Raumpolitische Diskurse und Metropolregionen in Deutschland – Position, Kontroversen, Perspektiven. In: Knieling J (Hrsg) Metropolregionen – Innovation, Wettbewerb, Handlungsfähigkeiten. Hannover, S 60-100. = ARL Forschungs- und Sitzungsberichte 231

Senghaas D (1974) Peripherer Kapitalismus. Analysen über Abhängigkeit und Unterentwicklung. Suhrkamp, Frankfurt am Main

Smith N (1984) Uneven Development: Nature, Capital and the Production of Space. Oxford

Smith N (1995) Remaking scale: competition and cooperation in prenational and postnational Europe. In: Eskelinen H, Snickars F (Hrsg) Competitive European peripheries. Berlin, S 59-74

Steinführer A, Kabisch S (2007) Binnen- und Außenimage von Johanngeorgenstadt. In: Wirth P, Bose M (Hrsg) Schrumpfung an der Peripherie. München, S 107-124

Swyngedouw E (1997) Neither global nor local: `glocalization´ and the politics of scale. In: Cox K (Hrsg) Spaces of Globalization. Reasserting the Power of the Local. New York, London, S 137-166.

Troeger-Weiß G, Domhardt H-J, Hemesath A, Kaltenegger Ch, Scheck Ch (2008) Erfolgsbedingungen von Wachstumsmotoren außerhalb der Metropolen, BMBVS/ BBR (Hrsg), Bonn. = Werkstatt: Praxis, Heft 56

Vonderach G (2006) Perspektiven regionaler Peripherisierung. In: Bohler KF, Oester-diekhoff GW, Vonderach G (Hrsg) Sozialwissenschaftliches Journal Nr. 2. Aachen, S. 9-35

Wallerstein I (1974) The modern world-system. Capitalist Agriculture and the Origins of the European World-Economy in the Sixteenth Century. New York: Academic Press

Rahmenbedingungen und Probleme der Peripherisierung in Mittelstädten – Einordnung der Fallstudienstädte

Sabine Beißwenger, Hanna Sommer

1 Einleitung

Das Konzept der Peripherisierung eröffnet die Möglichkeit, Gemeinsamkeiten von Städten einerseits und spezifische lokale Entwicklungen andererseits analytisch zu fassen. Im Folgenden wird dies für die Fallstudienstädte des Forschungsprojektes „Stadtkarrieren in peripherisierten Räumen" gezeigt. Dabei übernimmt der vorliegende Beitrag die Aufgabe, Konturen der im Projekt untersuchten Peripherisierungsprozesse zu skizzieren und zu demonstrieren, wie sich diese im Vergleich der sechs untersuchten Fallstädte (Eisleben, Eschwege, Osterode, Sangerhausen, Pirmasens und Völklingen) darstellen.

Wie in den voran stehenden Beiträgen bereits eingeführt, wird Peripherisierung als Strukturkontext der einzelnen Fallstudienstädte betrachtet und in ihrer jeweiligen Ausprägung als kontextabhängig verstanden. Im Fokus der Betrachtung stehen Mittelstädte „in dünn besiedelten Regionen mit sinkender Bevölkerungsdichte" (BMVBS 2011, S. 14), denen interessanterweise in jüngerer Zeit von der Politik verstärkt die Funktion eines Ankers für die Daseinsvorsorge in den jeweiligen Räumen zugewiesen wird.

Im Folgenden wird beschrieben, welchen konkreten, durch Peripherisierungsprozesse hervorgerufenen Problemlagen die ausgewählten Mittelstädte gemeinsam unterliegen. Aus diesen vergleichbaren Schwierigkeiten resultieren jedoch in den jeweiligen Städten spezifische Entwicklungsprozesse. Entsprechend geht der Beitrag in zwei Schritten vor: Zunächst werden unter dem Aspekt der Peripherisierungsprozesse die Besonderheiten der drei Regionen beschrieben, in denen die näher untersuchten Mittelstädte verortet sind: Nordhessen / Südniedersachsen, Mansfeld / Südharz und Saar / Westpfalz. Anschließend werden die konkreten Ausprägungen dieser Prozesse in den Untersuchungsstädten analysiert.

2 Peripherisierungsprozesse in den Fallregionen

2.1 Gemeinsamkeiten

Bei allen untersuchten Städten handelt es sich um kleine Mittelstädte mit Eschwege (ca. 20.000 Einwohner) als kleinster und Pirmasens mit rund 41.000 Einwohnern als größter Stadt, die für ihr Umland bestimmte Funktionen übernehmen und – bis auf Völklingen – abseits der Agglomerationsräume liegen.

Eschwege, Osterode am Harz und Sangerhausen sind die Kreisstädte des sie umgebenden Kreises, Lutherstadt Eisleben und Völklingen jeweils kreis- bzw. regionalverbandsangehörige Städte, Pirmasens ist kreisfreie Stadt. Alle Untersuchungsstädte haben die funktionale Einordnung eines Mittelzentrums, wobei durch unterschiedliche Raumstrukturen die tatsächliche Zentralität bspw. für Versorgungs- und Verwaltungsfunktionen und in der Bedeutung als Arbeitsort stark variiert. Die Untersuchungsräume können allerdings nur bedingt über administrative Abgrenzungsgrößen, wie z.B. Planungsregionen, Bundesländer oder Landkreise, umrissen werden. Sie sind vielmehr Großräume, in welchen viele Städte, insbesondere Klein- und Mittelstädte, Kennzeichen von Peripherisierung aufweisen.

Dabei laufen in allen Räumen weitgehend vergleichbare Prozesse ab: Alle die Untersuchungsstädte umgebenden Räume sind Abwanderungsregionen, in denen seit drei und mehr Jahrzehnten, in Einzelfällen unterbrochen von kurzen Konsolidierungsphasen, arbeits- und ausbildungsmarktbedingte Bevölkerungsverluste zu verzeichnen sind. Sie unterliegen in der Konsequenz nicht nur der Schrumpfung, sondern auch der Alterung der Bevölkerung, einem schrumpfenden Arbeitskräftepool und Kaufkraftverlusten. Die Räume werden zudem nur punktuell von Innovationsprozessen berührt. Der Dienstleistungssektor spielt keine wichtige bzw. keine Negativentwicklungen in anderen Wirtschaftssektoren kompensierende Rolle. Die Räume sind für Hochqualifizierte als Wohn- und Arbeitsorte aufgrund geringer Beschäftigungsangebote nur in Ausschnitten attraktiv und haben in der Regel eine schwache Anbindung an Forschung und Hochschulen. Höherwertige Bahnanbindungen und Autobahnanschlüsse sind vorhanden, aber innerhalb der Räume unterschiedlich gut erreichbar. Infrastruktureinrichtungen unterliegen häufig einem Modernisierungsstau durch ausbleibende Investitionen. Alle untersuchten Regionen sind zudem von den Entscheidungen der dort häufig nicht mit einem Hauptsitz ansässigen produzierenden Wirtschaft und des Einzelhandels sowie von bundes- und landespolitischen Entscheidungen abhängig. Arbeitskräfteabbau und -verlagerung sowie die Schließung und Übernahme von Unternehmen werden in Konzernzentralen außerhalb der Untersuchungsräume entschieden. Standortentscheidungen über die Ansiedlung oder den Abbau staatlicher Institutionen oder den Ausbau von

Verkehrsinfrastruktur werden auf Bundes- und Landesebene gefällt. In alle Räume fließen erhebliche Summen staatlicher und überstaatlicher Transferleistungen.

Fasst man diese Umstände zusammen, wird deutlich, dass Abwanderung, Abkopplung und Abhängigkeit bestimmende Rahmenbedingungen in der lokalen Entwicklung aller drei untersuchten Räume sind. Entsprechend kann diesen in einem ersten Schritt eine Reihe von Gemeinsamkeiten attestiert werden, die es rechtfertigen, sie ungeachtet ihrer lokalen Spezifika als peripherisierte Räume zu studieren.

2.2 Spezifika

Über die in allen Räumen vergleichbar ablaufenden Prozesse hinaus gibt es in den jeweiligen Räumen jedoch auch spezifische Entwicklungen.

Nordhessen / Südniedersachsen

Prägend für den Raum Nordhessen / Südniedersachsen, in dem die Mittelstädte Eschwege und Osterode am Harz liegen, war und ist die Randlage. Bis 1989 befanden sich weite Teile des Raumes an der innerdeutschen Zonengrenze. Nach dem Wegfall der Grenze rückte der Raum zwar geographisch in die Mitte Deutschlands, weist aber bis heute Kennzeichen einer inneren Peripherie in Deutschland auf. Weite Teile des Raumes jenseits der Großstädte sind verkehrsinfrastrukturell schlecht erschlossen. Zwar haben Kassel und Göttingen ICE-Bahnhöfe, Autobahnlückenschlüsse auf der West-Ost-Trasse fehlen mit der unvollendeten Strecke zwischen Kassel und Eisenach jedoch noch immer. Die ungünstigen Standortbedingungen an einer bis 1990 undurchlässigen Grenze und der Mangel eines Hinterlandes im Osten behinderten die Wirtschaftsentwicklung im östlichen Nordhessen / Südniedersachsen bis dahin massiv und sind bis heute in den aktuellen Entwicklungen ablesbar.

In besonderer Weise wurden die nordöstlichen Ausschnitte des Raumes im Grenzgebiet zu Thüringen und Sachsen-Anhalt bis 1990 durch Ansiedlungen des öffentlichen Sektors im Rahmen der Sicherung an der innerdeutschen Grenze geprägt. Infolge der Wiedervereinigung Deutschlands ist der bis dahin durch seine geographische Randlage wirtschaftlich und infrastrukturell benachteiligte Raum in eine zentrale Lage in Deutschland und Europa gerückt. Mit der Grenzöffnung wurden die Bundeswehrstandorte, Standorte des Bundesgrenzschutzes und des Zolls abgebaut und geschlossen. Auch die bis 1994 für die Region wirksame Zonenrandförderung fiel nach der Wiedervereinigung nahezu ersatzlos weg. Zugleich entstand ein Fördergefälle zugunsten der Neuen Länder, die nun prioritär gefördert wurden. In der Folge verlagerten Unternehmen aufgrund besserer Förderbedingungen ihre Standorte aus dem östlichen Nordhessen und Südniedersachsen in das westliche Thüringen oder Sachsen-Anhalt.

Gegenwärtig wird der Raum über den Europäischen Strukturfonds im Ziel Konvergenz (Gebiete mit Strukturproblemen) mit Mitteln aus dem Fonds für regionale Entwicklung (EFRE) und dem Europäischen Sozialfonds (EFS) gefördert. Die Landkreise Werra-Meißner, Osterode am Harz und Northeim sind im Rahmen der Bund-Länder-Gemeinschaftsaufgabe „Verbesserung der regionalen Wirtschaftsstruktur" (GRW) als C-Fördergebiete ausgewiesen, weisen also erheblichen Förderbedarf im Hinblick auf ihre Wirtschaftsentwicklung auf.

Mit Ausnahme der Verdichtungsräume Kassel und Göttingen und einiger verdichteter Siedlungsbereiche sind weite Teile des Raumes durch Klein- und Mittelstädte geprägt. Die Universitäten Kassel und Göttingen sind Zentren für Forschung und Bildung. Nordhessen / Südniedersachsen wird von einer überwiegend klein- und mittelständisch geprägten Wirtschaft dominiert. Neben wenigen weltweit agierenden Großunternehmen, die mit ihrem Hauptsitz ansässig sind (z.B. Wintershall, Otto Bock, Viessmann und Amazon), ist insbesondere die Filialstruktur der Groß-Unternehmenslandschaft eine Besonderheit in Nordhessen / Südniedersachsen. Unternehmenshauptsitze der dort agierenden Wirtschaftsunternehmen befinden sich vielfach in anderen Räumen. In jüngerer Zeit etabliert sich allerdings mit der Logistikbranche ein Wachstumsbereich, der sich, bedingt durch die zentrale Lage des Raumes in Deutschland und Europa, an zentralen Verkehrswegen angesiedelt hat. Davon profitiert der Raum jedoch kaum, denn die Logistikbranche ist wenig personalintensiv und beschäftigt mehrheitlich gering qualifizierte Arbeitskräfte. Der Dienstleistungssektor ist, mit Ausnahme des Gast- und Beherbergungsgewerbes, in der Region deutlich unterrepräsentiert.

Saar / Westpfalz

Der Untersuchungsraum Saar / Westpfalz umfasst einerseits Ausschnitte des Saarlands, andererseits den südlichen Teil des Bundeslandes Rheinland-Pfalz. Darin liegen die Untersuchungsstädte Völklingen (Saar) und Pirmasens (Westpfalz). Insgesamt ist auch dieser Raum mit Ausnahme des Agglomerationsraumes Saarbrücken klein- und mittelstädtisch geprägt. Lediglich die beiden Oberzentren Kaiserslautern und Saarbrücken stellen größere wirtschaftliche Zentren und mit ihren Universitäten auch Zentren für Forschung und Entwicklung dar. Eine Besonderheit dieses Raumes und verbindendes Element der Teilräume Saar und Westpfalz ist die gemeinsame Geschichte der mehrfachen Änderung der Zuordnung zu Frankreich bzw. Deutschland und der heutigen nationalen Grenzlage mit Orientierung auf den Saar-Lor-Lux-Raum im Dreiländereck zwischen Deutschland, Frankreich und Luxemburg. Historisch bildeten das Saarland und Teile der Pfalz zudem einen Verflechtungsraum in Form von Zuwanderungs- und Abwanderungsregionen im Zuge der Industrialisierung des Saarlandes: Aus den landwirtschaftlich geprägten Gebieten der Pfalz wanderten Arbeitskräfte in die sich industriell entwickelnden Gebiete des Saarlandes ab. Eine weitere Besonderheit des Raumes ist seine historisch stark monostrukturierte industrielle Prägung durch die Montanindustrie einerseits (Saar) und die verarbeitende Industrie andererseits (Westpfalz), zwei sehr verschiedene wirtschaftliche Ausrichtungen. Die Monostrukturen werden gegenwärtig durch neue wirtschaftliche Schwerpunkte ergänzt. In der Region Saar geschieht dies durch die Investitionsgüterindustrie und hier vor allem den Fahrzeugbau mit den zugehörigen Zulieferern. Diese sind jedoch häufig Tochterunternehmen und Zweigbetriebe, die eine autarke Wirtschaftsentwicklung jenseits der Montanindustrie erschweren (Giersch 1989, S. 262). Die Wirtschaftsstruktur der Westpfalz, traditionell landwirtschaftlich und durch kleinteilige Industrie geprägt, wird aktuell durch mittelständische Unternehmen im Bereich Maschinenbau, Kunststoffherstellung und Lebensmittelproduktion geprägt. Eine weitere Besonderheit in der Westpfalz ist eine markante Akkumulation von Militärstandorten der amerikanischen Streitkräfte und Konversionsprojekten verlassener Militärliegenschaften.

Infrastrukturell war v.a. das Saarland bis in die 1960er Jahren hinein wenig erschlossen. Erst zu diesem Zeitpunkt erfolgte eine durchgehende Autobahnanbindung an die regionalen deutschen und französischen Industriezentren. In der Westpfalz wird die infrastrukturelle Anbindung bis heute als schlecht bewertet. Insbesondere das Saarland hat für die Gestaltung des Strukturwandels immer wieder speziell auf diesen Raum abgestimmte Förderungen erhalten. Zu nennen ist hier das Aktionsprogramm zur Verbesserung der saarländischen Wirtschaftsstruktur in Folge des Saar-Memorandums von 1967, welches 1972 in die für das ganze Saarland geltende Förderung über die Gemeinschaftsaufgabe überführt wurde. Diese Mittel wurden seit Ende der 1980er Jahre deutlich reduziert, wodurch das Saarland wie der Raum Nordhessen / Südniedersachsen mit einem innerdeutschen Fördergefälle zu den neuen Bundesländern konfrontiert ist. Heute sind die Landkreise Pirmasens, Zweibrücken, Kaiserslautern, Donnersbergkreis, Kusel, Südwestpfalz, die Stadt Kaiserslautern, der Regionalverband Saarbrücken und die Kreise Neunkirchen und Saarlouis vollständig oder teilweise in der GWR Förderung Stufe C. Darüber hinaus ist die Westpfalz in LEADER und Programme zur Förderung der integrierten ländlichen Entwicklung eingebunden. Für das Saarland und Rheinland-Pfalz besteht im Förderzeitraum 2007-2013 eine EFRE- und EFS-Förderung der Europäischen Union.

Mansfeld / Südharz

Den dritten Fokusraum bildet das Mansfelder Land und der Südharz im Südwesten Sachsen-Anhalts mit den Mittelstädten Sangerhausen und Lutherstadt Eisleben. Auch hier findet sich eine deutlich klein- und mittelstädtische Prägung. Traditionell ist er durch die Orientierung von Teilräumen auf verschiedene Zentren kein homogener Raum. Historisch war der westliche Teil auf den Raum Halle / Leipzig orientiert, der östliche in Richtung Südharz. Mit der Kreisgebietsreform von 2007 wurden beide Teilräume in dem neuen Landkreis Mansfeld / Südharz zusammengeführt. Seither befindet sich der Landkreis in einem Prozess des langsamen Zusammenwachsens, der von historischen und Rivalitäten aus jüngerer Zeit, so z.b. Konkurrenzen um den Kreissitz, begleitet wird. Auf landesplanerischer Ebene wird das Gebiet bis heute durch zwei separate Planungsregionen, die Regionen Harz und Halle, abgedeckt.

Verbindendes Element des Raumes ist der historisch prägende und zum Teil bis 1989 geförderte wirtschaftliche Schwerpunkt auf chemischer Industrie und Kupferbergbau. Mit der Wiedervereinigung und der folgenden Neuordnung der Wirtschaftspolitik erfolgte eine komplette Neuordnung der wirtschaftlichen Basis in der Region. Die großen Kombinate wurden privatisiert und die Bergwerke stillgelegt. Ähnlich wie Südniedersachsen / Nordhessen befand sich das Mansfelder Land während der deutschen Teilung in einer Randlage und war infrastrukturell nur nach Osten hin angebunden. Durch weitere Autobahnbauten wird die Region sukzessive besser in das nationale Verkehrsnetz integriert.

Der Landkreis Mansfeld-Südharz wird heute aufgrund seiner schwachen Wirtschaftsstruktur und hohen Arbeitslosigkeit im Landesentwicklungsplan Sachsen-Anhalt als Raum mit besonderen Entwicklungsaufgaben eingestuft. Ganz Sachsen-Anhalt ist als A-Fördergebiet der Bund-Länder Gemeinschaftsaufgabe zur Wirtschaftsförderung (GWR) für den Zeitraum 2007-2013 ausgewiesen, ebenso stehen dem Land EFRE und EFS-Mittel zur Verfügung.

3   Peripherisierungsprozesse in den Städten

Im Weiteren werden für die jeweiligen Städte die verschiedenen Ausprägungen und Folgen von Peripherisierung in den Fokus genommen und deren unterschiedliche zeitliche Abläufe skizziert. Dabei werden vor allem die Dimensionen Abkopplung, Abhängigkeit und Abwanderung thematisiert. Die Trennlinien zwischen diesen Teilprozessen können dabei nicht immer klar gezogen werden, vielmehr wird deutlich, dass Entwicklungen häufig in einem wechselseitigen Verhältnis stehen. Hinzu kommt, dass der räumliche und zeitliche Kontext von Peripherisierungsprozessen in den untersuchten Mittelstädten variiert. Trotzdem erweist sich Peripherisierung generell in Deutschland als unabhängig, sowohl von der großräumigen geographischen Lage im nationalen Kontext als auch von der vorhandenen Verkehrsinfrastruktur. Während die Städte Eschwege und Osterode am Harz vom früheren westdeutschen Zonenrandgebiet und die ostdeutschen Städte Sangerhausen und Lutherstadt Eisleben vom westlichen Rand der DDR mit der Wiedervereinigung in die geographische Mitte von Deutschland gerückt sind, liegen die Städte Pirmasens und Völklingen am geographischen Rand des Bundesgebietes.

Stadt	Einwohner (2009)	höchster Bevölkerungsstand seit 1950 (Jahr jeweiliges in Klammern)	Extremste Bevölkerungsabnahme seit 1950 (in %) (zwischen Jahr mit Bevölkerungshöchststand und aktueller Einwohnerzahl)	Arbeitslosenquote 2010 in %)
Lutherstadt Eisleben	24.586*	32.990 (1965)	- 25,5 - 40,0**	16,4
Eschwege	20.018	22.747 (1995)	- 12,0	7,7
Osterode am Harz	23.675	27.162 (1992)	- 12,8	9,4
Pirmasens	40.808	60.938 (1961)	- 33,0	15,3
Sangerhausen	30.140*	33.822 (1982)	- 10,9 - 32,5**	16,1
Völklingen	39.784	48.412 (1974)	- 17,8	8,3

* Berücksichtigt Eingemeindungen im Jahr 2005 in Höhe von ca. 4.800 Einwohnern in Lutherstadt Eisleben und ca. 7.300 Einwohnern in Sangerhausen.
** Ohne Berücksichtigung von Bevölkerungszuwächsen durch Eingemeindungen.

Tab. 1: Vergleich ausgewählter Indikatoren der Untersuchungsstädte
Quelle: Arbeitsagentur 2012; Bertelsmann Stiftung 2012

In den Mittelstädten in Nordhessen / Südniedersachsen und Saar / Westpfalz setzten Peripherisierungsprozesse bereits in den 1970er Jahren – vereinzelt früher – ein und wurden durch die Krise der jeweils ansässigen Industrien verursacht. Die traditionellen heimischen Wirtschaftszweige in den Städten konnten sich gegen globale Konkurrenzen zunehmend schwerer behaupten. Die wirtschaftliche Eigenständigkeit der Städte Eschwege und Osterode am Harz durch ortsansässige Unternehmenszentralen im Zonenrandgebiet rückte durch finanzielle Ausgleiche und eine die Ansiedlung von Zweigwerken begünstigende Strukturpolitik aus dem Fokus und gewann erst mit dem Wegfall der Zonenrandförderung erneut an Aufmerksamkeit.

Im Mansfelder Land begannen Peripherisierungsprozesse bereits vor der politischen Wende in den 1980er Jahren in Folge eines zunehmend unrentableren Bergbaus. Seit 1990 laufen Peripherisierungsprozesse in Sangerhausen und Lutherstadt Eisleben gekoppelt an den Strukturbruch und die abrupte Schließung von Unternehmen beschleunigt ab und manifestieren die Krise der Bergbauindustrie.

3.1 Ausprägungen von Abhängigkeit

Strukturelle Abhängigkeiten kennzeichnen die Städte in zweierlei Hinsicht: wirtschaftlich als Standorte von Unternehmen im Marktwettbewerb und politisch als Kommunen im staatlichen Mehrebenensystem. Als Wirtschaftsstandorte sind Städte in peripherisierten Räumen von den Entscheidungszentralen überregionaler Unternehmenszentralen der produzierenden Wirtschaft und des Einzelhandels abhängig. Dies betraf in der Vergangenheit vor allem Schließungen bzw. Verlagerungen von Filialstandorten im produzierenden Gewerbe. Folge davon ist ein massiver Abbau von Arbeitsplätzen.

Die Abhängigkeit von Unternehmensentscheidungen wird in Mittelstädten abseits der Agglomerationsräume besonders deutlich, weil vor Ort häufig keine Entscheidungsebenen anzutreffen sind und führende Unternehmensmitarbeiter von der lokalen Ebene nur schwierig auf Augenhöhe anzusprechen sind. Die Städte sind den Folgen von Entscheidungen über Standortverlagerungen, -schließungen, -verkäufen oder Personalabbau ausgesetzt, die andernorts getroffen werden. Dies sind Probleme, mit denen Eschwege, Pirmasens und Völklingen in besonderem Maße konfrontiert sind. Zwischen diesen Städten unterscheidet sich die Form der Abhängigkeit allerdings deutlich: Während sich die stadtpolitischen Akteure in Eschwege nach dem Wegfall der Zonenrandförderung vor allem gegen die Verlagerungsentscheidungen einzelner internationaler Konzerne erfolglos zu wehren versuchten, war Pirmasens mit der internationalen Verlagerungen lokaler Produktionsstätten der die dortige Wirtschaft dominierenden Schuhindustrie konfrontiert. Der Ausbau von Schuhindustriespezifischen F&E-Einrichtungen und die Unterstützung der ebenfalls schwerpunktmäßig auf Schuhindustrie ausgelegten lokalen Messe wurden zwar von Stadt und Land unterstützt. Auf die individuellen Firmenentscheidungen konnten die lokalen Akteure jedoch kaum Einfluss nehmen. In Völklingen prägte hingehen der Rückbau und schließlich der Konkurs des einzigen lokal dominanten Unternehmens, der Saarstahl AG, die Entwicklung. Es wurde in der Folge durch Intervention des Bundeslandes neu aufgestellt, ohne dass die Stadt Völklingen maßgeblichen Einfluss auf den Prozess hatte.

Abhängigkeiten von Entscheidungszentralen im Einzelhandel manifestieren sich in den letzten Jahren insbesondere in den Städten Eschwege, Osterode am Harz und Völklingen. Sie wurden sichtbar in der Schließung bzw. Verkleinerung von Kaufhausfilialen und in Leerständen von Gewerbeeinheiten in Haupteinkaufsstraßen. Der Leerstand von großen, häufig stadtbildprägenden, innerstädtischen Immobilien und die Besetzung von Flächen über einen langen Zeitraum hinweg, so dass sie für Neuentwicklungen nicht genutzt werden können, machen Abhängigkeiten von fremden Entscheidungen bewusst. Folgen sind ein abgewertetes Stadtbild und Investitionshemmnisse. Damit einher ging der Verlust bzw. die Bedrohung der Funktion als Einkaufsstadt von regionaler Bedeutung.

Städte in peripherisierten Räumen sind darüber hinaus abhängig von Standortentscheidungen, die auf bundes- und landespolitischer Ebene getroffen werden. Ähnlich wie bei Unternehmen, können im Hinblick auf Standorte staatlicher Einrichtungen nachteilige Entscheidungen für die Städte getroffen werden. Besonders betroffen von der Schließung bzw. Verlagerung von öffentlichen Institutionen sind die Städte Osterode am Harz, wo Bundeswehrstandorte, das Kreiskrankenhaus und die Landeszentralbank geschlossen bzw. verlagert wurden und Pirmasens, von wo die amerikanischen Streitkräfte abgezogen wurden. Die Stadt Völklingen ist durch das Auslaufen der staatlichen Steinkohleförderung betroffen. Diese Maßnahmen führten zu Arbeitsplatzverlusten und einer geminderten funktionalen Zentralität der Städte.

Viel stärker noch wurde diese Abhängigkeit in Sangerhausen und Lutherstadt Eisleben deutlich. Dort wurde während der DDR-Zeit ein Schwerpunkt der Kupferindustrie verfestigt, der nach 1990 in Folge der Wiedervereinigung komplett aufgelöst bzw. privatisiert wurde. Auch aktuelle Entwicklungen wie die Zuweisung des Kreissitzes des neuen Landkreises Mansfelder Land / Südharz an Sangerhausen gegen die Konkurrenz Lutherstadt Eislebens im Zuge der Neuordnung der Landkreise in Sachsen-Anhalt ist ein Beispiel für Abhängigkeiten, welche die funktionale Stellung und damit einhergehend auch Finanzzuweisungen, Arbeitsplätze und Bevölkerungsentwicklung beeinflussen.

Weitere Abhängigkeiten von bundes- und landespolitischen Entscheidungen betreffen den Aufbau eines Fördergefälles zwischen den Bundesländern. Durch den Wegfall der Zonenrandförderung in Eschwege und Osterode sowie der Förderung für das Saarland gab es für Unternehmen Anreize ihre Standorte in die neuen Bundesländer zu verlagern. Auch grenzüberschreitend greift diese Abhängigkeit. So macht das Steuergefälle zwischen Deutschland und dem benachbarten französischen Ausland sowohl für Bevölkerung als auch für Unternehmen im Saarland eine Standortwahl in Frankreich attraktiv.

Viele Mittelstädte in peripherisierten Räumen sind als kommunale Einheiten in besonderem Maße von staatlichen Transferleistungen abhängig. Sie sind durch eine wachsende Schere zwischen rückläufigen Einnahmen und steigenden Ausgaben – durch eine kommunale Finanznot – geprägt. Diese Form der Abhängigkeit ist unter den Untersuchungsstädten sehr unterschiedlich ausgeprägt. Am höchsten verschuldet ist die Stadt Pirmasens (vgl. Abbildung 1). Allein die Kassenkredite lagen in Pirmasens im Jahr 2009 bei rd. 4.660 Euro je Einwohner, während dieser Wert in den anderen Städten zwischen 225 (Völklingen) und 516 Euro je Einwohner (Osterode) betrug (Bertelsmann Stiftung o.J.). Dies ist zum einen auf die größeren Handlungsspielräume der Stadt als kreisfreie Stadt, zum anderen auch auf die bewusst gewählte städtische Strategie zurück zu führen, in der momentanen Lage verstärkt Mittel für impulsgebende Projekte aufzuwenden.

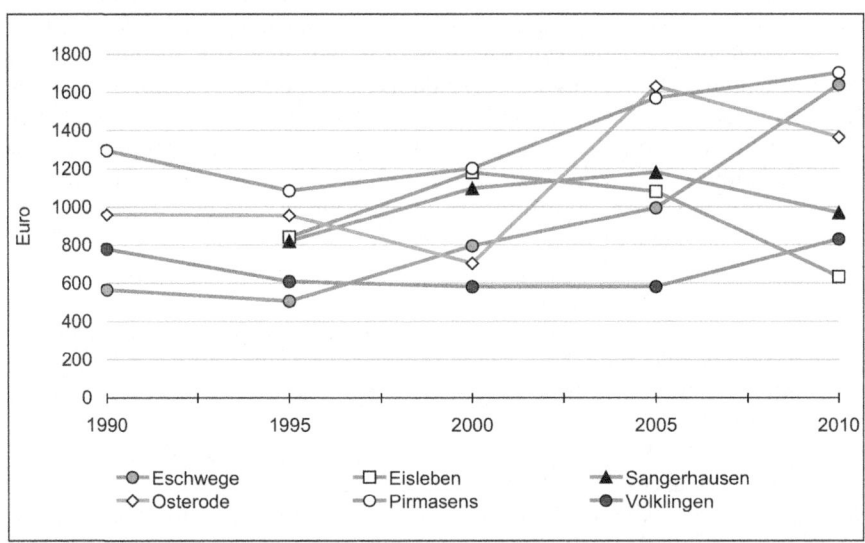

Abb. 1: Verschuldung pro Einwohner der Untersuchungsstädte im Zeitraum 1990-2010

Quelle: Deutscher Städtetag (eigene Darstellung)

Für die Untersuchungsstädte, die über signifikante Gewerbesteuereinnahmen verfügen, sind aufgrund von zunehmendem Einfluss von Weltwirtschaftslagen und Firmenentscheidungen starke Schwankungen in der Finanzausstattung zu verzeichnen, die einen Einbezug dieser Mittel in lang- oder mittelfristige Planungen erschweren. Auch die Schwankungen in den Schlüsselzuweisungen an die Kommunen spiegeln diese Unsicherheiten wieder. So erhielt Osterode am Harz für das Jahr 2008 keine Zuweisungen, für das Jahr 2009 aber mit ca. 209 Euro je Einwohner immerhin ungefähr halb so viel wie das dauerhaft mit hohen Zuweisungen ausgestattete Sangerhausen.

Insbesondere für strukturschwache Klein- und Mittelstädte, die ihre Probleme aus eigener Kraft nicht bewältigen können, sind Fördermittel ein stabilisierender Faktor im Umgang mit stadtentwicklungspolitischen Defiziten und Voraussetzung um Investitionen anzustoßen. Die Teilnahme an Förderprogrammen setzt allerdings den Einsatz kommunaler Eigenmittel voraus, was zu einer wachsenden kommunalen Verschuldung und einer weiter steigenden Abhängigkeit von staatlichen Transferzahlungen führen kann. Angesichts der knappen finanziellen Spielräume ist es für die Städte umso schwieriger, Kofinanzierungsmittel für Förderprogramme aufzubringen, je größer ihr Bedarf an diesen ist. Strukturschwachen Kommunen mit hohem Förderbedarf wird so der Zugang zu Fördermitteln erschwert und Prozessen der Peripherisierung Vorschub geleistet (Göddecke-Stellmann und Wagener 2009). In Eschwege bspw. stieg die Verschuldung seit der zweiten Hälfte der 1990er Jahre stetig. Seit 1994 hat sich die Verschuldung je Einwohner verdreifacht. Dieser Anstieg wird darauf zurückgeführt, dass seit Mitte der 1990er Jahre - mit dem endgültigen Auslaufen der Zonenrandförderungen und einer langsamen Umorientierung der Stadtpolitik von einer passiven Nehmermentalität auf eine aktive Mittelakquise und daraus folgenden Programm- und Wettbewerbsteilnahmen - deutlich steigende Bedarfe an zu erbringenden finanziellen Eigenanteilen der Kommune zu verzeichnen sind. In Eschwege liegen diese Ausgaben durch die zahlreichen und kontinuierlich zunehmenden Teilnahmen an Förderprogrammen deutlich über dem Durchschnitt ähnlich großer Kommunen. Wird der Verlauf der Verschuldung je Einwohner in Eschwege fortgeschrieben, ist es der Stadt bald nicht mehr möglich, selbst die Eigenanteile zu erbringen. Es droht ihr die Zwangsverwaltung des Haushalts und der Verlust der Handlungsfähigkeit (Kühn und Sommer 2011a).

Insgesamt wird jedoch bei den Untersuchungsstädten eine sehr unterschiedliche Förderprogrammteilnahme und Fördermittelverteilung deutlich. Osterode am Harz sticht als die Stadt heraus, die am wenigsten in städtebauliche Förderprogramme involviert ist, lediglich im Programm Sanierung und Entwicklung war sie bislang beteiligt. Diese Tatsache kann mit der relativ stabilen Einnahmesituation aus Gewerbesteuern und der kommunalen Beteiligung an einem Energieunternehmen begründet werden. Die stadtpolitischen Akteure in Osterode am Harz wählen sehr gezielt Förderprogramme aus, an denen sie sich beteiligen. (vgl. Beitrag Bernt in diesem Band)

Sangerhausen dagegen bespielt alle bedeutenden Städtebauförderungsprogramme (Sanierung und Entwicklung, Städtebaulicher Denkmalschutz, Soziale Stadt und Stadtumbau Ost / West). Im Programm Städtebaulicher Denkmalschutz konnte vor allem Lutherstadt Eisleben hohe Summen einwerben, Sangerhausen und Eschwege sind führend im Programm Sanierung und Entwicklung vertreten.

3.2 Ausprägungen von Abkopplung

Die Erreichbarkeit der Städte ist bisher nicht durch eine aktive Abkopplung von Verkehrsnetzen bspw. durch Schließung von Bahnhöfen gekennzeichnet. Der direkte Anschluss an höherrangige Verkehrsnetze wie die Bundes-Autobahnen oder das IC-/ICE-Netz ist in Mittelstädten zudem nicht grundsätzlich zu erwarten. Teilweise finden sogar aktive Anbindungen der Städte an die Verkehrsnetze statt. So wurden die Städte Sangerhausen, Lutherstadt Eisleben und Eschwege in den vergangenen Jahren an das Autobahnnetz angeschlossen. Die Stadt Eschwege konnte zudem den stillgelegten Stadtbahnhof mit Anschluss an den Regionalbahnverkehr wieder eröffnen. Mit Ausnahme von Osterode am Harz ist das nächste Oberzentrum und damit eine IC/ICE-Verbindung mit einer direkten Regionalbahnverbindung erreichbar. Die Mehrheit der Fallstudienstädte verfügt über einen direkten Autobahnanschluss.

Dimensionen von Abkopplungsprozessen zeigen sich in den Untersuchungsstädten generell nicht als aktive Prozesse der Desintegration von einmal vorhandenen Einrichtungen wie z.B. Infrastrukturnetzen, sondern als fehlende oder zu langsam ablaufende Anbindungen an moderne Entwicklungen in unterschiedlichen Bereichen. D.h., es gibt in allen Städten eine fehlende Ankopplung an die Innovationsdynamik der Wirtschaft in Zentrenräumen und an hochleistungsfähige Infrastrukturnetze. Diese zeigen sich konkret in einer Innovationsschwäche der Wirtschaft und einem daraus resultierenden schwachen Anschluss an Innovations- und Wissensnetze. Fünf der sechs Städte weisen keinen Sitz bzw. keine direkte Anbindung an Hochschulen auf. Alleine Pirmasens verfügt über den Sitz einer Außenstelle der FH Kaiserslautern. Osterode am Harz oder Völklingen sind die einzigen Städte, die am Weltmarkt agierende Industrieunternehmen aufweisen. Der Anteil Hochqualifizierter am Arbeitsort bewegte sich in den untersuchten Städten 2008 (Bertelsmann Stiftung) zwischen 5,4 % in Pirmasens und 7,4 % in Sangerhausen und ist im Vergleich zum Bundesdurchschnitt der Mittelstädte mit 7,7 % relativ gering.

Die soziokulturellen und technischen, öffentlichen und privaten Infrastrukturen in den Städten sind häufig überaltert. Infrastrukturen werden in den Städten nicht aktiv abgebaut, sondern aufgrund der zu schwachen Investitionsdynamik nicht oder nur zögerlich modernisiert, erneuert und sich wandelnden Bedürfnissen angepasst. Die Investitionen in den Immobilienbestand, in die Bildungs-, Einzelhandels- und Tourismusinfrastruktur sowie in das Kulturangebot erfolgen punktuell, sind gering oder bleiben aus.

Für die Situation in den Städten von Bedeutung sind außerdem die engen Verflechtungen zwischen den Prozessen der Abkopplung, der Abwanderung und der Abhängigkeit. Schrumpft die Bevölkerung, werden so Infrastrukturen verschiedener Bereiche, z.B. Schulen und Betreuungseinrichtungen, wegen Unterauslastung abgebaut. Bei sinkenden Bevölkerungszahlen werden wegen geringerem Pro-Kopf-Bedarf gleichsam Subventionsentscheidungen für Infrastrukturen auf Bundes- oder Landesebene negativ beschieden. Finanzmittel, die zum Erhalt oder der Anpassung von Infrastrukturen benötigt werden und aus dem kommunalen Haushalt nicht bestritten werden können, fehlen. Das macht es für die untersuchten Städte umso schwerer, öffentliche Infrastrukturen bei Bevölkerungsverlusten einerseits aufrecht zu erhalten und andererseits an die Bedürfnisse der sich verändernden Bevölkerungsstruktur anzupassen. Große Teile der Infrastruktur müssen auch bei sinkender Bevölkerungszahl beibehalten werden – auch weniger Schüler und zu betreuende Kinder benötigen Bildungseinrichtungen, wenn auch weniger Plätze. Eine gute kommunale, insbesondere familiengerechte Infrastruktur ist auch ein wesentliches Argument für ansässige Unternehmen, Angestellte mit Kindern als Mitarbeiter zu halten oder neu zu gewinnen. Ist diese in nicht ausreichendem Maß vorhanden, sinkt nicht nur für Arbeitnehmer, sondern auch für Unternehmen die Standortattraktivität von Städten.

3.3 Ausprägungen von Abwanderung

Abwanderungsprozesse sind ein konstitutives Merkmal von Städten im Peripherisierungskontext. Sowohl die Abwanderung von Bevölkerung als auch die von Unternehmen ist hier von Bedeutung. Alle sechs Städte weisen als Folge des jeweiligen wirtschaftlichen und politischen Strukturwandels negative Bilanzen der Bevölkerungswanderung auf. Dabei muss zwischen arbeitsmarktbedingten Fernwanderungen, d.h. arbeitsplatz- und ausbildungsbedingten Wanderungen, und wohnungsmarktbedingten Nahwanderungen unterschieden werden. Vor allem die arbeitsplatz- und ausbildungsbedingte Wanderung hatte in den vergangenen Jahren einen großen Einfluss auf die demografische Schrumpfung der Städte.

Der Zeitpunkt, zu dem der abwanderungsbedingte Bevölkerungsrückgang einsetzte, ist jedoch sehr unterschiedlich (siehe Abbildung 2) und stark an lokale und überlokale, politische und wirtschaftliche Prozesse gekoppelt. So ist für die lange Zeit staatlich geförderten Bergbaustandorte Sangerhausen und Völklingen eine deutliche Abnahme der Wohnbevölkerung erst ab den 1990er Jahren zu erkennen, als die Fördergelder im Zuge des wirtschaftlichen Strukturwandels deutlich sanken oder ganz ausbleiben. Dafür vollzog sich in Sangerhausen dann nach 1990 geradezu im Zeitraffertempo eine extreme Bevölkerungsschrumpfung. Bis zum Jahr 2005 hatte die Stadt bereits rd. 28 % ihrer Einwohner verloren. Das negative Wanderungssaldo gipfelte in der zweiten Hälfte der 1990er Jahre bei Werten um 30 Netto-Abwanderungen pro 1.000 Einwohner. Seit Anfang des neuen Jahrtausends ist die Zahl der Abwanderungen zurückgegangen, übersteigt die Zuwanderungen aber immer noch deutlich. Für die übrigen Untersuchungsstädte ist der Bevölkerungsrückgang die Fortsetzung eines Trends, der schon seit den 1970er Jahren zu konstatieren ist. Doch auch in der zweiten sachsen-anhaltinischen Stadt ist der Bevölkerungsrückgang deutlich höher als in den übrigen Städten.

Die Gründe für ein negatives Wanderungssaldo liegen v.a. in der ökonomischen Entwicklung der Städte. Durch eine stetig schwächer werdende Unternehmensbasis werden eine zu geringe Anzahl und ein zu schmales Spektrum an Ausbildungsplätzen angeboten. Ein qualitativ und quantitativ nicht ausreichendes Angebot an Ausbildungsmöglichkeiten in Unternehmen fördert die Abwanderung junger Menschen. Die Mehrheit der Städte verfügt zudem über keinen Hochschulstandort.

Strukturelles Folgeproblem der demographischen Abwanderung ist eine unausgeglichene Bevölkerungsstruktur. Mit der anhaltenden Abwanderung von Jugendlichen und von Haushalten mit Kindern steigt das Durchschnittsalter der Bevölkerung überproportional an. Für die Mehrheit der untersuchten Städte wird für das Jahr 2025 ein Anteil der über 65-Jährigen von über 30 % voraus gesagt, allenfalls Pirmasens und Völklingen liegen knapp darunter (Bertelsmann Stiftung). Bis auf Völklingen liegen diese Werte über den Prognosen der Alterung für das jeweilige Bundesland und machen die Besonderheit der Fallstudienstädte im Hinblick auf Abwanderung und Alterung deutlich.

Insbesondere die Familienwanderung hat spürbare Effekte für die Städte. Durch die Abwanderung der unter 18-Jährigen und der 30- bis 49-Jährigen verkleinert sich für noch vor Ort vorhandene Unternehmen der verfügbare Arbeitskräftepool. Dieser Prozess wird besonders in Osterode am Harz wahrgenommen, wo niedrigere Bildungswanderungsraten als in den sachsen-anhaltinischen Städten und Eschwege ablesbar sind, aber gleichzeitig noch eine Wirtschaftsstruktur vorhanden ist, die Auszubildende und Mitarbeiter nachfragt. Aber nicht nur die Erwerbstätigen fehlen den Städten auf Dauer, auch der Bedarf an familiengerechter Infrastruktur nimmt ab. Es setzt sich eine die Peripherisierung verstärkende Negativspirale von Abwanderung, Infrastrukturabbau und stetig schlechter werdenden Bedingungen für bleibende oder neu zu gründende Haushalte mit Kindern in Gang. Überproportional viele geringer qualifizierte Einwohner und Haushalte ohne Kinder bleiben zurück. Rückläufige Bevölkerungszahlen haben in den Städten zudem Kaufkraftverluste, Wohnungsleerstände und rückläufige Immobilienpreise zur Folge.

Bei Bevölkerungsverlusten sinken die an die Einwohnerzahl gebundenen finanziellen Zuweisungen. Es besteht die Gefahr der Herabstufung des funktionalen Status der Stadt und damit Anlass zu Abbau unterschiedlichster städtischer Infrastrukturen und Dienstleistungen. Auch das verstärkt den Bevölkerungsrückgang durch Abwanderung weiter.

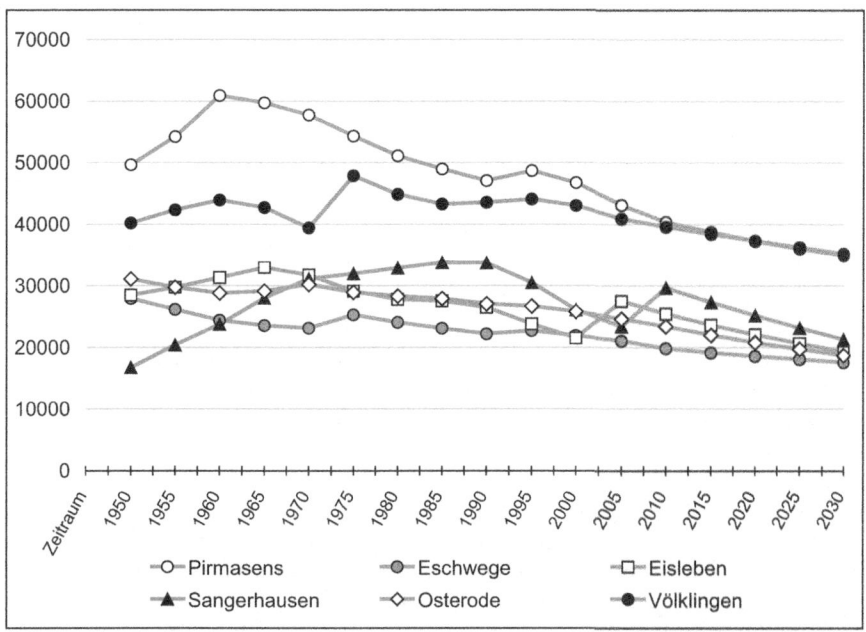

Abb. 2: Bevölkerungsentwicklung in den Fallstudienstädten 1950-2009 sowie Prognose bis 2030

Quelle: Deutscher Städtetag; Bertelsmann Stiftung; Statistisches Landesamt Sachsen-Anhalt (eigene Darstellung 2012)

Unter den Peripherisierungsprozess ‚Abwanderung' fällt auch die Abwanderung von Firmen. Sie fand in allen Fallstädten zu verschiedenen Zeiten und in unterschiedlicher Geschwindigkeit und Intensität statt und ist an die jeweiligen Prozesse des ökonomischen Strukturwandels gekoppelt. Die Standortaufgabe von

Unternehmen steht im engen Zusammenhang zur Bevölkerungsabwanderung. Wenn Beschäftigte dem Unternehmen folgen, bei dem sie angestellt sind, bzw. sich anderweitig um Arbeitsplätze bemühen, verlagern sie in der Folge zumeist ihren Wohnstandort und wandern ab. Eine deutliche Verbindung zum Prozess der Abkopplung wird hier deutlich. Kaufkraftverluste und rückläufige kommunale Steuereinnahmen in den Städten resultieren. Auch eine ausbleibende neue Standortbildung von Unternehmen in peripherisierten Städten mit negativen Bevölkerungsprognosen und unterhalb einer bestimmten Einwohnerzahl, also die nicht stattfindende Zuwanderung von Investoren und Arbeitgebern, ist ein Kennzeichen von Abwanderung.

4 Fazit

Zusammenfassend ist erkennbar, dass sich Peripherisierungsprozesse trotz ähnlicher übergeordneter Rahmenbedingungen in den Fallstudienstädten in ihrer Ausprägung stark unterscheiden. Die Besonderheiten der jeweiligen Mittelstädte im Hinblick auf Peripherisierung ergeben sich aus der spezifischen Mischung und Intensität von Abhängigkeit, Abkopplung und Abwanderung sowie aus den langfristigen Entwicklungsvorprägungen der Städte. Peripherisierungsprozesse sind in den Fallstudienstädten zum einen unterschiedlich stark ausgeprägt, zum anderen wirken sie sich je nach lokalem Kontext unterschiedlich stark auf andere Teilprozesse aus. Auch der zeitliche Verlauf von Peripherisierung in den untersuchten Mittelstädten variiert. Die Städte haben also entgegen der Grundannahme der weitgehend ähnlichen Strukturbedingungen unterschiedliche Probleme und Entwicklungsbedingungen und sind in ihrer Spezifik einzeln bzw. in kleineren Vergleichsgruppen zu betrachten.

Deutlich wird aber auf jeden Fall, dass sich Peripherisierungsprozesse in Deutschland generell als weitgehend unabhängig sowohl von der großräumigen geographischen Lage im nationalen Kontext als auch von der vorhandenen Verkehrsinfrastruktur erweisen. Relevanter als materielle Infrastrukturan- bzw. -abkopplung haben sich Prozesse der Abkopplung von Innovationsdynamiken heraus gestellt. Abhängigkeit dagegen muss in einem engen Zusammenhang mit der spezifischen funktionalen Ausrichtung der Stadt betrachtet werden.

Deutlich wird in dieser Betrachtung die Komplexität der kausalen Zusammenhänge zwischen den vorangehend beschriebenen Prozessen Abhängigkeit und Abkopplung und den Prozessen der lokalen Bevölkerungsveränderung durch natürliche Bevölkerungsveränderung, insbesondere Geburtenrate, sowie Ab- bzw. Zuwanderung. Wurde unter ‚Abwanderung' zunächst der Ausgangspunkt aufgegriffen, dass Abwanderung eher als Folge von wirtschaftlichen und politischen Einschnitten zu sehen ist, so muss hier erweiternd festgestellt werden, dass ab einer bestimmten Abwanderungsintensität diese selber wirtschaftliche und politische Reaktionen hervorruft, die sich in einer verschärfenden Peripherisierung äußern. Abwanderung wird dort zu einem Motor für weiterführende Peripherisierung, wo sie zum Anlass von Firmenabwanderung und Rückbau von staatlicher und privater Infrastruktur wird.

Literatur

Bundesagentur für Arbeit: http://statistik.arbeitsagentur.de Zugegriffen: 12. Mai 2011

Beißwenger S, Weck S (2010a) Völklingen. Fallstudie im Rahmen des Projektes „Stadtkarrieren in peripherisierten Räumen". ILS - Institut für Landes- und Stadtentwicklungsforschung, Dortmund

Beißwenger S, Weck S (2010b) Pirmasens. Fallstudie im Rahmen des Projektes „Stadtkarrieren in peripherisierten Räumen". ILS - Institut für Landes- und Stadtentwicklungsforschung, Dortmund

Beißwenger S, Weck S (2010c) Osterode am Harz. Fallstudie im Rahmen des Projektes „Stadtkarrieren in peripherisierten Räumen". ILS - Institut für Landes- und Stadtentwicklungsforschung, Dortmund

Bernt M, Liebmann H, Becker S (2010a) Sangerhausen. Fallstudie im Rahmen des Projekts „Stadtkarrieren in peripherisierten Räumen". Leibniz-Institut für Regionalentwicklung und Strukturplanung, Erkner

Bernt M, Liebmann H, Becker S (2010b) Lutherstadt Eisleben. Fallstudie im Rahmen des Projekts „Stadtkarrieren in peripherisierten Räumen". Leibniz-Institut für Regionalentwicklung und Strukturplanung, Erkner

Bertelsmann Stiftung: Wegweiser Kommune: http://www.wegweiser-kommune.de. Zugegriffen:12. Mai 2011

Bundesministerium für Verkehr, Bau und Stadtentwicklung (2011) Weißbuch Innenstadt, Starke Zentren für unsere Städte und Gemeinden. Bundesministerium für Verkehr, Bau und Stadtentwicklung, Berlin/Bonn

Deutscher Städtetag (1990-2008) Statistische Jahrbücher der Gemeinden. Deutscher Städtetag, Berlin/Köln

Giersch V (1989) Saarwirtschaft im Wandel: Vom Montanstandort zu einer modernen Industrieregion. In: Soyez D, Brücher W, Fliedner D, Löffler E, Quasten H, Wagner JMl (Hrsg) Das Saarland. Bd 1. Beharrung und Wandel in einem peripheren Grenzraum, Saarbrücken, Arbeiten aus dem Geographischen Institut der Universität des Saarlandes. 36, S 257-268

Göddecke-Stellmann J, Wagener T (2009) Städtebauförderung - Investitionen für die Zukunft der Städte. In: Informationen zur Raumentwicklung Heft 3/4.2009, S 181-192

Kühn M, Sommer H, (2011a) Eschwege - Vom Zonenrand zur inneren Peripherie. Fallstudie im Rahmen des Projekts „Stadtkarrieren in peripherisierten Räumen". Leibniz-Institut für Regionalentwicklung und Strukturplanung, Erkner

Kühn M, Sommer H (2011b) Thesenpapier: Peripherisierungsprozesse im Stadtvergleich. Leibniz-Institut für Regionalentwicklung und Strukturplanung, Erkner (unveröffentlicht)

Governanceprozesse und lokale Strategiebildung

Matthias Bernt

Versteht man Peripherisierung nicht nur als einseitiges Dominanzverhältnis, sondern als relationale Konfiguration, in der die Abhängigkeit der Peripherie vom Zentrum nicht nur zu spezifischen Praktiken im Zentrum, sondern auch in der Peripherie führt, eröffnet sich ein Feld, in dem nach Handlungsmöglichkeiten peripherisierter Städte *innerhalb* eines Kontexts von Peripherisierung gefragt werden kann. In diesem Fall geht es nicht allein um die Überwindung von Abwanderung, Abhängigkeit, Abkopplung, und Stigmatisierung, sondern auch um die Gestaltungsmöglichkeiten lokaler Politik angesichts übermächtiger erscheinender Rahmenbedingungen. Von Interesse wäre also weniger die Beschreibung von überlokalen Benachteiligungen, als der lokale Umgang damit: Welche sozialen und politischen Praktiken entwickeln Städte, die mit den beschriebenen Problemen konfrontiert sind? Welche Handlungsoptionen haben sie und wie werden diese genutzt?

So einfach diese Frage klingt, so komplex ist die Antwort. Denn es handeln schließlich nicht *Städte*, sondern Akteure, und diese gehen wiederum mit jeweils unterschiedlichen Vorstellungen, Interessen und Möglichkeiten an Probleme heran, die sie auf wiederum unterschiedliche Art und Weise betreffen. Gleichzeitig sind sie bei der Bearbeitung von Problemen in vielen Handlungsfeldern aufeinander angewiesen und können ihre jeweiligen Ziele nur in der Zusammenarbeit mit Anderen erreichen.

Solche Konstellationen werden heute allgemein als *Urban Governance* diskutiert (vgl. Pierre 1999, 2011; Kooiman 2003; Di Gaetano und Strom 2003). Als vieldeutiger Terminus verweist *Governance* auf das weite Feld zwischen Staat, Markt und Netzwerken, in dem öffentliche Entscheidungen getroffen werden. Governance ist dabei als ein Prozess zu verstehen, in dem private, öffentliche und zivilgesellschaftliche Akteure auf verschiedenen räumlichen Ebenen miteinander interagieren, und in dessen Ergebnis Interessen austariert und Entscheidungen getroffen werden. Politische Entscheidungen unter einer Governance-Perspektive zu untersuchen, beinhaltet deshalb einen Analysefokus, der den Schwerpunkt auf das Zusammenspiel von privaten, öffentlichen und zivilgesellschaftlichen Akteuren mit dem institutionellen Kontext, in dem diese wirken, setzt. Anstelle der Vorannahme von Entscheidungshierarchien wird hier die klassische politikwissenschaftliche Frage *Who governs?* gestellt, die nur durch eine Analyse der tatsächlichen Entscheidungs- und Machtstrukturen in konkreten Politikprozessen beantwortet werden kann.

Vor diesem Hintergrund stellt dieser Beitrag zwei Fragen in den Mittelpunkt der Betrachtung:

a. Führt die in peripherisierten Kommunen zu beobachtende Abhängigkeit von externen Ressourcenzuflüssen zu ähnlichen Politikmustern?
b. Welchen Einfluss haben lokale Politikmuster auf die Gestaltung dieser Beziehungen?

Zur Beantwortung dieser Fragen werden zunächst die empirischen Forschungsergebnisse für die sechs Untersuchungsgemeinden präsentiert und anschließend unter Bezugnahme auf die beobachteten Governancemodi verglichen.

1   Sangerhausen

Untersucht man diesen Zusammenhang in Sangerhausen (ca. 30.000 EW), der Kreisstadt des Landkreises Mansfeld-Südharz in Sachsen-Anhalt, ist die starke Abhängigkeit lokaler Entscheidungsprozesse von überlokalen Gelegenheitsstrukturen das am meisten hervorstechende Merkmal.

In Folge einer weitgehenden Deindustrialisierung der Region nach 1990 besteht für die Stadt akuter Handlungsbedarf – gleichzeitig gibt es nur wenig lokale Entwicklungen, an die angeknüpft werden kann. Entsprechend ist die Stadtpolitik auf externe Ressourcen angewiesen und hat in den letzten zwei Jahrzehnten eine breite Klaviatur von Ansätzen bedient, um diese für die lokale Entwicklung nutzbar zu machen. Im Wesentlichen sind dabei drei Handlungsschwerpunkte zu erkennen (vgl. Bernt et al. 2010, S. 26f.):

Das ist zum einen die Wirtschaftsförderung. Bereits in den frühen 1990er Jahren setzte Sangerhausen auf die expansive Ausweisung von Gewerbegebieten und die Verbesserung der infrastrukturellen Anbindung durch den Anschluss an die Autobahn. Im Jahr 2008 erhielt Sangerhausen zudem von der Landesregierung den Zuschlag für die Entwicklung des Industrieparks Südharz, der für größere Neuansiedlungen im Bereich der Industrie vorgehalten werden soll. Dies ist einer von fünf Vorrangstandorten für industrielle Entwicklung, die im Landesentwicklungsplan Sachsen-Anhalts ausgewiesen sind.

Neben der Wirtschaftsförderung stellt die Stärkung der historischen Innenstadt einen zweiten Handlungsschwerpunkt dar. Unterstützt durch umfangreiche Fördermittel wurden öffentliche Plätze und historische Gebäude zum überwiegenden Teil modernisiert und instand gesetzt, so dass die Stadt heute über eine – für eine ostdeutsche Stadt dieser Größe – erstaunlich gut erhaltene und lebendige Innenstadt verfügt. Im Zuge des Stadtumbaus wurde die Innenstadtsanierung seit 2001 um den Rückbau von randstädtisch gelegenen *Plattenbauten* erweitert. Auch hierfür nehmen Stadt und Wohnungsunternehmen beträchtliche Fördermittel aus dem Programm Stadtumbau Ost in Anspruch.

Ein drittes Handlungsfeld der Sangerhäuser Stadtentwicklung der letzten Jahre ist das Bemühen um den Erhalt von Zentrumsfunktionen in einem sich entleerenden Raum. Hier ist vor allen der Wettbewerb um den Status der Kreisstadt von Bedeutung, den Sangerhausen im Vorfeld einer Kreisgebietsreform mit der ca. 30 km entfernten Lutherstadt Eisleben austrug. Der Erhalt des Kreissitzstatus hatte dabei vor allem deshalb eine hohe Priorität für die lokalen Entscheidungsträger, weil mit ihm im deutschen Planungssystem eine ganze Reihe von Mittel- und Funktionszuweisungen verbunden sind. Sowohl unmittelbar in Bezug auf den Erhalt von Einrichtungen und Institutionen (wie z.B. verschiedenen Verwaltungseinheiten, Finanzamt, IHK, Sparkasse), als auch auf längere Sicht war der Statuserhalt deshalb für beide Städte von grundlegender Bedeutung für die weitere Entwicklungsperspektive. Auf Landesebene wurde diese Frage allerdings vor allem anhand der Einwohnerzahlen entschieden. Entsprechend griffen beide Gemeinden, um ihre Einwohnerzahl hochzutreiben, im Vorfeld der Entscheidung zum Mittel der Eingemeindung umliegender Ortschaften. Im Ergebnis konnte Sangerhausen innerhalb kürzester Zeit ca. 7.700 Einwohner hinzugewinnen, was ihr einerseits den erstrebten Kreisstadtstatus – andererseits aber auch eine verfünffachte Stadtfläche – einbrachte.

Fasst man diese Initiativen von Sangerhausen zusammen, wird deutlich, dass keiner der drei genannten Handlungsschwerpunkte der Kommune ohne erhebliche Ressourcentransfers von Bund und Land funktioniert. Die Folge dieser hohen Orientierung an Fördermitteln ist ein lokaler Politikstil, der eher auf gemeinsames Arbeiten an der Sangerhäuser *Sache* als auf parteipolitischen Wettbewerb orientiert. Dabei hat sich in der Stadt in den letzten Jahren eine relativ überschaubare Gruppe von *Machern* herauskristallisiert, die über Parteigrenzen hinweg eng zusammen arbeitet und die in der Vergangenheit in Kooperation mit dem Landrat wichtige landespolitische Entscheidungen immer wieder für Sangerhausen beeinflussen konnte. Die handlungsleitenden Orientierungen dieser Gruppe lassen sich als Setzen auf Geschlossenheit über Parteigrenzen hinweg, gemeinsames Auftreten sowie gegenseitige Verlässlichkeit und Vertrauen beschreiben. Folgendes Zitat aus einem Interview mit einem ehemaligen Kreispolitiker illustriert den Sangerhäuser Politikstil recht anschaulich:

„Hier war der feste Wille aller da, hier haben noch nicht einmal die Grünen gewagt, gegen die Autobahn zu sein, hier in Sangerhausen. ... und diese Geschlossenheit hat zum Schluss gesiegt. [...] Geld war ja da Anfang der 90er Jahre. Das musste auch verbraten werden. Also mussten Pläne da sein, es mussten Beschlüsse da sein und es durfte keine Luft rangelassen werden. [...] Diese Geschlossenheit führte tatsächlich zum Ziel." (Interview SGH 12)

Deutlich wird aus diesem Zitat nicht nur der partnerschaftliche Umgang Sangerhäuser Entscheidungsträger miteinander, sondern vor allem auch die Orientierung der lokalen Entscheidungsnetzwerke auf überlokale Ressourcentransfers. Mit dem Ziel, die Handlungskapazitäten zu stärken, hat sich Sangerhausen in den letzten beiden Jahrzehnten in einer Vielzahl von Programmen, Ausschreibungen und Wettbewerben engagiert, die jeweils eigene Notwendigkeiten der reibungslosen Zusammenarbeit zwischen verschiedenen Verwaltungsstellen, der politischen Einflussnahme über *Kanäle* in die Landesregierung und der kohärent wirkenden lokalen Zielformulierung mit sich brachten. Angesichts der Ressourcenschwäche ist ein solches Vorgehen wahrscheinlich alternativlos – gleichwohl kann es leicht dazu führen, dass sich der Fokus lokaler Strategiebildung auf überlokale Ebenen verschiebt und lokale Strategien nicht mehr aus den Notwendigkeiten vor Ort entwickelt werden, sondern sich vor allem an Vorgaben und Anstößen von Bund und Ländern orientieren. Eine solche Entwicklung hat auch Auswirkungen auf die lokalen politischen Konstellationen, denn sie führt in der Kommune dazu, dass nur solche Entscheidungsträger erfolgreich sein können, die es verstehen, stabile Netzwerke auf- und auszubauen. Im Ergebnis entsteht dann eine *Grant Machine* (Bernt 2009), die sich auf den Zugang zu staatlichen Geldern richtet und in die eine sehr überschaubare Anzahl an Entscheidungsträgern der Stadtentwicklung eingebunden ist. Kernakteure dieser *Machine* sind in Sangerhausen, bedingt durch ihre zentrale Stellung im Verwaltungsaufbau, nahezu naturwüchsig der jeweilige Bürgermeister, der Baudezernent, mglw. der Kämmerer und der Landrat. Anlass- und politikfeldbezogen wird das Netzwerk zwar auch von Fall zu Fall um weitere Akteure erweitert (Wohnungsunternehmen, Vereine, Parteifunktionäre), gleichzeitig wird aber i.d.R. darauf geachtet, mögliche Konflikte aus den Vorentscheidungsstrukturen heraus zu halten. Hierdurch entsteht eine hohe Dichte an örtlich gebundenen, auf Freiwilligkeit und Engagement beruhenden horizontalen Netzwerkbeziehungen – in ihrer Funktionsweise orientieren diese sich allerdings stark an Bundes- und Landesentscheidungen und sind ohne diese nur begrenzt handlungsfähig.

2   Eschwege

In einer nicht unähnlichen Situation ist auch die Kreisstadt Eschwege (ca. 20.000 EW) in Nordhessen, die bereits seit der Nachkriegszeit durch Peripherisierungsprozesse gekennzeichnet ist. Hier wird die Peripherisierung von den lokalen Akteuren vor Ort als ein Komplex aus multiplen Problemlagen wahrgenommen. Diese reichen von der verkehrlichen Abkopplung aufgrund eines fehlenden Autobahnanschlusses über die Schrumpfung und Alterung der Bevölkerung bis hin zur geringen Innovationsdynamik im wirtschaftlichen Bereich und die Schließung von Unternehmen. Hinzu kommt noch der Niedergang der Funktion als Einkaufsstadt (Kühn und Sommer 2010, S. 21f.).

Ebenso vielfältig wie die Peripherisierungsprozesse sind auch die Aktivitäten der Stadtpolitik. Das Stadtumbaukonzept von 2006/07 definiert eine immense Vielzahl von verschiedenen Handlungsfeldern (u.a. Verkehrsinfrastruktur, Tourismus, Einzelhandel, Technologiesteuerung) und darin verankerten Projekten und Maßnahmen. Zum Ausdruck kommt hier, dass es der Stadt angesichts der Vielfalt an Problemen und der diversifizierten Wirtschaftsstruktur schwer fällt, Stärken und Alleinstellungsmerkmale zu definieren. Mit den Worten eines Interviewpartners ausgedrückt, muss die Stadt „versuchen, auf allen Gebieten gut zu sein." (Interview ESW 12).

Dieser Ansatz wurde von der Stadt vor allem über eine Strategie der Professionalisierung der eigenen Verwaltung forciert. So wurden in den letzten Jahren mehrere Führungspositionen in der Verwaltung im Rahmen von bundesweiten Ausschreibungen neu besetzt. Verbunden damit war nicht nur die Erwartung, die Verwaltung fachlich zu verstärken, sondern auch der Anspruch, *kreative Köpfe* mit einem Blick von Außen zu gewinnen. Für die Stadt eröffneten sich damit neue Wege im Umgang mit Problemen. Dazu gehören die Stärkung von Netzwerken innerhalb der Stadt (bspw. zur Stärkung des Einzelhandels), Ansätze der interkommunalen Kooperation (bspw. in Bezug auf die Tourismusregion Werratal) oder auch eine stärkere Zielgruppenfokussierung (bspw. das Thema Wohnen für Familien in der Innenstadt). Zudem entwickelte die Stadt ein besonderes Engagement bei der Teilnahme an Wettbewerben und Förderprogrammen.

Die Kehrseite der intensiven Beteiligung an allen möglichen Ausschreibungen und Programmen ist allerdings eine zunehmende „Verzettelung" (Interview ESW 12) des Handelns und eine Fokussierung auf immer kürzere Zeiträume. Die Vielfalt der Förderthemen und die geringe Ausstattung der meisten Programme erschweren strategische Orientierungen und Schwerpunktsetzungen (Kühn und Sommer 2010). Von Seiten der Stadt wird dies als „Notwehrmaßnahme und ein notwendiger Instrumenteneinsatz zur Bewältigung der anstehenden Probleme" (Stadt Eschwege 2007, S. 9) gesehen.

Ähnlich wie in Sangerhausen dominieren in Eschwege kommunale Entscheidungsträger die lokale Handlungsarena, die allerdings ressortbezogen eine Vielfalt von Strategieansätzen entwickeln. Die im letzten Jahrzehnt vollzogene Professionalisierung der Verwaltungsspitzen führte hier zu einer breiten Auffächerung von Themen und einer intensiven Arbeit an jeweils neu auftauchenden

Förderschienen. Zusammen mit der (durch die lokale Wirtschaftsstruktur bedingten) Abwesenheit von starken wirtschaftlichen Akteuren ergibt sich daraus eine Dominanz der Stadtverwaltung in der Strategiedefinition der Stadt. Ähnlich wie in Sangerhausen lässt sich diese Struktur als *managerialen* Governance-Modus beschreiben, bei dem sich die private Wirtschaft aufgrund der Konzernabhängigkeiten von Filialunternehmen oder der Wirtschaftsschwäche eingesessener Unternehmen wenig in die lokale Stadtpolitik einmischt. In der Folge bleibt Stadtentwicklung auch hier weitgehend ein Geschäft, das von öffentlichen Akteuren betrieben wird und vor allem in der Verflechtung mit Landes-, Bundes- und EU-Fördermitteln funktioniert.

3   Pirmasens

Etwas anders liegen die Dinge in Pirmasens (ca. 40.000 EW). Die Geschichte der Stadt ist seit Beginn der 19. Jahrhunderts eng mit der Schuhproduktion verbunden. 1913 befand sich fast die Hälfte aller Schuhfabriken in Deutschland in Pirmasens, was den Ruf der Stadt als „deutsche Schuhmetropole" begründete (Wagner 1997, S. 12). Bis in die 1960er/1970er Jahre hinein waren familiengeführte Schuhfabriken und deren Zulieferindustrien die Garanten für die wirtschaftliche Blüte der Stadt.

Während in Sangerhausen weitestgehende Auflösung der wirtschaftlichen Basis und in Eschwege anhaltende Erosion und starke Abhängigkeit von überlokalen Unternehmenszentralen die Gegenwart prägen, ist die Situation in Pirmasens eher durch ein Nebeneinander von Krise, Abwanderung und Transformation bestehender Unternehmen gekennzeichnet.

Im Gegensatz zu den bisher beschriebenen Städten führte die Peripherisierung deshalb in Pirmasens zu einer stärkeren Kooperation von Wirtschaft, Stadtpolitik und Verwaltung. Die Herausbildung und Konsolidierung von Entscheidungsnetzwerken zwischen Stadt und Wirtschaft war dabei zum einen Ergebnis eines Führungswechsels in der Stadt, in dessen Folge sich das Handeln der Stadtpolitik von einer eher reaktiven zu einer pro-aktiven Politik wandelte. Grundlage dafür war die Erarbeitung eines Stadtleitbildes und die Inangriffnahme verschiedener Schlüsselprojekte, die sich strategisch in dieses einbetteten. Zu nennen sind bspw. Projekte zur Belebung der Innenstadt wie der Umbau der ehemaligen Schuhfabrik Rheinberger in ein Dienstleitungszentrum und das interaktive Museum Dynamikum.

Zum anderen ist in Pirmasens aber auch ein hohes Aktivitätsniveau der lokalen Wirtschaft auffällig, die sich – anders als in anderen Städten – intensiv in die Stadtentwicklung einmischt. Der wichtigste Grund hierfür ist das Vorhandensein einer ganzen Reihe von Privatunternehmern, die an den Ort gebunden sind, sich als Pirmasenser verstehen und sich für die Entwicklung ihrer Stadt engagieren[1]. Auch hier liegt die Ursache wiederum zu einem großen Teil in der lokalen Wirtschaftsstruktur: Denn die Schuhproduktion in Pirmasens beruhte in der Vergangenheit auf einem Netzwerk, das sowohl aus großen Schuhfabriken, als auch einer Reihe kleinerer Unternehmen und Zulieferbetriebe bestand. Während die meisten großen Schuhfabriken dem Wettbewerbsdruck im Zuge der Globalisierung der Schuhproduktion nicht standhielten, entwickelten sich einige kleinere Unternehmen innovativ weiter und wendeten sich mehr oder weniger erfolgreich neuen Produktpaletten zu. Hierdurch kam es zu einer Ablösung der alten wirtschaftlichen Elite der so genannten *Schuhbarone* durch ein Netzwerk an kleineren Privatunternehmern, die stark an den Standort gebunden sind und ein intensives Interesse an der Verbesserung der Standortbedingungen haben. Vor allem nach 2000 verfolgten diese ihre Interessen zusehends pro-aktiv und brachten diese über die Gründung eines bis heute aktiven Stadtmarketingvereins in die lokale Stadtentwicklungspolitik ein.

Im Vertrauen auf endogene Stärken und Potenziale entwickelte diese Koalition aus Politik und Wirtschaft das für die Karriere der Stadt prägende Thema der Schuhproduktion weiter hin zu einem „Schuhkompetenzzentrum", d.h. die verbliebene Schuhkompetenz wurde und wird in Richtung ihrer Technologierorientierung unterstützt, um daraus ein neues Alleinstellungsmerkmal der Stadt zu entwickeln. Das Segment der vor Ort noch vorhandenen hochwertigen Schuhproduktion sowie die Kompetenzen im Design und Verkauf werden ergänzt bzw. zusammengeführt mit weiteren Institutionen bspw. aus dem Bereich der Forschung und Entwicklung sowie Prüftechnik, Zertifizierung und Ausbildung. Neu gegründet wurde dafür das International Shoe Competence Center (ISC), dem bei der weiteren Entwicklung des Clusters eine wichtige Bündelungsfunktion zukommt. Die in der Stadt vorhandenen Schuhkompetenzen bilden damit heute die Grundlage für einen technologischen und postindustriellen Strukturwandel.

Im Ergebnis ist die Stadtentwicklung in Pirmasens weniger abhängig von überlokalen Ressourcenzuweisungen, Ausschreibungen und Förderprogrammen und kann es sich leisten, bestehende Unterstützungsmöglichkeiten wesentlich selektiver in Anspruch zu nehmen. Anders als andere Gemeinden steht deshalb in Pirmasens die Entwicklung einer eigenen Strategie im Vordergrund, an die externe Mittel sozusagen *angedockt* werden. Im Prinzip stellt sich Pirmasens damit als eine Art Wunschkandidat für Förderinitiativen von oben dar, denn die Inanspruchnahme von Bundes- und Landesmitteln kann hier auf der Basis eines

---

1 Berichtet wurde so von Spenden lokaler Unternehmer an die Stadt, die u.a. die Erbringung von Kofinanzierungsanteilen bei der Einwerbung von Bundes- und Landesmitteln ohne weitere Belastungen des städtischen Haushaltes ermöglichen.

stabilen lokalen Netzwerks zwischen Politik, Verwaltung und Wirtschaft und mit einer strategischen Orientierung erfolgen. Hierdurch ist eine selektive Einwerbung von Fördermittel möglich, bei der diese eher zur Unterstützung und Weiterentwicklung des lokal vereinbarten Kurses verwendet werden, als diesen – umgekehrt – von den jeweils zur Verfügung stehenden *Förderschienen* bestimmen zu lassen. Dies zeigt beispielhaft folgender Interviewauszug:

> „Der Ansatz, der inzwischen verfolgt wird, ist der, dass Projekte entwickelt und schon im Vorfeld aufeinander abgestimmt werden, [...] wenn es dann zu dem Punkt kam, dass wir in der Lage waren, ein Förderprogramm zu finden, das auf eines dieser Projekte gepasst hat, dann war das kein stand-alone Projekt mehr, keine Einzelmaßnahme, sondern es war eine Maßnahme, die integriert war in dieses Gesamtkonzept" (Interview P19).

Im Ergebnis sind langfristige Entwicklungslinien in der Stadt erkennbar.

4   Osterode am Harz

Eine starke Rolle der lokalen Wirtschaft und eine selektive Inanspruchnahme staatlicher Fördermittel sind auch prägend für Osterode (ca. 23.500 EW). Für das Verständnis lokaler Governanceprozesse zentral ist dabei eine Besonderheit, die Osterode von allen anderen von uns untersuchten Städten unterscheidet: Da die Stadt über ihre Wirtschaftsbetriebe am Energiedienstleister Harz Energie beteiligt ist, verfügt sie über eine gut funktionierende zusätzliche Einnahmequelle, die ihre Haushaltssituation insgesamt recht unproblematisch macht und ihr ungewöhnliche Handlungsspielräume eröffnet. Aufgrund dieser Situation kann es sich die Stadt leisten, in Bezug auf Förderprogrammbewerbungen sehr selektiv vorzugehen und mögliche Vorteile der Fördermittelinanspruchnahme gegenüber den Nachteilen für den eigenen Haushalt (Bindung von Kofinanzierungsmitteln) kritisch abzuwägen. Folgendes Zitat mag dies verdeutlichen:

> „Da können Sie mit Förderprogrammen winken oder mit billigen Krediten – Sie brauchen aber auch immer einen, der sagt: ‚Ich will sie haben!'. So dass Förderprogramme insgesamt positiv zu sehen sind [...], nur sie brauchen auch die andere Hälfte, die (in ihre Inanspruchnahme, MB) investieren will." (Interview O33)

Unabhängig von dieser eher komfortablen finanziellen Situation führen die oben beschriebenen Peripherisierungsprozesse auch in Osterode zu einer Reihe von Entwicklungsproblemen, an deren Lösung sowohl die Stadt als auch die lokale Wirtschaft intensives Interesse haben.

Hierbei sind zwei Schwerpunkte erkennbar. Zum einen ist die Stärkung der Stadt als Mittelzentrum erklärtes Ziel der Stadtverwaltung. Dies soll vor allem durch eine Aufwertung der Kernstadt geschehen. Um diesen Prozess voranzubringen, hat die Stadt seit 2004/05 ein Stadtmarketing ins Leben gerufen, dessen hauptsächliche Funktion interessanterweise weniger in der Außenvermarktung als in der Erschließung endogener Potenziale und der internen Vernetzung, vor allem mit der lokalen Wirtschaft, gesehen wird. Gleichzeitig mit der Einführung des Stadtmarketings erfolgte der Amtsantritt eines neuen Bürgermeisters, der von der stärksten Stadtratsfraktion vor allem aufgrund seiner Wirtschaftsnähe ausgewählt worden war. Gestützt von einer stabilen Mehrheit, die umfangreiche Konsensfindungsprozesse mit anderen im Rat vertretenen Parteien unnötig machte, wurde deshalb ein Kandidat ins Amt gebracht, der aus der regionalen Wirtschaft kam und vor diesem Hintergrund umfangreiche Kontakte einbringen und neue Wege einschlagen konnte.

Neben der Entwicklung eines stark auf innere Netzwerkbildung ausgerichteten Stadtmarketings schlug sich das vor allem in forcierten Anstrengungen zur regionalen und überregionalen wirtschaftlichen Vernetzung nieder. Auch hier liegt der Grund in wirtschaftsstrukturellen Entwicklungen: denn die Stadt ist auf die Unternehmen, die damit verbundenen Arbeitsplätze und Steuereinnahmen angewiesen, während zugleich deren Bindung an den Standort durch den Wegfall der ehemals starken Zonenrandförderung und die Umwandlung von Familienbetrieben zu konzerngeführten Unternehmen sinkt.

Mit der Einbindung der Stadtpolitik in regionale und überregionale wirtschaftliche Netzwerke versucht die Stadt, zusätzliche Ressourcen für die lokale Wirtschaft zu erschließen. Überraschend für eine Stadt dieser Größe, ist Osterode dabei sogar europapolitisch aktiv. Im Kern der Strategie steht aber der Zugang zur Metropolregion, durch den sich wirtschaftliche Impulse und ein besserer Zugang zu landespolitischen Entscheidungsebenen versprochen werden. Einen nicht zu unterschätzenden Anreiz stellt dabei auch die von vielen Akteuren für die Zukunft erwartete Gebietsreform dar, für die sich Osterode – um Funktionsverluste zu vermeiden – schon jetzt profilieren will.

Zusammengefasst könnte man die Osteroder Strategie vielleicht als *Stadtverwaltung im Interesse der lokalen Wirtschaft* bezeichnen. Angesichts von anhaltendem Einwohnerrückgang und zu befürchtenden Funktionsverlusten konzentriert sich die Politik auf die Förderung der lokalen Wirtschaft, beteiligt sich für diese an regionalen und überregionalen Netzwerken und schafft hierfür notwendige Gremien und Ämterstrukturen (z.B. Neuaufbau einer Wirtschaftsförderung).

Obwohl die Stadt dabei außerordentlich unternehmerfreundlich agiert, bleiben die strategischen Entscheidungen dabei nach wie vor in der Hand einer kleinen Anzahl von Verwaltungsakteuren – der Governancemodus könnte also als *manageriell-unternehmerisch* bezeichnet werden. Möglich wird dies vor allem durch die vergleichsweise stabile finanzielle Situation der Stadt, die den Spielraum eröffnet, Strategieprozesse unabhängig von förderpolitischen Wendungen auf Bundes-, Landes- und EU-Ebene voranzutreiben und Anreize nur selektiv in Anspruch zu nehmen.

5   Völklingen

Von einer solch komfortablen Situation kann die Stadt Völklingen (39.700 EW) im Saarland nur träumen. Obwohl hier mit der Firma Saarstahl sogar ein Global Player ortsansässig ist und die Stadt durch das UNESCO Weltkulturerbe „Völklinger Hütte" eine hohe überregionale Ausstrahlung genießt, reichen die damit einher gehenden Potenziale kaum aus, um die für eine Bewältigung der vorhandenen Peripherisierungsprobleme nötigen Partner und Ressourcen bereit zu stellen.

Finanziell ist die Stadt stark von den Gewerbesteuerzahlungen der Saarstahl AG abhängig, die allerdings konjunkturbedingt starken Schwankungen unterliegen. Hinzu kommt, dass sowohl Saarstahl als auch die Völklinger Hütte beträchtliche Flächen des Stadtgebietes besetzen, so dass eine gesamtstädtische Planung nur schwer ohne diese Akteure vorstellbar ist.

Trotz der Krise der Stahlindustrie setzen sich hiermit in gewisser Weise historische Muster fort, wie sie aus vielen montanindustriell geprägten Kommunen bekannt sind:

> „Die Völklinger Hütte hat ja auch in früheren Zeiten immer in die Politik, in den Rat, hineinregiert. Man hat die Fraktionen dominiert, indem man halt den eigenen Mitarbeitern [...] nahegelegt hat, sich dort zu engagieren. Weil es ist ja völlig klar: Wenn ein solches Unternehmen mit solchen Auswürfen, mit solchen Emissionen und anderen Dingen mitten in der Stadt liegt – dann sind Konflikte vorprogrammiert." (Interview V2)

Zum Leidwesen der Stadt ist diese traditionelle Abhängigkeit zwar erhalten geblieben – allerdings ohne das hergebrachte Engagement von Völklinger Hütte und Saarstahl. Zwischen diesen wirtschaftlichen Akteuren und der Stadt herrschen sehr ungleiche Machtverhältnisse und Saarstahl und das UNESCO Weltkulturerbe „Völklinger Hütte" sind in der Position, direkt mit der Landespolitik verhandeln zu können. Sie benötigen damit die Stadt nur selten als Ansprechpartner und können sozusagen die lokale Ebene *überspringen* („jumping scales", vgl. Brenner 2004). Dort, wo die Stadt Fördermittel für gemeinsame Projekte organisieren kann, kommt es zwar durchaus zur Zusammenarbeit – dies bleibt jedoch auf jeweils singuläre Ereignisse begrenzt und reicht kaum in den Bereich gemeinsamer Strategiefindung hinein.

Es nimmt angesichts dieser Situation kaum Wunder, wenn die Stadt im Wesentlichen alleine agiert und sich dabei auf die Möglichkeiten stützt, die sich aus der Mehrebenenverflechtung staatlicher Institutionen ergeben. Aufgrund des für die gesamte Region dramatischen Strukturwandels ist Völklingen in dieser Hinsicht wie viele andere Städte im Saarland in seiner Strategiefindung eng an die Landespolitik gekoppelt und diese Orientierung wird durch das Desinteresse, bzw. die Abwesenheit potenzieller unternehmerischer Partner noch einmal verstärkt. In der Folge konzentriert sich die Stadt auf solche Maßnahmen, die notfalls auch ohne privatwirtschaftliche Beteiligung umgesetzt werden können. So beteiligt sich die Stadt in starkem Maße an städtebaulichen Förderprogrammen wie *Stadtumbau West* und *Soziale Stadt*. Seit Beginn der 1970er Jahre ist die Mittelbeantragung aus gerade laufenden Programmen ein Kontinuum der Stadtpolitik und ohne Unterstützung von dieser Seite könnten zentrale Problembereiche der Stadtentwicklung (Verkehrsbelastung, Instandhaltungsmängel der Bausubstanz, Zustand öffentlicher Räume, Brachflächen, soziale Probleme) überhaupt nicht adressiert werden.

Hinzu kommt ein Engagement der Stadt als eigenständiger Wirtschaftsbetrieb, mit der versucht wird, der fehlenden gewerblichen Differenzierung und der Abhängigkeit von zwei Großinstitutionen etwas entgegenzusetzen. Die Stadt hat mithilfe ihrer Stadtwerke in den letzten Jahren eine Reihe von wirtschaftlichen Unternehmungen begonnen; die Bandbreite reicht von der Stadtentwicklung über die Energie- und Wasserversorgung bis zum Hotelgewerbe und den Betrieb einer – auch überregional medial bekannt gewordenen – Meeresfischzuchtanlage.

Nichtsdestotrotz fehlen der Stadt zentrale Kooperationspartner, ohne die – schon allein angesichts der von ihnen gehaltenen Flächen – eine strategische Stadtentwicklung kaum zu machen ist. Der Zusammenbruch bestehender (paternalistischer) Governancestrukturen hat hier zu einer Fragmentierung der Governancelandschaft geführt, bei der zentrale *Player* aus Politik und Wirtschaft nebeneinander agieren und jeweils für sich strategische, die gesamte Stadt betreffende Entscheidungen fällen. Hierdurch gelingt es nur schwer, gemeinsame Handlungsfelder zu definieren und zukunftsweisende Strategien zu entwickeln.

6   Eisleben

Die in unmittelbarer Nachbarschaft von Sangerhausen gelegene Lutherstadt Eisleben (24.500 EW) war bis 1990 in ihrer Wirtschaftsstruktur stark durch das vor Ort ansässige Kupferkombinat „Thomas Müntzer" geprägt, das hier nicht nur mehrer Schächte, sondern auch angelagerte Betriebs- und Bildungseinrichtungen betrieb und mit der Kombinatsleitung auch in der Entscheidungsspitze vor Ort präsent war. Auch hier brach diese tragende Wirtschaftsstruktur 1990 komplett zusammen. Seitdem konnten nur wenige Neuentwicklungen auf den Weg gebracht werden.

Aufgrund dieses radikalen Strukturbruchs nimmt es nicht Wunder, dass Eisleben in den letzten beiden Jahrzehnten in einer Vielzahl von Projekten versuchte, die Stadtentwicklung voranzubringen. Dabei lassen sich grob vier Hauptlinien ausmachen, die jedoch teilweise miteinander verbunden sind: a) Ausbau harter Standortfaktoren, b) Leitthema *Luther*, c) Sanierung und Wohnungsbestandsanpassung, d) Wettbewerb um den Kreissitz. In all diesen Feldern ist die Position der Stadt nicht einfach und in der Folge sind in Eisleben auch immer wieder Rückschläge zu verzeichnen gewesen. Dies gilt insbesondere für den Verlust des Kreissitzes und für das Scheitern von Gewerbeansiedlungsvorhaben – aber auch die Neuprofilierung der Innenstadt und der Ausbau des Luthertourismus blieben hinter den Erwartungen zurück.

Die insgesamt wenig erfolgreiche strategische Neupositionierung wird in der Diskussion vor Ort oft auf lokale Verwaltungs- und Politikeliten zurückgeführt, die nur wenig geschlossen aufträten und es nicht verstünden, die Initiative zu ergreifen. Ein Zitat aus dem Interview mit einem ehemaligen leitenden Verwaltungsangestellten veranschaulicht diese pessimistische Einschätzung:

> „Die Qualität des Stadtrates entspricht in weiten Teilen nicht den Anforderungen für unsere Stadt. Zu wenige qualifizierte Bürger stellen sich für diese Aufgabe zur Verfügung, deshalb ist eine gewisse Selbstlähmung zu beobachten. Trotz eines Stadtentwicklungsausschusses gibt es keine Vordenker. Kleinliche Probleme stehen zu sehr im Mittelpunkt. Die Zusammenarbeit zwischen Rat und Verwaltung, aber auch zwischen der jetzigen Bürgermeisterin und der Verwaltung ist zu wenig von Vertrauen zueinander geprägt." (Interview ESL 16)

Deutlich wird aus diesen Zitaten eine Fragmentierung von Entscheidungsressourcen, die zu einem Klima der Lähmung und des Mangels an Initiative führt. In der Ursachenanalyse kaum zu klären ist dabei das genaue Verhältnis von strukturell schlechteren Startbedingungen, Handlungsproblemen des lokalen Führungspersonals und einfach schlechter Fortune. Insgesamt ist das hervorstechendste Merkmal der lokalen Politikarena jedoch die kleinteilige Zersplitterung von Akteursnetzwerken und Entscheidungsressourcen: Entlang von konkreten Projekten (Internationale Bauausstellung Stadtumbau Sachsen-Anhalt, Luthergedenkstätten, Gewerbegebiete, Stadtumbau) finden sich zwar jeweils an diesen Projekten interessierte Akteure zusammen – dies führt aber kaum zu auf Dauer gestellten Kooperationsstrukturen. In der Folge gibt es zwar Netzwerke, aber kaum eine stabile Gruppe von gut vernetzen und gemeinsam agierenden Entscheidungsträgern, die langfristig eine an ihren Interessen und Wahrnehmungen orientierte Entwicklungsstrategie für die Stadt durchsetzen könnte.

Die Abwesenheit einer solchen Governancestruktur ist sowohl lokalen historischen Entwicklungslinien geschuldet als auch eine Folge der Peripherisierung selbst, die angesichts einer schwierigen Haushaltssituation und einer problematischen Arbeitsmarktlage nur wenige Anreize für individuelles Engagement bietet. Erschwerend für eine Herausbildung funktionierender Entscheidungsstrukturen wirken dabei sowohl aus der Vorwendezeit tradierte politisch-kulturelle Prägungen (christlich-bürgerlich vs. Mansfeldkombinat, vgl. auch Beitrag Liebmann/Sommer), als auch die für einer Stadt dieser Größe typische geringe Anzahl handelnder Personen, die persönlichen Animositäten ein höheres Gewicht verleiht. Hemmend für gemeinsame Initiativen wirkt sich auch der geringe finanzielle Spielraum der Stadt aus, der die Prämien (Zuweisungen, Prestige, Verbesserung der Situation), die Akteure aus einer erfolgreichen Kooperation ziehen können, einschränkt.

Obwohl die strukturelle Lage der Stadt gemeinsames und entschlossenes Handeln dringend nötig macht, stellt sie also gleichzeitig nur wenige Anreize zur Verfügung, sich individuell einzubringen. In der Folge unterbleibt die Herausbildung tragfähiger Governancestrukturen und man ist gezwungen, sich unter schwierigen Bedingungen von Projekt zu Projekt zu hangeln.

7 Zusammenfassung

Was kann aus der Zusammenschau der hier diskutierten sechs Fälle über den lokalen Umgang mit Problemen der Peripherisierung gelernt werden?

Zunächst ist festzuhalten, dass – obwohl die sechs analysierten Fallstädte auf den ersten Blick ähnlichen Rahmenbedingungen der Peripherisierung unterliegen – der lokale Umgang mit Problemen der Peripherisierung verschieden ist. Während Osterode und Pirmasens zur Bewältigung der Krise vor allem auf Kooperationen mit ortsansässigen Firmen setzen, sind Eschwege und Sangerhausen sehr aktiv in der Gestaltung staatlicher Mehrebenenbeziehungen, vor allem in Bezug auf Fördermittelpolitiken. Eisleben und Völklingen verfolgen zwar eine Vielzahl von Entwicklungsansätzen, scheitern aber an einem Mangel an verlässlichen Partnern.

Die Unterschiede zwischen den Kommunen sind dabei keineswegs zufällig. Sie können im Gegenteil durch die verschiedenartigen Voraussetzungen erklärt werden, denen die Kommunen einerseits in Bezug auf ihre Möglichkeiten, neue Ressourcen aus auf Mehrebenenverflechtungen basierenden Strategien zu erschließen, und andererseits in Bezug auf die vor Ort vorhandenen potenziellen Kooperationspartner unterliegen. Das Zusammenspiel lokaler Akteurskonstellationen mit überlokal gesetzten Rahmenbedingungen bildet so den Rahmen, innerhalb dessen lokale Governancestrukturen entwickelt werden können. Governance der Peripherisierung ist in dieser Hinsicht sowohl Ergebnis lokaler Rahmenbedingungen (Vorhandensein, Stärke und Interesse lokaler Akteure), als auch überlokaler Opportunitätsstrukturen (Andockfähigkeit lokaler Politiken an externe Ressourcengeber bzw. Erfolgsaussichten auf überlokalen Märkten).

Dabei haben einige Städte größere Handlungsspielräume, andere sind erfolgreicher, und wieder andere müssen durch ein Wechselbad an kleinen Erfolgen und großen Problemen gehen. In der Summe handelt es sich aber bei allen beobachteten Fällen um ein lokales Spielfeld, dessen Grenzen durch den Kontext der Peripherisierung und der daraus folgenden Abhängigkeiten bestimmt werden.

Kommunale Akteure stehen dabei in allen Städten vor einer schwierigen Situation. Das lokale Finanzaufkommen reicht kaum aus, um die Pflichtaufgaben der Stadtentwicklung bearbeiten zu können, für eine strategische Weiterentwicklung ist das Erschließen externer Ressourcen daher unverzichtbar. Gleichzeitig sind die kommunalen Institutionen per definitionem ortsgebunden und auf eine Reihe von Aufgabenfeldern verpflichtet. Anders als Unternehmen können sie sich nur begrenzt aus unprofitablen Sektoren zurückziehen und sich auf erfolgversprechendere Aufgaben konzentrieren. Aus diesem Widerspruch resultiert in allen Gemeinden, die wir betrachtet haben, eine mehr oder weniger intensive Suche nach neuen Wegen. Die Städte suchen dabei auch nach privaten Partnern, die personell, materiell und ideell in der Lage sind, zukunftsfähige Strategien zu unterstützen. Bedingt durch die jeweilige historische Prägung, aber auch angesichts sehr unterschiedlicher Situationen der lokalen Unternehmen, gelingt dies in sehr unterschiedlichem Maße.

Die Städte Eisleben, Sangerhausen und Eschwege sind – in Folge von Währungsunion und Treuhandprivatisierung im Osten und des Wegfalls der Zonenrandförderung im Westen – heute im Wesentlichen durch eine weitgehende Abwesenheit von an den Ort gebundenen Unternehmen gekennzeichnet. Vorhandene wirtschaftliche Akteure sind hier zu schwach oder kaum auf den spezifischen Ort ihrer Tätigkeit angewiesen und entsprechend steht die Politik selbst dort, wo sie an Zusammenarbeit mit der Wirtschaft interessiert ist, ohne Partner da.

Anders sieht die Lage in Pirmasens und Osterode aus: Trotz Peripherisierung haben sich dort lokale Unternehmen nicht nur halten, sondern auch weiterentwickeln können. Diese haben zwar Probleme, sind aber auch stark auf den Ort angewiesen. Die Unternehmen arbeiten zudem in hoch spezialisierten Wirtschaftszweigen, in denen ausdifferenziertes Expertenwissen eine wichtige Rolle spielt. Dieses Wissen ist in Pirmasens stark an die lokal fixierten Produktions- und Wissensnetzwerke gebunden *(Schuhstadt)*, so dass die bestehende lokale Wirtschaft durch eine starke Dependenz von ortsgebundenen Clustereffekten gekennzeichnet ist. Eine Folge dieses deutlichen Interesses an lokalen Wirtschaftsbedingungen ist die vergleichsweise pro-aktive Rolle lokaler Wirtschaftsakteure in lokalen Governancenetzwerken.

Völklingen hat zwar auch starke, an den Ort gebundene, Akteure (Saarstahl, UNESCO-Weltkulturerbe „Völklinger Hütte"), bei diesen resultiert die Ortsabhängigkeit aber eher aus *sunk costs* als aus Netzwerkeffekten. Dort, wo diese Akteure auf Netzwerke angewiesen sind, finden sich die entsprechenden Ansprechpartner eher auf einer überregionalen Ebene. In der Folge erwarten weder Saarstahl noch die Völklinger Hütte viel von einer Zusammenarbeit mit der Kommune. Sie *überspringen* deshalb sozusagen die lokale Ebene und setzen in ihrer Strategie gleich auf höheren Ebenen an. Für den lokalen Staat ergibt sich damit das Problem, einerseits auf Steueraufkommen und Renommee dieser Unternehmen angewiesen zu sein, andererseits diese kaum einbinden zu können.

Mulit-Level-Governancebeziehungen und unterschiedliche Mustern der Interaktion zwischen kommunalen, wirtschaftlichen und bürgerschaftlichen Akteuren führen also zu jeweils unterschiedlichen Konfigurationen, die sich in Anlehnung an das Konzept der *Modes of Governance* (Pierre 2011) wie folgt beschreiben lassen.

	Wachstumskoalition (Pirmasens, Osterode)	*Grant-Machine* (Eschwege, Sangerhausen, Eisleben)	*Fragmentiert* (Völklingen, Eisleben)
Key decision makers	Bürgermeister und lokale Unternehmer	lokale Verwaltung (z.T. in Kooperation mit Landkreis), Integration wirtschaftlicher Akteure, wo nötig	wechselnd
Political objectives	Standortentwicklung	Zugang zu Förderprogrammen und staatlichen Transferflüssen	unbestimmt, häufiger Wechsel / Muddling through
Instruments	Strategische Planung zur Akquise von Fördermitteln mit dem Ziel der Stärkung des Standortprofils	Professionalisierung im Wettbewerb um staatliche Mittel, politische Einflussnahme	--

Tab. 1: Governancemodi im Vergleich

Hervorzuheben ist, dass es bei dieser Sortierung um Idealtypen geht, die es ermöglichen, wesentliche Differenzen zwischen den beobachteten Fällen zu beschreiben. Die Typen sind zudem ein analytisches Konstrukt, d.h. in der empirischen Realität sind die Grenzen zwischen verschiedenen Typen unscharf, Übergänge zwischen verschiedenen Typen sind denkbar, ebenso der Wechsel eines Falls von einer in die andere Gruppe. Ungeachtet aller Unterschiede, die sich im Detail zwischen jedem Einzelfall finden lassen, können so drei gegensätzliche Muster von Akteurskonstellationen analysiert werden, die zu jeweils verschiedenen Problemen (z.b. Selektivität in der Themenauswahl, Legitimations- und Aktivierungsprobleme) und Potenzialen (z.b. Effektivität bei Ressourcenakquise und Inanspruchnahme) im Umgang mit Peripherisierungsprozessen führen.

Eine Gemeinsamkeit aller Untersuchungsstädte ist dabei, dass strategisches Handeln in allen Kommunen nur im Zusammenspiel mit der Inanspruchnahme supra-lokaler staatlicher Ressourcen gelingt. Die durch diese bedingte Opportunitätsstruktur (z.B. Zusammenlegung von Kreisen, Autobahnplanung, Förderprogramme) spielt deshalb eine zentrale Rolle für alle lokalen Versuche im Umgang mit der Peripherisierung. Die Dotationen von Bund und Ländern haben dabei allerdings nicht nur eine ermöglichende Rolle. Denn die schwierige finanziellen Lage, in der sich die untersuchten Kommunen befinden, resultiert in einer hohen Angewiesenheit auf Ressourcenzuweisungen von außen und dies führt zu einer starken Ausrichtung der lokalen Strategiediskussion auf die Vorgaben und Anstöße der Ressourcengeber. Obwohl die Kommunen in ihrer Entscheidung über die Annahme oder Ablehnung von Fördermitteln *theoretisch* weiterhin frei sind, finden sie sich *praktisch* in einer Situation wieder, in der sie sich stark an Vorgaben von oben orientieren. Hierdurch wird der lokale Umgang mit Peripherisierungsproblemen entscheidend geprägt und aktiv auf die vertikalen Dotationsbeziehungen zu Bund und Ländern als Ressourcengeber ausgerichtet. Entscheidend ist dabei, dass sich die beschriebenen Kommunen in diesem Kontext nicht einfach nur in einer passiven Nehmer-Rolle bewegen. Sie müssen sich im Gegenteil wiederholt neu ausrichten und aktiv handeln, um Ressourcenflüsse in ihre Stadt lenken zu können. Diese Verkopplung von Abhängigkeit (im Sinne von Angewiesenheit auf Andere) und eigenem Handeln kann zugespitzt als *strategisches Management von Abhängigkeitsbeziehungen* bezeichnet werden.

Im Rahmen dieses *Managements* haben allerdings nur diejenigen Kommunen einen profilscharfen Umgang mit öffentlichen Fördermitteln entwickeln können, bei denen sich privatunternehmerische Akteure in die Stadtentwicklung einbringen, Ressourcen zur Verfügung stellen und dadurch Spielräume eröffnen. Kommunen, in denen private Akteure zu schwach oder nicht ansprechbar sind, entwickeln zwar teilweise virtuose Fähigkeiten in der Fördermitteleinwerbung – gleichzeitig ist bei ihnen aber nur wenig strategische Orientierung erkennbar. Dieses Ergebnis hat sowohl theoretische als politisch-planerische, praktische Implikationen: In Bezug auf die urbane Governanceforschung verweist unsere Untersuchung auf die Notwendigkeit, lokale Politiken im Wechselspiel zwischen lokalen Gegebenheiten und überlokalen Veränderungen zu erklären. Dabei bestimmen überlokale Rahmenbedingungen in peripherisierten Städten offenbar in besonders starkem Maße die lokalen politischen Handlungsmuster. Politisch-planerisch zeigt sich zudem, dass modische Aufforderungen zu mehr Kooperation, mehr Vision und mehr Innovation im Kontext peripherisierter Städte nur wenig Erfolg haben können, wenn sie nicht von einer besseren finanziellen Grundausstattung begleitet werden, die es den Städten ermöglicht, nicht mehr nach jedem Strohhalm greifen zu müssen.

Literatur

Beißwenger S, Weck S (2010a) Osterode am Harz. Fallstudie im Rahmen des Projekts „Stadtkarrieren in peripherisierten Räumen". Institut für Landes- und Stadtentwicklungsforschung. http://ils-forschung.de/down/Osterode-Bericht_Endfassung_012011.pdf. Zugegriffen: 07.03.2012

Beißwenger S, Weck S (2010b) Völklingen. Fallstudie im Rahmen des Projekts „Stadtkarrieren in peripherisierten Räumen". Institut für Landes- und Stadtentwicklungsforschung. http://www.ils-forschung.de/down/Voelklingen-Bericht_Endfassung_012011.pdf. Zugegriffen: 07.03.2012

Beißwenger S, Weck S (2010c) Pirmasens. Fallstudie im Rahmen des Projekts „Stadtkarrieren in peripherisierten Räumen". Institut für Landes- und Stadtentwicklungsforschung. http://www.ils-forschung.de/down/Pirmasens-Bericht_Endfassung_012011.pdf. Zugegriffen: 07.03.2012

Bernt M, Liebmann H, Becker S (2010) Sangerhausen. Fallstudie im Rahmen des Projekts „Stadtkarrieren in peripherisierten Räumen". Leibniz-Institut für Regionalentwicklung und Strukturplanung. http://www.irs-net.de/download/Fallstudie_Sangerhausen.pdf. Zugegriffen: 07.03.2012

Bernt M, Liebmann H, Becker S (2010) Lutherstadt Eisleben. Fallstudie im Rahmen des Projekts „Stadtkarrieren in peripherisierten Räumen". Leibniz-Institut für Regionalentwicklung und Strukturplanung. http://www.irs-net.de/download/Fallstudie_Eisleben.pdf. Zugegriffen: 07.03.2012

Bernt M (2009) Partnerships for Demolition. The Governance of Urban Renewal in East Germany's Shrinking Cities. In: International Journal of Urban and Regional Research, 33 (3):754–769

Brenner N (2004) New State Spaces. Urban Governance and the Rescaling of Statehood. New York: Oxford University Press

DiGaetano A, Strom E (2003) Comparative urban governance. An integrated approach. In: Urban Affairs Review 34 (4):546-577

Kooiman J (2003) Governing as Governance. London: Sage

Kühn M, Sommer H (2011) Eschwege: Vom Zonenrand zur inneren Peripherie. Fallstudie im Rahmen des Projekts „Stadtkarrieren in peripherisierten Räumen". Leibniz-Institut für Regionalentwicklung und Strukturplanung. http://www.irs-net.de/download/Fallstudie_Eschwege.pdf. Zugegriffen: 07.03.2012

Pierre J (1999) Models of Urban Governance. The institutional Dimensions of Urban Politics. In: Urban Affairs Quarterly, 34 (3):372-396

Pierre J (2011) The Politics of Urban Governance. London: Palgrave Macmillan

Interkommunale Kooperation, Konkurrenz und Hierarchie

Manfred Kühn, Sabine Weck

Das Thema interkommunale Kooperation nimmt in peripherisierten Regionen einen besonderen Stellenwert ein. Denn hier engen Bevölkerungsschrumpfung, strukturschwache Wirtschaft, zentralörtliche Funktionsverluste, unausgelastete Infrastrukturen und kommunale Finanznot die Handlungsspielräume der Stadtpolitik stark ein, während sich gleichzeitig der interkommunale Wettbewerb um Einwohner, Unternehmen und staatliche Fördermittel verschärft. Neue Handlungsoptionen für Mittelstädte in peripherisierten Regionen werden vor diesem Hintergrund zunehmend durch interkommunale Kooperationen gesehen.

Der Beitrag untersucht, welchen Stellenwert diese tatsächlich in der Praxis haben und wie sich die regionale Positionierung von Mittelstädten im Wechselverhältnis von interkommunaler Konkurrenz und Kooperation unter dem Einfluss der staatlichen Mehrebenenhierarchie in peripherisierten Regionen gestaltet. Im Vordergrund steht die Frage, inwieweit städtische Akteure interkommunale Kooperationen mit Umlandgemeinden, den Zugang zu Metropolregionen und vertikale Netzwerke in der staatlichen Mehrebenenhierarchie als Strategie im Umgang mit Peripherisierung nutzen. Es werden jeweils ausgewählte Beispiele aus den sechs empirischen Fallstädten Pirmasens und Völklingen, Eschwege und Osterode am Harz sowie Sangerhausen und Lutherstadt Eisleben analysiert. Abschließend werden die Handlungsoptionen und -restriktionen von Mittelstädten in der Peripherie kritisch reflektiert und Schlussfolgerungen zur Diskussion gestellt.

1   Zum Verhältnis von Kooperation, Konkurrenz und Hierarchie

1.1   Interkommunale Kooperation als Strategie in peripheren Regionen

Einen zentralen Handlungsansatz für Städte in peripheren ländlichen Räumen sieht die Raumforschung bisher in der interkommunalen Kooperation (ARL 2008, S. 12). Aus Politik- und Planungswissenschaften wird an die Kommunalpolitik in diesen Regionen vielfach die Forderung erhoben, die lokale „Kirchturmpolitik" zu überwinden und zu kooperieren (Sarcinelli und Stopper 2006,

S. 8; Kersting 2006, S. 35). Von den Bürgermeistern und anderen lokalpoliti-
schen Akteuren wird „eine Denk- und Sichtweise in größeren Maßstäben" gefordert (Adam 2006, S. 108). Neue Chancen für interkommunale Kooperationen
werden dabei in folgenden Bereichen gesehen:

▪ Sicherung der Tragfähigkeit von gefährdeten öffentlichen Infrastruktur-
  und Verwaltungseinrichtungen durch gemeinsame Trägerschaften und Fi-
  nanzierungen;
▪ gemeinsame Profilierung im interregionalen Standortwettbewerb um Einwohner, Unternehmen und Touristen;
▪ Erhaltung des Status einer Stadt im staatlichen Fördersystem (u.a. Ober-
  bzw. Mittelzentrum, Kreisfreiheit, Kreissitz) durch arbeitsteilige Städtenetze.

Auch durch staatliche Politiken wird die interkommunale Kooperation von Städten in peripheren ländlichen Regionen gefördert:

▪ Die Territoriale Agenda der Europäischen Union fordert neue „Stadt-Land-
  Partnerschaften" auch von Klein- und Mittelstädten als Regionalzentren in
  ländlichen Gebieten.
▪ Das neue Städtebauförderprogramm des Bundes „Kleine Städte und Gemeinden – überörtliche Zusammenarbeit und Netzwerke" sieht die Städte
  als Ankerpunkte der Daseinsfürsorge im ländlichen Raum und fördert interkommunale Kooperationen (BMVBS 2010).
▪ Im Rahmen des Bund-Länder-Programms „Stadtumbau Ost" sind die beteiligten Städte gefordert, Integrierte Stadtentwicklungskonzepte zu erarbei-
  ten, die wegen der Suburbanisierungsprozesse auch die Stadtregion mit
  einbeziehen.
▪ Die interkommunale Kooperation ist im Rahmen des Programms „Stadtumbau in Hessen" eine verbindliche Fördervoraussetzung für die Städte
  des Landes (HMWVL 2006). Das gemeinsame Handeln von Nachbarkommunen wird hier als „Schlüsselstrategie für die Zukunftsfähigkeit der
  hessischen Städte und Gemeinden" bezeichnet.

Interkommunale Kooperation wird also vielerorts als Lösung angepriesen. Interessanterweise ist das Bild, das vorhandene empirische Forschungsbeiträge von
der Kooperationsrealität zeichnen jedoch viel zurückhaltender: So wird berichtet, dass interkommunale Kooperationen oft durch den Lokalegoismus der politisch-administrativen Akteure gehemmt wird und auf Widerstände seitens der
Umlandgemeinden, aber auch der Bürger, die sich nicht mit der regionalen Ebene identifizieren (Heinz 2000, S. 248 ff.), stößt.

1.2 Verschärfung des interkommunalen Wettbewerbs

Interkommunale Kooperation stößt aber nicht nur auf Implementierungsschwierigkeiten, sondern sie steht vor allem auch in einem schwierigen Spannungsverhältnis zur Intensivierung des interkommunalen Wettbewerbs von Städten und Regionen (Mäding 2006), der angesichts der Rahmenbedingungen von Globalisierung und Neoliberalismus in vielen Regionen beobachtet werden kann. Besonders in peripherisierten Räumen verschärft sich vor diesem Hintergrund häufig die interkommunale Konkurrenz:

- Aufgrund der schrumpfenden Bevölkerung kommt es zu einer „dramatischen Verschärfung des interkommunalen Wettbewerbs um Einwohner" (Sarcinelli und Stopper 2006, S. 8). Unter der Bedingung der Schrumpfung kann bereits die Stabilisierung der Bewohnerzahl in einer Stadt nur durch vermehrte Abwanderung aus anderen Städten und Gemeinden erkauft werden (Häußermann et al. 2008, S. 217). Da sich die Einwohnerzahl über den Anteil der Gemeinden an der Einkommenssteuer und über den Finanzausgleich auf die Kommunalfinanzen auswirkt, ist die Kommunalpolitik bestrebt, neue Bewohner anzuziehen.

- Die Schließung oder Standortverlagerung von abhängigen Unternehmensfilialen durch Entscheidungen in Konzernzentralen führt zu einem intensivierten interkommunalen Wettbewerb um Unternehmensansiedlungen. Die Städte konkurrieren dabei um Gewerbesteuern als zweitwichtigste kommunale Einnahmequelle.

- Innerhalb von schrumpfenden Regionen ist eine verstärkte Standortkonkurrenz zu beobachten. Bevölkerungsrückgänge erzwingen Entscheidungen über die Schließung bzw. Zusammenlegung von Schulen, Krankenhäusern, Arbeitsämtern etc. Städte konkurrieren somit um Infrastrukturen und zentralörtliche Funktionen.

Auch die staatliche Politik verschärft den Wettbewerbsdruck für die Städte in peripherisierten Regionen, da:
- aufgrund von Anpassungsstrategien an den demografischen Wandel in einigen Bundesländern die Zahl der Zentralen Orte reduziert wird und Gebietsreformen auf Landkreisebene durchgeführt werden (Dehne und Kaether 2007). In diesem Kontext sind viele Städte in ihrem Status als Mittelzentrum und Kreisstadt gefährdet und konkurrieren mit anderen Städten um den Statuserhalt.
- aufgrund des paradigmatischen Wandels von der Ausgleichs- zur Wachstumspolitik der flächendeckende Anspruch an „gleichwertige Lebensverhältnisse" relativiert wird (Hahne 2005) und die Wirtschaftsförderung eini-

ger Bundesländer auf ausgewählte Teilräume konzentriert wird, die als Wachstumsmotoren angesehen werden;
- durch die Anerkennung von elf Metropolregionen in der bundesdeutschen Raumordnung Großstadtregionen als Zentren der Entwicklung gegenüber Mittel- und Kleinstädten in peripheren Regionen besonders hervorgehoben werden (Blotevogel 2005);
- aufgrund der zunehmenden Integration von Wettbewerbselementen in die Fördermittelvergabe seitens der EU-, Bundes- und Landesministerien Städte um knapper werdende Fördermittel konkurrieren. Wettbewerb wird hier als Strategie zur kommunalen Leistungssteigerung eingesetzt (Benz 2004).

1.3 Forschungsansatz und Leitfragen

Angesichts dieser Situation befinden sich peripherisierte Städte in einem Spannungsfeld: Einerseits verschärft sich die interkommunale Konkurrenz, andererseits werden interkommunale Kooperationen gefordert. Damit bestehen scheinbar widersprüchliche Bedingungen für das interkommunale Handeln in peripherisierten Räumen. Das Verhältnis von Konkurrenz und Kooperation bleibt bisher auch in der Forschung unklar (Kersting 2006). Oftmals werden Konkurrenz und Kooperation als sich ausschließende Gegensätze betrachtet („Kooperation statt Konkurrenz"). Demgegenüber spricht das Positionspapier der ARL für periphere ländliche Regionen davon, „die richtige Mischung zwischen Konkurrenz und Kooperation zu erreichen" (ARL 2008, S. 8). Eine Dualität aus Kooperation und Wettbewerb wird im Unternehmens-Management als „co-opetition" bezeichnet (Jansen 2000). Wir verwenden im Folgenden dafür den Forschungsansatz der *Regional Governance*. Danach bilden Hierarchie, Kooperation (Verhandlungen) und Konkurrenz unterschiedliche Steuerungsmodi, deren Kombination die konkrete Form der *Regional Governance* bestimmt (Benz und Fürst 2003, S. 26). Dadurch öffnet sich der Blick auf die regional jeweils spezifischen Kombinationen von Steuerungsmodi und Steuerungsformen.

Die Leitfragen des Beitrages sind:
- Wie positionieren sich Mittelstädte in peripherisierten Regionen im Spannungsfeld zwischen interkommunaler Kooperation und Konkurrenz?
- Welchen Einfluss hat die Hierarchie der staatlichen Mehrebenen-Politik auf Formen interkommunaler Konkurrenz und Kooperation?

Das Verhältnis von Kooperation, Hierarchie und Konkurrenz in peripherisierten Regionen wird im folgenden Kapitel zu den empirischen Ergebnissen in drei relationalen Feldern bestimmt:

1. *Interkommunale Kooperation.* Auf der horizontalen Ebene der interkommunalen Beziehungen ist die Position der Mittelstädte zu den Umlandgemeinden (in monozentrischen Regionen) und zu den Nachbarstädten (in polyzentrischen Regionen) durch eine Mischung von Kooperation und Konkurrenz gekennzeichnet. Eine Stärkung hierarchischer Zentrumsfunktionen (z.B. durch die Funktion des Kreissitzes) oder die Bildung von Städtegruppen verändert das Gefüge interkommunaler Beziehungen.

2. *Anschluss an Metropolregionen.* Die Raumordnung in Deutschland hat elf Metropolregionen anerkannt, die als „Motoren der gesellschaftlichen, wirtschaftlichen, sozialen und kulturellen Entwicklung" bezeichnet werden. Damit stellt sich für die Räume außerhalb der Metropolregionen die Frage, ob sie durch diese Form der Zentralisierung weiter peripherisiert werden. Eine Positionierung von Städten außerhalb der Metropolregionen kann durch eine Aufnahme in eine Metropolregion oder durch eigene Strategien für peripherisierte Regionen erreicht werden.

3. *Vertikale Politiknetzwerke und staatliche Fördermittel im staatlichen Mehrebenensystem.* Im Rahmen der vertikalen Mehrebenenhierarchie wird die Position der Mittelstädte vor allem durch den Status im Landkreis (Kreisstadt), in der Landesplanung (Ausweisung als Mittel- oder Oberzentrum) sowie zu den Fördermittelgebern von Land, Bund und EU bestimmt. Kommunaler Handlungsspielraum entsteht durch die Einwerbung von Fördermitteln in Wettbewerben der Landes-, Bundes- und EU-Ebene, aber auch durch einen veränderten Status im Zuge von Gebietsreformen und Zentrale-Orte-Systemen.

2 Empirische Ergebnisse: Mittelstädte in peripherisierten Regionen

Im folgenden Kapitel werden ausgewählte empirische Ergebnisse der sechs Fallstudien Pirmasens und Völklingen, Eschwege und Osterode am Harz sowie Sangerhausen und Lutherstadt Eisleben dargestellt. Die Ergebnisse wurden aus einem systematischen Vergleich der Fallstudien abgeleitet. Die verwendeten Zitate aus den Experteninterviews sind in den einzelnen online veröffentlichten Fallstudien in anonymisierten Interviewlisten nachgewiesen.

2.1 Interkommunale Kooperation

Wie unsere sechs Fallstudien im Vergleich zeigen, sind die interkommunalen Beziehungen in peripherisierten Regionen insgesamt stärker durch Konkurrenzen als Kooperationen geprägt. Dies trifft besonders auf Nachbarstädte im gleichen Landkreis zu, die um den Status der Kreisstadt konkurrieren (z.B. Eschwege / Witzenhausen; Sangerhausen / Eisleben) oder bei staatlichen und privaten Investitionen in Konkurrenz zu gleich stark aufgestellten Städten im Landkreis stehen (z.b. Osterode am Harz, Bad Lauterberg im Harz, Herzberg am Harz). Um den Kreisstadtstatus im Vorfeld einer staatlichen Kreisgebietsreform in Sachsen-Anhalt zu erhalten, haben die Nachbarstädte Sangerhausen und Eisleben in gegenseitiger Konkurrenz und im Wettlauf um die höhere Einwohnerzahl große Eingemeindungen durchgeführt. Im Ergebnis der landespolitischen Entscheidung wurde Sangerhausen Gewinner- und Eisleben Verliererstadt. Dies belastet das interkommunale Verhältnis bis heute so stark, dass aus der Sicht der Akteure derzeit keine Kooperation zwischen den Nachbarstädten möglich ist.

Konkurrenz statt Kooperation in der Stadtregion Pirmasens
Ein Beispiel für ausgeprägte Konkurrenzbeziehungen zwischen Stadt und Umlandgemeinden ist das Verhältnis zwischen der kreisfreien Stadt Pirmasens und dem umgebenden Landkreis Südwestpfalz. Sowohl Stadt wie Landkreis sind durch den Niedergang der Schuhindustrie betroffen. Doch bereits im 1996 veröffentlichten Leitbild der Stadt Pirmasens wird für den Bereich Tourismus von „Konkurrenzdenken und Eifersüchteleien bei *beiden* Gebietskörperschaften" gesprochen und die Synergieeffekte eines gemeinsamen Tourismusmarketing betont (Pirmasens Marketing e.V. 1996, o.S., Hervorh. im Orig.). Eine Zusammenarbeit zwischen Stadt und Landkreis gibt es im Tourismusbereich bis heute nicht. Die demographische Entwicklung führt vielmehr zu neuen Konkurrenzen, z.B. im Hinblick auf die Schulstandorte. Aus der Sicht der Stadtpolitik fühlt sich die Stadt Pirmasens gegenüber dem Landkreis benachteiligt:

> „Wir haben eine absolut schizophrene Situation. […]. Die Stadt Pirmasens, kreisfreie Stadt, hat eine Arbeitslosenquote von jetzt über 15 %, und hat eine Arbeitsplatzdichte von 43 %. Der Landkreis, der uns umgebende Landkreis mit 105.000 Einwohnern, hat eine Arbeitslosenquote von 5,4 % und eine Arbeitsplatzdichte von 13 %. Das ist der wirtschaftsschwächste Landkreis im Westen Deutschlands. Bei uns, wir haben ein Defizit, das nur über Sozialleistungen im städtischen Haushalt generiert wird, von 34 Millionen, und der Kreis ist quasi schuldenfrei. Es pendeln 12.500 Menschen täglich nach Pirmasens ein, bei 18.500 Arbeitsplätzen." (Interview P13).

Die ungleiche Verteilung der Einkommen(ssteuer) und (Sozial-)Ausgaben durch nach wie vor anhaltende Stadt-Umland-Wanderungen (bei quantitativ geringeren Reurbanisierungstendenzen) belastet die Kernstadt-Umland-Beziehungen. In peripherisierten Regionen wird dadurch die Lage von hochverschuldeten Kernstädten noch zusätzlich geschwächt und der Handlungsspielraum der Stadtpolitik weiter eingeengt.

Abb. 1: Pirmasens und Umland

In den sechs Fallstädten finden sich insgesamt nur wenige tragfähige Beispiele einer interkommunalen Kooperation. Viele Ansätze bleiben informell und unverbindlich. Der weitestgehende Ansatz für eine interkommunale Kooperation wird im Folgenden beschrieben.

Stadt-Umland-Kooperation in der Region Eschwege
Die Region Eschwege im Landkreis Werra-Meißner (Nordhessen) profitierte bis zur Wiedervereinigung von der staatlichen Zonenrandförderung und geriet mit der Grenzöffnung in eine neue Mittelpunktlage in Deutschland. Dennoch ist die

Region seitdem von strukturellen Problemen wie Abwanderung, Alterung und Gebäudeleerständen betroffen. Zudem ist die frühere zentralörtliche Einkaufsfunktion der Kreisstadt Eschwege im Landkreis zunehmend gefährdet. Kaufhäuser schließen und Geschäfte stehen leer. Die Region Eschwege gilt seit einigen Jahren als ein erfolgreiches Beispiel für die interkommunale Stadt-Umland-Kooperation im ländlichen Raum (BMVBS 2010, S. 41ff.). Die Stadt Eschwege beteiligte sich als Modellstadt bereits seit 2004 am Landesprogramm „Stadtumbau in Hessen". Hier wird die interkommunale Kooperation als Fördervoraussetzung und „wichtige Strategie, den strukturellen Herausforderungen zu begegnen und die kommunale Handlungsfähigkeit zu wahren" (HMWVL 2006, S. 12) definiert. In 2005 wurde auch die interkommunale Kooperation „Werratal" in das Programm aufgenommen – hier organisierten sich die Umlandgemeinden zunächst ohne die Stadt Eschwege. Im Jahre 2006 wurde schließlich die Kommunale Arbeitsgemeinschaft „Mittleres Werratal" aus der Kreisstadt Eschwege und sieben Umlandgemeinden (Bad Sooden-Allendorf, Berkatal, Meinhard, Meißner, Wehretal, Wanfried, Weißenborn) gegründet. Die Arbeitsgemeinschaft erstellte 2006/07 ein Regionales Entwicklungskonzept, worin im Wesentlichen eine Bestandsaufnahme der Entwicklung der beteiligten Gemeinden sowie der Stadtumbaumaßnahmen vorgenommen wird. Im Jahr 2008 wurde ein interkommunales Stadtumbau-Management eingerichtet, das sich vor allem mit dem Problem von Wohnungs- und Geschäftsleerständen in der Kernstadt und den Nachbarkommunen beschäftigt. Das Integrierte Stadtumbaukonzept Eschwege und das Entwicklungskonzept Region Mittleres Werratal wurden zusammengeführt. Als Stadtumbau-Projekte wurden 2009 u.a. eine Kulturfabrik und 2010 ein Stadthaus für Wohnen und Pflege in der Stadt Eschwege realisiert. Beide Projekte stärken die zentralörtliche Stellung der Kreisstadt, indem sie auch auf Nachfragegruppen aus dem Umland setzen.

Auch wenn diese interkommunale Kooperation in den Broschüren der Ministerien als erfolgreiche *best practice* dargestellt wird, werden aus der Binnensicht beteiligter Akteure ein Erlahmen der Aktivitäten und Umsetzungsprobleme deutlich. Vertreter der Stadtverwaltung Eschwege benennen das asymmetrische Verhältnis zwischen Kreisstadt und Umlandgemeinden sowie die knappen Fördermittel als wichtige Hemmnisse für die interkommunale Kooperation:

> „Wir sind jetzt auch noch so eine Kooperation, die nicht auf Augenhöhe stattfindet, weil wir die größte Kommune in diesem Kreis sind. [...] Das wird dazu führen, dass es eine gewisse Ernüchterung gibt und dann viele Partner nicht mehr mitmachen. [...] Zu kooperieren [...] ist aber schwierig, wenn ich fast nichts zu verteilen habe" (Interview ESW 03). „Das ist jetzt leider eingeschlafen meiner Ansicht nach, weil es mit dieser Arbeitsgemeinschaft ein bisschen zäh wird. Man rennt immer nur dem Geld hinterher." (Interview ESW08)

Abb. 2: Eschwege und Umland

Dieses Beispiel zeigt, dass in monozentrischen Stadtregionen die interkommunalen Beziehungen zwischen Kernstadt und Nachbarkommunen nicht gleichberechtigt, sondern durch den Steuerungsmodus der Hierarchie geprägt sind (vgl. Herrschel und Newman 2003). Eine hierarchische Positionierung erleichtert es, den zentralörtlichen Status einer Mittelstadt zu sichern bzw. zentralörtliche Funktionsverluste durch die Zentralisierung von Einwohnern und Infrastrukturen in der Region zu kompensieren. Da die kommunalpolitische Beziehung zwischen Kernstadt und Umlandgemeinden aufgrund dieser Asymmetrie nicht „auf gleicher Augenhöhe" gestaltet werden kann, ist eine wichtige Erfolgsbedingung für interkommunale Stadt-Umland-Kooperationen nicht gegeben. Die

Initiative für interkommunale Kooperationen basiert in diesem wie in vielen anderen Fällen auf Anreizen staatlicher Förderprogramme. Dies bestätigt die kritische Einschätzung, dass interkommunale Kooperationen in Deutschland bisher sehr stark von staatlichen Fördermitteln abhängig sind und kaum als eigene Strategie von den Kommunen gewählt werden, da sie mit hohen Transaktionskosten und Autonomieverlusten verbunden sind (Benz und Fürst 2003, S. 191).

Auch in polyzentrischen Stadtregionen erweisen sich die Chancen für interkommunale Kooperationen als begrenzt. Eine Praxisstudie zur „Kooperation zentraler Orte in schrumpfenden Regionen" hat zehn Städteverbünde in den Bundesländern Brandenburg, Sachsen, Sachsen-Anhalt, Thüringen und Mecklenburg-Vorpommern untersucht (Greiving et al. 2008). Die Städtenetze sollen durch eine stärkere Funktionsteilung von Zentralen Orten die Daseinsvorsorge in schrumpfenden Regionen sichern. Die Studie zeigt, dass mit diesen durch die Bundesländer „von oben verordneten Kooperationen" das kommunale Konkurrenzdenken bisher nur teilweise überwunden werden konnte und eine echte Arbeitsteilung zwischen Städten nicht erfolgt. Im Resümee heißt es: „Es ist weiterhin enorm schwierig, Verteilungskonflikte, die unweigerlich bei Schrumpfungsprozessen entstehen, auf kooperativer Basis zu lösen." (ebda., S. 79). Bei unseren Beispielen zeigt sich dies in der schon angesprochenen Konkurrenz zwischen Eisleben und Sangerhausen.

2.2 Positionierung zu den Metropolregionen

Metropolregionen sind „in der internationalen Liga spielende" Großstädte, bzw. Agglomerationen mit ihrem Umland und weiteren ländlichen Verflechtungsräumen. Der Begriff ist in der Wissenschaft nicht eindeutig belegt, verweist aber insgesamt auf die Internationalisierung von Großstädten und die Regionalisierung ihrer Verflechtungsbereiche. Metropolregionen werden in der deutschen Raumordnung seit Mitte der 1990er Jahre als „Motoren der gesellschaftlichen, wirtschaftlichen, sozialen und kulturellen Entwicklung" ausgewiesen. Nach einem wirtschaftsgeographischen Konzept (Blotevogel 2005) lassen sich drei Metropolfunktionen unterscheiden:

- *Entscheidungs- und Kontrollfunktionen*: Headquarter nationaler und internationaler Unternehmen, Regierungsbehörden, spezialisierte Dienstleister, supranationale Organisationen;
- *Innovations- und Wettbewerbsfunktionen*: F&E-Einrichtungen, wissensintensive Dienstleister, kulturelle Einrichtungen;
- *Gateway-Funktionen*: Fernverkehrsknoten, insbesondere Luftverkehr und ICE, Medien, Messen, Ausstellungen.

1995 wurden zunächst sieben „Europäische Metropolregionen" auf nationaler Ebene durch die Ministerkonferenz für Raumordnung anerkannt: Berlin / Brandenburg, Hamburg, München, Rhein-Main, Rhein-Ruhr, Stuttgart und das Sachsendreieck. 2006 kamen weitere vier hinzu: Bremen-Oldenburg im Nordwesten, Hannover / Braunschweig / Göttingen, Nürnberg und Rhein-Neckar. Die Anerkennung von Metropolregionen auf Bundesebene führte seit Mitte der 1990er Jahre in der Landes- und Kommunalpolitik vielerorts zu verstärkten Bemühungen – nicht zuletzt in der Erwartung zusätzlicher staatlicher Fördermittel – zu diesem „exklusiven Club" zu gehören. Da die Metropolregionen durch die Akteure vor Ort ohne feste Kriterien definiert wurden, vergrößerten sich diese in einigen Fällen (z.B. Aufnahme der Stadt Wolfsburg in die Metropolregion Hannover / Braunschweig / Göttingen, Erweiterung des „Sachsendreiecks" zu „Mitteldeutschland"). Aus der politischen Sorge vor einer Spaltung des Landes Brandenburg wurden auch peripherisierte Landesteile zur Hauptstadtregion Berlin-Brandenburg erklärt. Heute umfassen die elf Metropolregionen als politisch definierte Konstrukte große Teile des Bundesgebietes einschließlich vieler ländlicher Räume (vgl. Abbildung 3).

Eine angestrebte Anerkennung der Metropolregionen als staatliche Fördermittelkategorie blieb jedoch aus, da die EU die ohnehin vorhandenen räumlichen Disparitäten in Nationalstaaten mit global bedeutsamen, leistungsfähigen Metropolen (z.B. London, Paris) nicht noch weiter verschärfen wollte. Dennoch entstand in den Räumen außerhalb der deutschen Metropolregionen teilweise die Sorge vor einer weiteren Abkopplung. So „befürchten die (peripheren) ländlichen Gebiete von der allgemeinen Entwicklung und auch finanziellen Förderung abgehängt zu werden, da sich die Entwicklung schwerpunktmäßig auf die Metropolregionen als Motoren der wirtschaftlichen, gesellschaftlichen und kulturellen Entwicklung konzentrieren wird" (Troeger-Weiss et al. 2008, S. 67).

In der Reihe unserer sechs Fallstädte hat die Befürchtung vor einer weiteren Peripherisierung durch die Abkopplung von Metropolregionen unterschiedliche strategische Reaktionen hervorgerufen. Die Stadt Osterode hat sich erfolgreich um eine Mitgliedschaft in der Metropolregion Hannover / Braunschweig / Göttingen / Wolfsburg bemüht. Die Stadt Pirmasens hat sich ebenfalls um eine Mitgliedschaft in der Metropolregion Rhein-Neckar beworben – wurde jedoch mit dem Argument der räumlichen Überdehnung abgelehnt. Als Ausgleich für diese Exklusion wurde die Westpfalzstrategie initiiert, auf die im Folgenden eingegangen wird.

**Indizes der Entscheidungs-
und Kontrollfunktion**

bis unter 3
3 bis unter 6
6 und mehr

☐ Metropolregion
● Fallstudienstadt

Datengrundlage:
H. Blotevogel, K. Schulze, BBSR, BKG

Abb. 3: Lage der Fallstädte im Verhältnis zu Metropolregionen in Deutschland

Die Westpfalzstrategie – Positionierung gegenüber der Metropolregion
Die Region Westpfalz liegt in der südlichen Peripherie des Bundeslandes Rheinland-Pfalz und grenzt an Frankreich. Die Westpfalz bildet eine Planungsregion, welche die kreisfreien Städte Kaiserslautern, Pirmasens und Zweibrücken und die vier Landkreise Donnersbergkreis, Kaiserslautern, Kusel und Südwestpfalz umfasst. Die Westpfalz ist eine polyzentrische Region. Die Stadt Kaiserlautern (welche durch einen Bevölkerungsrückgang unter 100.000 Einwohner ihren Großstadtstaus verloren hat) ist als Oberzentrum ausgewiesen, die Städte Pirmasens und Zweibrücken sowie weitere sechs Städte als Mittelzentrum. Die Westpfalz ist insgesamt eine strukturschwache Region, die durch den Abzug von Militäreinrichtungen und die Schließung von Industriebetrieben seit den 1990er Jahren von Abwanderungs- und Alterungsprozessen, aber auch von Abkopplungsprozessen betroffen ist.

Die Entwicklung der Westpfalzstrategie wurde 2006 von der Landesregierung Rheinland-Pfalz beschlossen. Die Aufgabe zur Erstellung der Strategie wurde an die Entwicklungsagentur Rheinland-Pfalz e.V. in Kooperation mit der Planungsgemeinschaft Westpfalz übertragen. Wesentlicher Auslöser war, die Region gegenüber der Metropolregion Rhein-Neckar zu positionieren (Eschenbacher und Ries 2010, S. 122). Da die Westpfalz bei der Bildung dieser Metropolregion nicht berücksichtigt wurde, versuchten die Akteure zunächst einen Anschluss, der aber durch die Metropolregion abgelehnt wurde. Ein Stadtpolitiker aus Pirmasens:

> „Und es gab mal […] die Illusion, wir könnten uns doch einfach der Metropolregion Rhein-Neckar anschließen. Die ist uns ganz schnell ausgetrieben worden. […]. Also vom Land ist ganz klar gesagt worden, dieser Staatsvertrag zwischen Baden-Württemberg, Hessen und Rheinland-Pfalz gibt es nicht her, dass man diese Region beliebig ausweitet, die braucht einen bestimmten Kern, ich sag jetzt mal das sind die Standards dieser Metropolregionen, und wenn jetzt die Westpfalz angehängt wird, dann kommt natürlich sofort aus Hessen XY dazu und aus Baden-Württemberg Z." (Interview P01).

Als Ausgleich für diese Exklusion zielt die Westpfalzstrategie darauf, der Region ein eigenes Profil und eine eigene Positionierung zu geben. Den Auftakt für die Westpfalzstrategie bildete die Westpfalzkonferenz im Jahr 2008. Hier wurden erste Kompetenzfelder der Region der Öffentlichkeit vorgestellt, die auf der Basis einer SWOT-Analyse und im Dialog mit den Landräten und Oberbürgermeistern entwickelt wurden. In einer weiteren Phase wurden fünf regionale Handlungsfelder durch die politischen Akteure entwickelt: Tourismus, Technologie, Stabilisierung und Qualifizierung, Kooperationskultur und Regionale Energie. Im Ergebnis der Werkstattphase wurden für diese fünf Handlungsfelder schließlich geeignete Schlüsselprojekte identifiziert (Eschenbacher und Ries 2010, S. 136 f.).

Der Fall der Exklusion von Pirmasens zeigt, dass peripherisierte Städte keine Wunschpartner für die als Zentren definierten Metropolregionen sind. Jedoch versucht die Landespolitik bisher, eine Verschärfung von Disparitäten zwischen Zentren und Peripherien zu vermeiden. So wurde seitens des Landes Rheinland-Pfalz als Ausgleich für die Exklusion von der Metropolregion die Westpfalzstrategie initiiert. Hierbei handelt es sich um eine ergänzende Positionierungsstrategie für eine peripherisierte Region.

2.3   Positionierung im staatlichen Mehrebenensystem

Seit den 1990er Jahren müssen sich westdeutsche, und mehr noch ostdeutsche Kommunen, in einem veränderten politischen System staatlicher Aufgabenteilung positionieren. Die föderale Aufgabenteilung zwischen Bund, Bundesländern, Landkreisen, Städten und Gemeinden wurde ergänzt durch neue staatliche Ebenen für Entscheidungs- und Umsetzungsprozesse der Politikgestaltung. So entstand z.b. durch die Europäische Union eine neue, zunehmend auch für die Stadtentwicklung einflussreiche Politikebene. Auf subnationaler Ebene haben sich Metropolregionen neben anderen Formen regionaler Planung institutionalisiert. Zugleich stehen gerade in den Abwanderungsregionen einzelner Bundesländer (z.B. in Sachsen, Sachsen-Anhalt, Niedersachsen) aufgrund von Gebiets- und Kommunalreformen bisherige Gebietszuschnitte, Aufgaben und Funktionen (als Kreisstadt bzw. Mittelzentrum) zur Disposition. Mittelstädte in peripherisierten Regionen sind dadurch mehr denn je herausgefordert, aktiv zu agieren, um zentralörtliche Funktionen zu sichern.

Eine aktive Stadtpolitik in der staatlichen Mehrebenenhierarchie kann die lokalen Handlungsspielräume erweitern und zusätzliche Ressourcen erschließen:

- über vertikale Politiknetzwerke, um Zugang zu Entscheidungsträgern und Informationen zu erhalten und den eigenen Status (z.B. als Kreisstadt oder Mittelzentrum) gegenüber konkurrierenden Kommunen zu sichern,
- über die Einwerbung zusätzlicher staatlicher Fördermittel, um die eigene Finanzschwäche zu kompensieren und größere Projekte zu realisieren. Dabei kann das Überspringen von staatlichen Ebenen im Rahmen eines von Multilevel Governance möglichem „bypassing" (Peters und Pierre 2001, S. 131) neue Optionen für die Stadtpolitik eröffnen.

2.3.1 Vertikale Netzwerke zwischen den Ebenen

Im Vergleich der Fallstädte lässt sich feststellen, dass die Landesebene – wie im föderalen bundesdeutschen System nicht anders zu erwarten – mit Bezug auf personelle Netzwerke und den Zugang zu Kontakten, Informationen und Fördermitteln in den sechs Untersuchungsstädten eine dominante Rolle in der Mehrebenenverflechtung spielt. Die befragten Stadtpolitiker schildern dabei einen überwiegend guten Zugang zu Mitteln und Kontakten auf der Landesebene. Die Herkunft von Landespolitikern (im Fall Sangerhausen) oder die aktive politische Netzwerkarbeit (im Fall Eschwege) sorgen teils für unbürokratische und schnelle Zugänge zur Landesebene. Strukturelle Benachteiligungen peripherisierter Städte durch die Landesebene werden nicht wahrgenommen.

Es gibt eher wenige Anzeichen für das aktive Überspringen von Ebenen im föderalen System. Am deutlichsten zeigt sich das „bypassing" im Fallbeispiel Osterode am Harz. Zum Landkreis und zu umliegenden Städten im Landkreis besteht eine Konkurrenzbeziehung. Dagegen werden auf der nächst höher gelegenen Ebene der Metropolregion die Kooperationsbeziehungen aktiv gepflegt. Die Stadt Osterode am Harz verspricht sich innerregionale Positionierungsvorteile durch die aktive Nutzung der institutionellen Ebene der Metropolregion und kann über die Metropolregion zudem personelle Netzwerke bis hin zur Landesebene aufbauen. Zudem zeigt sich einzig in der Stadt Osterode eine aktive Vernetzung mit der europäischen Ebene als Informationsquelle und Lobbyinstrument. Eine mögliche Begründung dafür kann sein, dass gerade die Städte, die um ihre funktionale Stellung in der territorialen Region fürchten (wie beispielsweise Osterode am Harz oder Völklingen) sich stärker vertikal orientieren denn über horizontale Kooperationen, um über den Informationsvorsprung einem potenziellen Funktionsverlust frühzeitig entgegensteuern zu können.

Auch bei anhaltender Krisenerfahrung scheinen sich in Bezug auf die aktive Mehrebenenverflechtung somit eher punktuelle Änderungen im Governance-Modus der untersuchten Städte zu ergeben. Die dominante Rolle der Landesebene in der Mehrebenenverflechtung peripherisierter Städte mag damit zusammenhängen, dass Städte wie Pirmasens (Fachhochschule, Subventionierung Messe) und Völklingen (Unterstützung Stahlbranche), Sangerhausen (Industriepark) und Eisleben in den letzten Jahren und Jahrzehnten durchaus von massiven Fördermitteln oder Dezentralisierungspolitiken, die über die Landesebene vermittelt wurden, profitieren konnten. Andererseits sind für den aktiven Aufbau von Netzwerken und Kontakten zu höher gelegenen Ebenen professionelle Managementqualitäten notwendig, die nicht in allen Krisenstädten vorhanden sind. Verbunden mit der Dominanz der Landesebene als wichtigste Ebene im Umgang mit Peripherisierung ist zugleich auch eine Dominanz öffentlich-staatlicher Beziehungen. Insofern ist stärker von einer Verflechtung zwischen staatlichen Akteuren (governance by government) im Umgang mit Peripherisierung zu sprechen. Vertikale Netzwerke über die unterschiedlichen Ebenen sind kaum durch Verflechtungen zwischen staatlichen, bürgerschaftlichen und wirtschaftlichen Akteuren (governance with government) gekennzeichnet.

2.3.2 Aktive Einwerbung von Fördermitteln

Vor dem Hintergrund der kommunalen Finanznot wird deutlich, dass öffentliche Investitionen in Mittelstädten teilweise nur noch über die aktive Teilnahme an staatlichen Förderprogrammen möglich sind. Der Zugang zu externen finanziellen Mitteln und somit die Erweiterung des kommunalen Handlungsspielraums stellt demgemäß auch ein Hauptmotiv für die aktive Teilnahme an Förderprogrammen in den sechs untersuchten Städten dar.

Gleichzeitig zeigen sich im Zugriff auf Ressourcen übergeordneter staatlichen Ebenen bemerkenswerte Unterschiede zwischen den Untersuchungsstädten. Tabelle 1 zeigt so die unterschiedlichen Ausprägungen der aktiven Fördermitteleinwerbung in den untersuchten Städten.

Stadt	*Ausprägung*
Eschwege	▪ Zahlreiche, seit 2004 kontinuierlich ansteigende Beteiligung an Förderprogrammen auf Landes- und Bundesebene sowie EU-Ebene; Modellstadt in Förderprogrammen
Osterode am Harz	▪ Selektive Teilnahme an Förderprogrammen Land und (seit 2009); Vorbereitungen zur Bewerbung an Förderprogrammen des Bundes
Lutherstadt Eisleben	▪ Förderprogrammteilnahmen ab 1991 im Rahmen der Städtebauförderprogramme: „Städtebauliche Sanierungs- und Entwicklungsmaßnahmen"; „Städtebaulicher Denkmalschutz"; „Stadtumbau Ost"
Sangerhausen	▪ Förderprogrammteilnahmen ab 1991 im Rahmen der Städtebauförderprogramme: „Städtebauliche Sanierungs- und Entwicklungsmaßnahmen"; „Städtebaulicher Denkmalschutz"; „Stadtumbau Ost"
Pirmasens	▪ Selektive Förderprogrammteilnahme auf Landes- und Bundesebene, wie auch punktuell EU-Ebene (INTERREG)
Völklingen	▪ Zahlreiche, kontinuierlich ansteigende Beteiligung an Förderprogrammen auf Landes- und Bundesebene, wie auch punktuell EU-Ebene (INTERREG)

Tab. 1: Fördermitteleinwerbung zur Unterstützung der Stadtentwicklung in den untersuchten Städten (1990-2010)

So nutzen die beiden Städte Eschwege und Osterode am Harz bei vergleichbarer räumlicher Ausgangssituation (früheres Zonenrandgebiet, regionale Abwanderungsprozesse) überörtliche Förderprogramme in sehr unterschiedlichem Ausmaß. In der Stadt Eschwege ist, als Ergebnis einer gezielten Professionalisierung der Management- und Verwaltungskapazitäten der Stadt, insbesondere seit 2004 eine deutliche Ausweitung der Teilnahme an zahlreichen Förderprogrammen auf Landes-, Bundes- und EU-Ebene zu beobachten. Dagegen werden in Osterode überlokale Förderprogramme sehr selektiv in Anspruch genommen und über die Landesebene hinaus erst in jüngster Zeit auch die Nutzung von Bundesprogrammen diskutiert. Bei ähnlicher sozio-ökonomischer Ausgangslage zeigen sich keine vergleichbaren Reaktionsmuster in der Inanspruchnahme überregionaler Förderprogramme zur Lösung lokaler Probleme. Der folgende Kontrastvergleich zeigt die Unterschiede im lokalen Umgang mit Fördermitteln und in der strategischen Nutzung des Zusammenspiels von lokalen Ressourcen mit überlokalen Ressourcen am Beispiel von Pirmasens und Eschwege.

Pirmasens: selektive Einwerbung von Fördermitteln
Die Stadt Pirmasens steht für einen Politiktypus, bei dem der Zugriff auf überörtliche Mittel auf einem lokalen Governanceprozess (Stadtmarketing, Stadtentwicklungskonzept) basiert, der einen klaren Rahmen für den Ressourceneinsatz setzt. Damit geht auch ein gezielter Fördermittelabruf einher. In einem Experteninterview mit einem Vertreter der Stadtverwaltung wird betont, dass seit Mitte der 1990er Jahre Fördermittel selektiver in Anspruch genommen werden und abgewartet wird, bis sich ein Opportunitätsfenster für bereits konzipierte lokale Projekte findet.

> „Der Ansatz, der inzwischen verfolgt wird ist der, dass die Projekte entwickelt werden und schon im Vorfeld aufeinander abgestimmt werden, sie sind alle Teil dieser Stadtentwicklungspolitik und wenn es dann zu dem Punkt kommt, dass wir in der Lage waren ein Förderprogramm zu finden, das auf eines dieser Projekte gepasst hat, dann war das kein stand-alone Projekt mehr, keine Einzelmaßnahme, sondern es war eine Maßnahme, die integriert war in dieses Gesamtkonzept." (Interview P19).

An der Stadtspitze gibt man ein klares Bekenntnis zur Strategie ab, vorrangig an den eigenen Stärken anzusetzen und diese selektiv durch den Zugriff auf überlokale Ressourcen und Förderprogramme auszubauen. Externe finanzielle Mittel können den lokalen Handlungsspielraum erweitern. Die Selektivität im Zugriff auf externe Finanzmittel erklärt sich aus der kommunalen Finanzsituation einer hoch verschuldeten Stadt. Dennoch ist die zurückhaltende Nutzung von Förderprogrammen nicht allein mit dem notwendig zu leistenden kommunalen Eigenanteil zu begründen. Leitbild und Stadtentwicklungskonzept setzen einen verbindlichen Rahmen für Entwicklungsrichtungen und strategische Orientierungen, auch in Bezug auf die Einwerbung von Fördermitteln.

Eschwege: Professionalisierung der Fördermitteleinwerbung
Die Stadtpolitik in Eschwege hat seit etwa 2004 die gezielte Professionalisierung der eigenen Verwaltung forciert. So wurden in den letzten Jahren mehrere Führungspositionen in der Verwaltung im Rahmen von bundesweiten Ausschreibungen neu besetzt. Verbunden damit war nicht nur die Erwartung, die Verwaltung fachlich zu verstärken, sondern auch der Anspruch „kreative Köpfe" mit einem Blick von Außen zu gewinnen. Zudem entwickelte die Stadt ein besonderes Engagement bei der Teilnahme an Wettbewerben und Förderprogrammen auf Landes-, Bundes- und EU-Ebene. Darüber gelingt es der Stadt Eschwege, neue Kooperationsstrukturen aufzubauen, als Modellstadt neue Instrumente zu erproben und gleichfalls diesen Informationsvorsprung zu nutzen und sich gegenüber anderen Kommunen in unterschiedlichen Feldern (z.B. Neues Wohnen, Altern in der Stadt, Stadtumbau) zu positionieren, Investitionsmittel einzuwerben und Aktivität gegenüber Bürgern und Rat zu zeigen. Allerdings gewinnt die Beteiligung an Fördermittelprogrammen auch eine eigene Dynamik: Die intensive Beteiligung an allen möglichen Ausschreibungen und Programmen führt zu einer zunehmenden „*Verzettelung*" (Interview ESW12) des Handelns und einer Fokussierung auf immer kürzere Zeiträume. Die Vielfalt der Förderthemen und die geringe Ausstattung der meisten Programme erschweren eine strategische Orientierung und verstärken die finanzielle und auch inhaltliche Abhängigkeit der Stadt von Fördermittelgebern (Kühn und Sommer 2011). Im Stadtumbaukonzept wird die maximierte Einwerbung von Fördermitteln als „*Notwehrmaßnahme und ein notwendiger Instrumenteneinsatz zur Bewältigung der anstehenden Probleme*" (Stadt Eschwege 2007, S. 9) gerechtfertigt. Dies verdeutlicht wie gering die Akteure die lokale Handlungsautonomie einschätzen.

In den untersuchten Kommunen werden der Zugriff auf externe Fördermittel unterschiedlich selektiv und das Wechselspiel zwischen lokaler Prioritätensetzung und überlokaler Ressourcennutzung unterschiedlich strategisch gesteuert, wie die beiden Beispiele Pirmasens und Eschwege verdeutlichen. Investitionen in größere Umbau-, Profilierungs- oder Entwicklungsprojekte sind in den untersuchten Städten teils nur über die aktive Teilnahme an Förderprogrammen möglich. Externe Fördermittel können in dieser Hinsicht den lokalen Handlungsspielraum erweitern, binden aber natürlich auch kommunale Ressourcen. Dennoch können sich auch hoch verschuldete Städte – in Konkurrenz zu anderen Städten – nicht aus dem Dilemma befreien, über die Einwerbung von Fördermitteln entsprechende Umbau- und Profilierungsprojekte zu realisieren, ohne zu wissen, ob die Investitionen durch einen tatsächlichen Return an Einnahmen, Bevölkerungs- oder Unternehmensentwicklung langfristig aufgewogen werden. Umso notwendiger scheint allerdings eine Strategie, bei der eine lokale strategische Vision über den Zugriff auf externe Ressourcen entscheidet, und nicht umgekehrt lokale Projekte an wechselnde überörtliche Programmlogiken angepasst werden.

3 Fazit und Schlussfolgerungen

Der Beitrag fokussierte auf die Frage, welche Handlungsmöglichkeiten städtische Akteure im Umgang mit Peripherisierung haben, um sich in horizontaler und vertikaler Richtung zu positionieren. Dabei wurde auf drei Handlungsbereiche eingegangen: die interkommunale Kooperation, der Zugang zu Metropolregionen und die vertikale Mehrebenenverflechtung. Im Folgenden werden einige Schlussfolgerungen zu diesen drei Themen gezogen. Abschließend werden die Konsequenzen für die Gestaltung regionaler Governancebeziehungen in peripherisierten Räumen reflektiert.

Interkommunale Kooperationen
In der vergleichenden Analyse der Fallstädte zeigt sich eine große Diskrepanz zwischen der vielfachen Forderung nach interkommunalen Kooperationen und der kaum von derselben geprägten Praxis. In den untersuchten Regionen überwiegen Konkurrenzbeziehungen zwischen Städten und Umlandgemeinden, bzw. zwischen Nachbarstädten.

Dabei tendieren Kernstädte in monozentrischen Regionen zu einer hierarchischen Positionierung, um den zentralörtlichen Status einer Mittelstadt zu sichern bzw. zentralörtliche Funktionsverluste durch die Zentralisierung von Einwohner und Infrastrukturen in der Region zu kompensieren. Hierdurch kann die kommunalpolitische Beziehung zwischen Kernstadt und Umlandgemeinden kaum noch „auf gleicher Augenhöhe" gestaltet werden; eine wichtige Erfolgsbedingung für interkommunale Stadt-Umland-Kooperationen ist damit nicht mehr gegeben.

In polyzentrischen Regionen wiederum verhindert die kommunalpolitische Handlungslogik eine echte Arbeitsteilung zwischen Nachbarstädten in Städtenetzen, da diese mit der Gefahr eines Funktionsverlustes verbunden ist. Wenn in peripherisierten Regionen aufgrund von Schrumpfungs- und Rückbauprozessen der Infrastruktur kommunalpolitische Verteilungskonflikte entstehen, lassen diese sich kaum mehr durch interkommunale Kooperationen lösen.

Gerade in peripherisierten Regionen sind die für interkommunale Kooperationen notwendigen Aushandlungsprozesse reich an Interessenkonflikten, da es nicht um die Verteilung von Gewinnen sondern um die Gestaltung von Schrumpfungsprozessen und damit verbundene Angebotsreduzierungen geht. Die positiven Effekte dieser Kooperation werden für die Kommunen erst längerfristig sichtbar, so dass gerade in der Anfangsphase ein hoher Abstimmungsbedarf und eine kompetente Steuerung unerlässlich sind. Es nimmt daher kaum Wunder, dass der Anstoß für die wenigen beobachteten interkommunalen Kooperationen in den dargestellten Fällen wesentlich von staatlichen Förderprogrammen ausging.

Anschluss an Metropolregionen
Der Zugang peripherisierter Mittelstädte zu Metropolregionen als den Netzwerken großstädtischer Zentren ist in einer Fallstadt gelungen, in einer anderen Stadt nicht. Dabei zeigt sich, dass einige Akteure in den Peripherien befürchten, durch eine Exklusion weiter von den Zentren „abgehängt" zu werden. Die Positionierungsvorteile, die eine kleine Mittelstadt wie Osterode am Harz aus der Inklusion zu einer Metropolregion ziehen kann, bestehen nicht in finanziellen Ressourcen, sondern liegen im Zugang zu Informationen und Netzwerken. Da einige Metropolregionen in Deutschland in ihrer räumlichen Reichweite deutlich überdehnt wurden und an der Komplexität der Governance-Formen zu scheitern drohen, sollten Metropolregionen in Deutschland nicht überschätzt werden.

Vertikale Politiknetzwerke und staatliche Fördermittel
Die lokalen Finanzressourcen sind in vielen peripherisierten Städten so stark begrenzt, dass sie ihre prekären Entwicklungsbedingungen nicht aus eigener Kraft verbessern können. Überlokale Ressourcenzuweisungen und vertikale Politiknetzwerke gewinnen deshalb in allen untersuchten Städten zur Erweiterung der Handlungsspielräume an Bedeutung. Allerdings begrenzen sich diese vertikalen Netzwerke weitgehend auf die Inanspruchnahme von Fördermitteln. Im Wechselspiel von lokaler Governance und der aktiven Nutzung überlokaler Ressourcen entsteht tatsächlich ein gewisser Handlungsspielraum für die Kommunen. Die höchsten Potentiale für eine Bewältigung von Peripherisierungsprozessen zeigen sich dort, wo die örtliche Prioritätensetzung auf der Grundlage einer strategischen Vision über den Zugriff auf externe Ressourcen entscheidet, und nicht umgekehrt die lokale Politikgestaltung an sich wechselnde und extern definierte Förderprogramme angepasst wird.

Fasst man unsere Beobachtungen zusammen, ergeben sich einige Schlussfolgerungen für die Potenziale und Probleme, vor denen interkommunale Zusammenarbeit in peripherisierten Räumen steht:

- Interkommunale Kooperationen werden in peripherisierten Regionen durch
  die Bedingung einer verschärften kommunalpolitischen Konkurrenz um
  Einwohner, Investoren und staatliche Fördermittel erschwert. Wo es nichts
  zu verteilen gibt, sondern im Gegenteil Entscheidungen über Einschnitte in
  bestehende Angebote und Strukturen getroffen werden müssen, verschärft
  sich die Konkurrenz. Dies betrifft besonders die Infrastrukturpolitik. Eine
  Dualität von Kooperation und Konkurrenz (coopetition) besteht dann,
  wenn sich Kommunen im Wettbewerb nach außen Positionierungsvorteile
  und Synergieeffekte versprechen. Dies erklärt, warum bisher vor allem
  weiche Formen der Kooperation im Bereich des Tourismusmarketing bestehen.
- Interkommunale Kooperationen sind keine Selbstläufer. Ein grundlegendes
  Hemmnis für interkommunale Kooperationen besteht in der kommunalpolitischen Handlungslogik, die lokale Handlungsautonomie zu wahren. Neben einem Verlust von Macht und Entscheidungsgewalt sind auch hohe
  Transaktionskosten und die Einengung von Gestaltungsspielräumen gute
  Gründe für Bürgermeister, nicht zu kooperieren. Die lokale Politikforschung geht deshalb inzwischen von einem Trend der Abkehr von „weichen" Governancestrukturen hin zu „harten" administrativen Territorialre-
  formen aus (Bogumil und Grohs 2010, S. 90).
- Interkommunale Kooperation und Konkurrenz entstehen im „Schatten
  staatlicher Hierarchie". Diese setzt durch den Druck von Gemeinde- und
  Gebietsreformen, aber auch durch Förderprogramme wichtige Anreize für
  interkommunales Handeln. Die horizontalen Beziehungen von Kommunen
  in peripherisierten Regionen sind somit stark von den Rahmensetzungen
  der staatlichen Politik, insbesondere der Länder, abhängig. Kooperationen
  sind damit aber zugleich stark fördermittelabhängig. Viele Ansätze erlahmen nach dem Auslaufen staatlicher Förderung.
- In der lokalen Politikforschung gibt es bislang wenige Beiträge, die sich
  explizit mit der Mehrebenen-Politik im Kontext von Schrumpfung und Peripherisierung auseinandersetzen. Bernt und Haus (2010, S. 16 f.) kritisie-
  ren im Kontext des Stadtumbau Ost den Anspruch des Programmes zur
  Kooperation auf lokaler Ebene bei gleichzeitiger Ausblendung von Machtverhältnissen und Problemverschiebungen bzw. -verschleierungen zwischen den unterschiedlichen übergeordneten Systemen im Mehrebenensystem. Kommunen in peripherisierten Regionen sind in einem System miteinander verflochtener Politikebenen davon abhängig, inwieweit übergeordnete Ebenen über notwendige Anpassungen in ihrem Steuerungsmodus die

lokale Gestaltungs- und Problemlösungsfähigkeit erhöhen. Die Politikent-
wicklung im Mehrebenensystem sollte somit weniger von einer Einpassung
der Kommunen in übergeordnete dominierende Aufgabenverständnisse geprägt sein, sondern vielmehr als Aushandlungsprozess zwischen den unterschiedlichen Politikebenen verstanden werden.

▪ Die hohe politische Abhängigkeit peripherisierter Mittelstädte drückt sich
nicht zuletzt im staatlichen System der Kommunalfinanzen aus. Angesichts
der Haushaltslage und der besorgniserregenden Dynamik der Schulden-
entwicklung von verschuldeten Kommunen sprechen kommunale Finanz-
experten von einer „Vergeblichkeitsfalle" (Boettcher und Junkernheinrich
2009, S. 244). Maßnahmen wie die Einrichtung eines kommunalen Ent-
schuldungsfonds in Rheinland-Pfalz, von dem auch die Stadt Pirmasens
profitiert, sind ein Schritt in die richtige Richtung, weil sie hochverschuldeten Kommunen einen fiskalischen Neuanfang ermöglichen. Dies ändert
nicht die Notwendigkeit einer durchgreifenden Gemeindefinanzreform, um
die aufgabengerechte Finanzausstattung besonders belasteter Kommunen
nachhaltig zu sichern.

Die Positionierung von Mittelstädten in peripherisierten Regionen erfolgt in
einem Spannungsfeld von Hierarchie, Kooperation und Konkurrenz, welche
zusammen die Form der Regional Governance bestimmen. Handlungsansätze
für interkommunale Kooperationen werden dabei unter der Bedingung der Peripherisierung durch die Gleichzeitigkeit von Konkurrenzbeziehungen begrenzt
und beruhen bisher weitgehend auf staatlichen Kooperationsvorgaben oder
Förderanreizen. Eigenständige Handlungsspielräume der Stadtpolitik liegen
besonders darin, vertikale Netzwerke zu überordneten staatlichen Ebenen aus-
zubilden. Auf diesem Weg können die notwendigen Ressourcen erschlossen
werden, um die vielschichtigen Probleme der Peripherisierung zu bewältigen.
Dabei erscheinen solche lokalen Ansätze am erfolgversprechendsten, die
überörtliche Ressourcen nutzen, aber eine langfristige und von Fördermitteln
unabhängige Einbindung von wirtschaftlichen und zivilgesellschaftlichen Akteuren in Strategieentwicklung erkennen lassen.

Literatur

Adam B (2006) Interkommunale Kooperation – Möglichkeiten im Umgang mit den
räumlichen Folgen des demographischen Wandels. In: Sinning H (Hrsg) Stadtma-
nagement. Strategien zur Modernisierung der Stadt(-Region): Dortmunder Vertrieb
für Bau- und Planungsliteratur, Dortmund, S 106-117

ARL – Akademie für Raumforschung und Landesplanung (2008) Politik für periphere, ländliche Räume: Für eine eigenständige und selbstverantwortliche Regionalentwicklung. Positionspapier aus der ARL Nr. 77. ARL, Hannover

Benz A (2004) Leistungswettbewerbe in der regionalen Raumentwicklungspolitik. In: DISP 157, S 4-10

Benz A, Fürst D (2003) Erfolgsbedingungen für „Regional Governance" – Resümee. In: Adamschek B, Pröhl M (Hrsg) Regionen erfolgreich steuern. Regional Governance - von der kommunalen zur regionalen Strategie. Verlag Bertelsmann-Stiftung, Gütersloh, S 189-211

Bernt M, Haus M (2010) Stadtumbau als Problem der Governance-Forschung. In: Bernt M, Haus M, Robischon T (Hrsg) Stadtumbau komplex: Governance, Planung, Prozess. Schader-Stiftung, Darmstadt, S 12-29

Blotevogel HH (2005) Metropolregionen. In: ARL - Akademie für Raumforschung und Landesplanung (Hrsg): Handwörterbuch der Raumordnung. ARL, Hannover, S 642-647

BMVBS – Bundesministerium für Verkehr, Bau und Stadtentwicklung (2010) Starke Klein- und Mittelstädte. Städtebauförderung in ländlichen Räumen. Dokumentation Kongress, 22. Juni 2010. BMVBS, Berlin

Boettcher F, Junkernheinrich M (2009) Kommunalfinanzen im Jahr 2009. Krisenreaktionen im Ländervergleich. In: Junkernheinrich M, Korioth St, Lenk T, Scheller H, Woisin M (Hrsg) Jahrbuch für öffentliche Finanzen. Schriften zur öffentlichen Verwaltung und öffentlichen Wirtschaft (Band 218). Berliner Wissenschaftsverlag, Berlin, S 225-253

Bogumil J, Grohs S (2010) Möglichkeiten und Grenzen von Regionalverwaltungen. In: Bogumil J, Kuhlmann S (Hrsg) Kommunale Aufgabenwahrnehmung im Wandel. Kommunalisierung, Regionalisierung und Territorialreform in Deutschland und Europa.: VS-Verlag, Wiesbaden, S 89-110

Dehne P, Kaether J (2007) Strategien der Landes- und Regionalplanung zur Bewältigung des demographischen Wandels. Werkstatt: Praxis. Heft 49. BMVBS/BBR, Bonn.

Eschenbacher EJ, Ries MW (2010) Die Westpfalzstrategie auf dem Weg zum Regionalmanagement. Arbeitspapiere zur Regionalentwicklung Bd 5. TU Kaiserslautern, Kaiserslautern

Greiving St, Blotevogel HH, Pietschmann H, Winkel R (2008) Kooperation zentraler Orte in schrumpfenden Regionen. Werkstatt: Praxis. Heft 53, BMVBS/BBR, Bonn

Häußermann H, Läpple D, Siebel W (2008) Stadtpolitik. Suhrkamp, Frankfurt am Main

Hahne U (2005) Zur Neuinterpretation des Gleichwertigkeitsziels. In: Raumforschung und Raumordnung 4/2005, S 257-265

Heinz W (2000) Stadt & Region – Kooperation oder Koordination? Ein internationaler Vergleich. Kohlhammer, Stuttgart Berlin Köln

Herrschel T, Newman P (2003) Die Governance europäischer Stadtregionen. In: Informationen zur Raumentwicklung. Heft 8/9 2003, S 543-555

HMWVL – Hessisches Ministerium für Wirtschaft, Verkehr und Landesentwicklung (2006) Gemeinschaftsinitiative Stadtumbau in Hessen. Interkommunale Kooperation. HMWVL, Wiesbaden

Jansen StA, Schleissing St (2000): Konkurrenz und Kooperation. Interdisziplinäre Zugänge zur Theorie der Co-opetition. Metropolis, Marburg a.d.Lahn

Kersting N (2006) Interkommunale Kooperation oder Wettbewerb? In: Aus Politik und Zeitgeschichte. 21-22/2006, S 32-38

Kühn M, Sommer H (2011) Eschwege: Vom Zonenrand zur inneren Peripherie. Fallstudie im Rahmen des Projekts „Stadtkarrieren in peripherisierten Räumen". Leibniz-Institut für Regionalentwicklung und Strukturplanung. Erkner

Mäding H (2006) Städte und Regionen im Wettbewerb – ein Problemaufriss. In: Deutsche Zeitschrift für Kommunalwissenschaften. 45. Jg., 2006/II, S 121-133

Peters BG, Pierre J (2001) Developments in intergovernmental relations. Towards multilevel governance. In: Policy & Politics. 29 (2), S 131-135

Pirmasens Marketing e.V. (1996) PIRMASENS 2010. Kultur; Tourismus; Wohnen und Stadtgestaltung. Stadt Pirmasens

Sarcinelli U, Stopper J (2006) Demographischer Wandel und Kommunalpolitik. In: Aus Politik und Zeitgeschichte. 21-22/2006, S 3-10

Stadt Eschwege (2007): Integriertes Stadtumbaukonzept Kreisstadt Eschwege 2006/2007. Magistrat der Kreisstadt Eschwege

Troeger-Weiss G, Domhardt HJ, Hemesath A, Kaltenegger C, Scheck C (2008) Erfolgsbedingungen von Wachstumsmotoren außerhalb der Metropolen. BMVBS/BBR (Hrsg). Werkstatt: Praxis. Heft 56. BMVBS/BBR, Bonn

Städtische Karrieren zwischen Pfadabhängigkeit und Neuorientierung

Hanna Sommer, Heike Liebmann

Der in diesem Band eingeführte Begriff der Peripherisierung unterscheidet sich von einem in der sowohl in der raumwissenschaftlichen Forschung als auch im Alltagsverständnis oft anzutreffen statischen Verständnis von Peripherie vor allem durch die Orientierung auf den Prozess, „in dem Räume zu peripheren Räumen 'gemacht' werden" (Weck 2009). Dies schließt auch Fragen nach der historischen Dimension – d.h. dem *Gewordensein* von Peripherien mit ein. Ein tieferes Verständnis von Peripherisierung kann demnach nur dann entwickelt werden, wenn die Untersuchung von peripherisierten Städten die Prozesse mit einschließt, durch die eine Stadt im Lauf der Zeit in Form und Struktur spezifisch geprägt wird. Dabei spielen weniger lineare und chronologisch angelegte Geschichtsschreibungen eine Rolle. Vielmehr ist die Frage relevant, welche formativen Elemente für die Ausgestaltung der Gegenwart bereits in historischen Strukturentwicklungen und Handlungsformationen der Städte angelegt sind und die Ausprägung von Phasen der Stagnation, des Niedergangs oder der städtischen Blüte mit beeinflussen.

Der vorliegende Beitrag setzt sich daher mit der Historizität von Stadtentwicklungsprozessen auseinander. Am Beispiel der beiden Städte Sangerhausen und Lutherstadt Eisleben wird aufgezeigt, wie über lange Zeiträume erfolgte wirtschaftliche und kulturelle Prägungen sowie eingeübte Denkweisen und Handlungsroutinen bis in die Gegenwart hinein wirken. Der Beitrag orientiert sich damit am Konzept der Pfadabhängigkeit, dessen Grundannahme North wie folgt beschreibt: „Verlaufsabhängigkeit heißt, dass die Geschichte von Belang ist" (North 1992, S. 119).[1]

Von besonderem Interesse ist die vergleichende Analyse der Entwicklungsverläufe der beiden Städte Sangerhausen und Lutherstadt Eisleben in der Region Mansfeld-Südharz vor allem deshalb, weil sie durch viele Ähnlichkeiten in ihrer historischen Entwicklung gekennzeichnet sind. Sie verbindet nicht nur eine rund 800jährige Bergbautradition, sondern auch die Erfahrung eines in seiner Ausprägung auch für die neuen Bundesländer besonders massiven Struk-

---

[1] Für eine vertiefende theoretische Auseinandersetzung mit dem Pfadkonzept siehe David 1985, Arthur 1994, Pierson 2000, Schreyögg et al. 2003

turbruchs nach der historischen Wende im Jahr 1989 und eines seitdem gravierend verlaufenen Peripherisierungsprozesses. Von positiven Entwicklungsdynamiken im vereinten Deutschland sind beide Städte bisher weitgehend abgekoppelt. Vor diesem vermeintlich vergleichbaren strukturellen Hintergrund wird im vorliegenden Beitrag gefragt, wie sich die historischen Rahmensetzungen und die Vorprägungen der Städte durch ihre Wirtschafts- und Gesellschaftsgeschichte im aktuellen stadtpolitischen Handeln und dem Verlauf der beiden städtischen Karrieren widerspiegeln.

1   Kennzeichen der Region: Bergbautradition und Peripherisierungsdynamiken

Der Landkreis Mansfeld-Südharz mit Sangerhausen als Kreisstadt (30.600 Einwohner) und der Lutherstadt Eisleben (24.000 Einwohner) liegt im südwestlichen Sachsen-Anhalt im Korridor zwischen den zwei Stadtregionen Halle / Leipzig und Göttingen / Kassel. Der Landkreis ist sowohl durch die 2009 fertig gestellte Bundesautobahn A 38 als auch durch die inzwischen ausgebaute Ost-West-Schienenverbindung des Regionalverkehrs sehr gut an diese beiden Agglomerationen sowie an weitere Oberzentren der Region (Erfurt, Magdeburg) angebunden.

Die Region Mansfeld ist die Wiege der Kirchenreformation. Martin Luther wurde hier geboren, wirkte zu Lebzeiten im Mansfeld und starb hier. Historisch weit bedeutsamer ist aber, dass die Region auf eine jahrhundertealte Industrie- und Bergbautradition zurückblickt, die Bevölkerungswachstum und Wohlstand mit sich brachte und neben der Landschaft auch die Mentalität und das Selbstverständnis der Bevölkerung prägte. Über acht Jahrhunderte waren der Abbau und die Förderung von Kupfer- und Silbererz, Kalisalz und Kohle die tragende Säule der Wirtschaft der Region. Flankierende Handwerksberufe konnten sich etablieren. Mit der Formierung der ersten Gewerkschaften im 17. Jahrhundert erlangte der Bergbau neben der wirtschaftlichen auch eine wichtige politische Bedeutung für die Region. Der Zusammenschluss der Kupfergewerkschaften zu einem einzigen Bergbauunternehmen im 19. Jahrhundert machte den Bergbau in der Region noch leistungsfähiger. Zum Ende des 19. Jahrhunderts arbeiteten mehr als 18.000 Menschen im Bergbau und produzierten pro Jahr ca. 19.000 Tonnen Kupfer sowie 95 Tonnen Silber (Keyser 1941, S. 473). In der DDR-Zeit wurden pro Jahr rund 15.000 Tonnen Kupfer und etwa 80 Tonnen Silber gefördert (Akademie der Wissenschaften 1982).

Über die Jahrhunderte erlebte die Bergbauindustrie jedoch immer wieder auch Schwächephasen. So führten bspw. sich verändernde politische Einflussnahmen aber auch der 30jährige Krieg und Pestepidemien dazu, dass der Bergbau im 15. und 16. Jahrhundert zeitweilig fast gänzlich zum Erliegen kam (Bohley 2011, S. 37ff). Mit zunehmender Industrialisierung und der damit verbundenen Einführung neuer Fördertechniken konnte im 17. und 18. Jahrhundert jedoch wieder an alte Erfolge im Bergbau angeknüpft werden. Im 20. Jahrhundert wurde das Ende des Bergbaus zunehmend absehbar. Mit immensem finanziellen Aufwand wurden die Schächte im Raum Sangerhausen noch bis 1989 aufrechterhalten. Doch schon unmittelbar nach der Wende wurde der Bergbau im gesamten Mansfelder Land aus Rentabilitätsgründen eingestellt. 20.000 Menschen verloren ihren Arbeitsplatz, Industrie und Bergbau als wirtschaftliche Grundlage der Region wurden innerhalb kürzester Zeit abgewickelt. Die Spuren und Wirkungen der Bergbau- und Industriegeschichte der Region sind aber weiterhin sichtbar. Alte Halden und Museen ebenso wie kulturelle Prägungen von Teilen der Bevölkerung aber auch die Geschichte der Regionalentwicklung und die baulichen Strukturen einzelner Städte bezeugen die lange Bergbautradition der Region.

Heute unterliegt die Region Mansfeld starken Peripherisierungsdynamiken. Wesentliche Kennzeichen dafür sind eine hohe Arbeitslosigkeit, Abwanderung und Alterung der Bevölkerung. Kaufkraftverluste, Schrumpfung, Wohnungsleerstände und die Abnahme kommunaler Einnahmen sind die Folgen. Die Zukunftsfähigkeit der Region wird – gemessen an Indikatoren zur Wettbewerbsfähigkeit und Innovationskraft, zur demographischen Situation und zur sozialen Lage – als sehr schlecht bewertet und ist Sinnbild für eine Region im Niedergang.[2] In einem demographischen Handlungskonzept für die Region wird vor diesem Hintergrund von einem fatalen Kreislauf der Abwärtsentwicklung gesprochen, der alle Lebensbereiche betrifft. Daraus folgt die Einschätzung, dass: „der prognostizierte Abwärtstrend in der demografischen Entwicklung [...] das noch vorhandene regionale Selbstbewusstsein und die Identität der Bürgerinnen und Bürger weiter zu erodieren" droht. (Modellregion Südharz Kyffhäuser 2008, S. 8)

Die kurze Beschreibung macht eine Reihe von Gemeinsamkeiten der Entwicklung und der strukturellen Gegebenheiten von Sangerhausen und Lutherstadt Eisleben deutlich. Dazu gehören sowohl die Lage zwischen zwei Stadtregionen, die gemeinsame Bergbautradition, welche 1989/90 einen radikalen Pfadabbruch erlebte und heute nur noch als Bergbaugeschichte lebendig gehalten wird sowie die Notwendigkeit, die lokale Stadtentwicklungspolitik vor dem Hintergrund von Strukturschwäche, Funktionsverlusten, demographischem Wandel und Abwanderung der Bevölkerung zu gestalten. Ein genauerer Blick macht aber auch Differenzen im Verlauf der beiden städtischen Karrieren sicht-

---

2 Im „Zukunftsatlas" der Prognos AG belegt der Landkreis Mansfeld-Südharz den Platz 410 von 412 Städten und Landkreisen (Prognos 2010).

bar, die sich – wie im Weiteren noch gezeigt wird – auch in Unterschieden in der aktuellen Stadtentwicklung niederschlagen.

2 Stadtkarrieren in Mittelalter und Neuzeit: Parallelität und Differenzierung

Der Bergbau war in Lutherstadt Eisleben seit dem 13. und in Sangerhausen seit dem 14. Jahrhundert wirtschaftlicher Entwicklungsmotor und tragende Säule der Wirtschaft. Mit der Formierung erster Gewerkschaften im 17. Jahrhundert wurde er zusätzlich zur politischen Triebkraft. Vom Mittelalter bis zur Jahrhundertwende um 1900 lässt sich eine durch den Bergbau geprägte, zumeist parallel verlaufende Karriere beider Städte beschreiben. Der Bergbau durchschritt zwar im 16. Jahrhundert eine erste Krise, war jedoch über Jahrhunderte formend und besaß ein großes Identifikationspotenzial für die Bevölkerung. In der Folge wuchs die Einwohnerzahl der Städte stetig an. In Sangerhausen verdoppelte sich die Einwohnerzahl zwischen den Jahren 1800 und 1850 von 3.000 auf 6.000 und dann nochmals bis zum Jahr 1900 auf 12.000 Einwohner. Für Lutherstadt Eisleben lässt sich ein ähnlicher Prozess beschreiben: Von 5.300 Einwohnern im Jahr 1800 stieg die Zahl auf 10.000 im Jahr 1850. Insbesondere in der Phase der Industrialisierung ab 1871 wuchs die Bevölkerungszahl in Lutherstadt Eisleben stark an: von 13.400 auf rd. 25.000 im Jahr 1905. (Bohley 2011, S. 75, 89; Keyser 1941, S. 473, 663)

Ab dem Jahr 1900 allerdings entwickelten sich der Bergbau und damit auch die Städte unterschiedlich. Während der Bergbau in Lutherstadt Eisleben fortgeführt wurde, musste er in Sangerhausen zur Jahrhundertwende aus Rentabilitätsgründen aufgegeben werden. Dies schlug sich in den folgenden drei Jahrzehnten vor allem in einer Stagnation der Bevölkerungsentwicklung nieder. Durch die Lage am Kreuzungspunkt zweier Bahnstrecken gab es jedoch günstige Vorraussetzungen für die Entwicklung einer vielfältigen mittelständischen Wirtschaft mit Fabriken zur Herstellung von Maschinen, Fahrrädern, Feilen und Möbeln sowie zur Verarbeitung landwirtschaftlicher Produkte, wodurch ein erster Strukturwandel vollzogen werden konnte.

3 Unterschiedliche Wege in der DDR-Zeit: Wirtschaftliche Stagnation und Konsolidierung

In der DDR-Zeit erlebte Sangerhausen eine neue Blütezeit des Bergbaus und damit verbunden einen enormen wirtschaftlichen und demografischen Auf-

schwung. Ende der 1940er Jahre wurde der Kupferschieferbergbau in Sangerhausen, nach der Schließung der Schächte um 1900, neu belebt und im Jahr
1951 der Thomas-Müntzer-Schacht eröffnet. Daneben wurden die zu Beginn
des Jahrhunderts entstandenen Produktionszweige für Fahrräder, Möbel etc.
fortgeführt. Als wichtiges Bergbauzentrum der DDR war Sangerhausen eine der
Städte mit staatlich besonders geförderten Schwerpunktindustrien. Der große
Bedarf an Arbeitskräften bewirkte einen massiven Zuzug nach Sangerhausen.
Die Einwohnerzahl verdoppelte sich zwischen den Jahren 1950 und 1989 auf
rund 34.000 Einwohner. Entwicklungskonzepte dieser Zeit sahen für die Stadt
ein weiteres Wachstum auf 40.000 Einwohner vor (Laschke 2009, S. 143). Ne-
ben Hettstedt und Wolfen war Sangerhausen eine der wenigen Mittelstädte in
Sachsen-Anhalt mit einem dauerhaften Bevölkerungswachstum während der
DDR-Zeit (Kremling 2010).

In Lutherstadt Eisleben war der Bergbau in der frühen DDR-Zeit ebenfalls
das dominante Thema der Stadtentwicklung und prägte diese wirtschaftlich,
sozial und baulich. Nach dem zweiten Weltkrieg wurde der Bergbau in Lutherstadt Eisleben trotz der bereits nahezu ausgeschöpften Kupferminen ausge-
baut. Dementsprechend kam es auch in Lutherstadt Eisleben zu einem Zuzug
von Bergarbeitern, so dass die Einwohnerzahl bis Mitte der 1960er Jahre von ca.
29.000 im Jahr 1947 auf ein seitdem nicht mehr erreichtes Hoch von knapp
33.000 Einwohnern anstieg. Nahezu alle städtischen Gruppen waren in die Be-
lange des Bergbaus und die mit ihm eng verwobenen Institutionen aus Wirtschaft, Politik und Gesellschaft involviert. Die Wirtschaft der Lutherstadt Eisleben wurde durch das Mansfeld Kombinat Wilhelm Pieck repräsentiert, in dem
alle mit Kupferbergbau und -verhüttung verwandten Betriebe der Region zusammengefasst wurden. Es entwickelte sich zu einem weitverzweigten Großbe-
trieb mit Werken in der Mansfelder Region, im Harz, in Merseburg und in
Dresden. Als Verwaltungssitz dieses Konglomerats wurde Lutherstadt Eisleben
zu einem Zentrum ökonomischer Macht im Süden der DDR. Innerhalb der
Kombinatsleitung existierten politische Parallelstrukturen bis hin zu einer eigenen SED-Kreisleitung. Die Eingliederung der 1798 gegründeten Bergschule in
das Kombinat machte Lutherstadt Eisleben nicht nur zu einem politökonomi-
schen Machtzentrum, sondern auch zu einem wichtigen Ausbildungsort für
metallurgische Berufe (Akademie der Wissenschaften 1982). Für die tiefe Identifikation weiter Teile der Eisleber Bevölkerung mit der Stadt als Standort des
Mansfeldkombinats mit jahrhundertealter Bergbautradition und als von der
Arbeiterklasse dominierte Industriestadt steht eine Lenin-Statue, die während
der DDR-Zeit auf einem zentralen Platz in Lutherstadt Eisleben stand und gewissermaßen das Sinnbild proletarischen Klassenbewusstseins war (Bernt und
Christmann 2010, S. 4).

Trotzdem wurde die Rolle der Industrie in Lutherstadt Eisleben bereits zu Beginn der 1960er Jahre durch die Schließung des letzten Kupferschachts geschmälert. Durch gezielte staatliche Maßnahmen der DDR, wie die Verankerung der Kombinatsverwaltung in der Stadt und die Ausdehnung des Verantwortungsbereichs des Kombinats, wurde eine ökonomische Abkopplung der Stadt vermieden. Neue Industriebereiche und ein Hochschulstandort wurden installiert. Dennoch setzten ab Mitte der 1960er Jahre zunehmende Abwanderungs-, Alterungs- und Schrumpfungsprozesse ein. Bergarbeiter und ihre Familien wanderten ab, viele von ihnen in das wieder belebte Sangerhäuser Revier. Dieser Entwicklung folgend nahm die Einwohnerzahl seit Mitte der 1960er Jahren beständig ab. Hatte Lutherstadt Eisleben 1961 noch 34.500 Einwohner, waren es 1990 nur noch 26.530.

Der Beruf des klassischen Bergmanns verlor, auch wenn viele Bergarbeiter noch zu anderen Schächten in der Region pendelten, immer mehr an Dominanz unter den Beschäftigtengruppen in der Stadt. Arbeitsplätze in der Verwaltung und Ausbildung gewannen sukzessive an Bedeutung. Trotzdem blieb Lutherstadt Eisleben das regionale Zentrum der Arbeiterkultur und somit auch das kulturelle Zentrum des Bergbaus im Mansfeld.

Deutlich wird hier das Wechselspiel zwischen Peripherisierungsdynamiken und staatlichen Auffangmaßnahmen, in die Lutherstadt Eisleben als zentraler Ort im System der DDR-Zentralverwaltungswirtschaft eingebettet war. Dies zeigte sich auch in der Stadtentwicklung, wo trotz zurückgehender Einwohnerzahlen immer neue Wohnstandorte am Stadtrand erschlossen wurden. „Die nach 1970 errichteten Großwohngebiete in Plattenbauweise konnten diesen Trend (Abwanderung und Überalterung der Bevölkerung, Anmerkung der Autoren) nicht mehr umkehren und führten vielmehr zu intraurbanen Umzügen, was massive Entleerungstendenzen im Altbaubereich verursachte. Daher kann der Schrumpfungsbegriff nicht nur auf die demographische Dimension beschränkt werden, sondern betrifft ebenso städtebauliche (durch Leerstand / Abriss von Altbauten) sowie wirtschaftliche Stagnationstendenzen (ausbleibende Modernisierung, kaum Neuansiedlungen)." (Kremling 2010, S. 65)

Im Gegensatz zu Lutherstadt Eisleben profitierte Sangerhausen von der auf die industriellen Entwicklungsschwerpunkte orientierten staatlich gelenkten Binnenwanderung (Stadtentwicklungskonzept 2007, S. 6). Vor allem jüngere Bevölkerungsgruppen zogen zu, was zu einer steten Regeneration der Stadtbevölkerung führte. Der Wohnungsneubau wurde bis zur Endphase der DDR fortgeführt, um einen weiteren Zuzug von Arbeitskräften zu ermöglichen. Ging der Neubau von Wohnungen in Großwohnsiedlungen in Lutherstadt Eisleben bei gleichzeitiger Bevölkerungsabnahme zu Lasten der Altstadt als Wohnstandort, war dies in Sangerhausen aufgrund der großen Wohnungsnachfrage durch zuziehende Arbeitskräfte nicht in gleichem Maße zutreffend. (Kremling 2010, S. 52, 64)

Sangerhausen und Lutherstadt Eisleben unterlagen in dieser Phase dem staatlichen Ziel einer weitreichenden „Urbanisierung" durch die flächenhafte Erschließung neuer Großwohnsiedlungen an der städtischen Peripherie. Dies führte einerseits zu einer großen Inanspruchnahme neuer Flächen, andererseits aber vor allem zu einer Vernachlässigung der historischen Altbausubstanz und insbesondere in Lutherstadt Eisleben zu einer teilweisen Entleerung der Kernstadt. (ebda, S. 65)

Im Vergleich der Entwicklung der Städte Lutherstadt Eisleben und Sangerhausen wird deutlich, wie stark die zentralistische Überprägung in 40 Jahren DDR das Städtesystem auf lange Sicht verändert hat. Mit der politisch bevorzugten Entwicklung von Standorten war ein funktionaler Bedeutungs- und Bevölkerungszuwachs ausgewählter Städte verbunden. So wurde die Bergbaustadt Sangerhausen als Standort einer DDR-Schwerpunktindustrie und als „Zentrum der Arbeiterklasse" (Benke und Wolfes 2005, S. 128) massiv gefördert und erlebte eine Hochzeit der wirtschaftlichen und demografischen Entwicklung. Lutherstadt Eisleben wurde als Kombinatsstandort ebenfalls lange staatlich gefördert und die industrielle Neuorientierung unterstützt. Dies konnte den wirtschaftlichen Niedergang dort verlangsamen, nicht aber aufhalten. Doch auch in Sangerhausen wurden in den 1980er Jahren trotz erheblicher staatlicher Förderung die Rentabilitätsgrenzen des Bergbaus sichtbar und die Notwendigkeit einer wirtschaftlichen Umorientierung deutlich.

Zusammenfassend ist für beide Städte einzuschätzen, dass über lange Zeiträume am Pfad des Bergbaus und damit zusammenhängender Produktionszweige festgehalten wurde, obwohl die materielle Basis dafür nur noch unter Einsatz erheblicher finanzieller Ressourcen aufrechterhalten werden konnte. Zwar wurden notwendige Neuorientierungen in Lutherstadt Eisleben bereits in den 1960er Jahren eingeleitet, diese bewegten sich aber unter dem Dach des Mansfeldkombinates und damit gewissermaßen als Ausformungen und Erweiterungen des bestehenden Bergbaupfades. In Sangerhausen war demgegenüber Ende der 1980er Jahre ein Strukturwandel zur Industriestadt jenseits des Bergbaus eingeleitet, konnte aber bis zum Wendejahr 1989 noch keine Wirkungen entfalten.

4 Zwei Wege aus dem Industriestadtparadigma seit 1990

Die Wende im Jahr 1989 hat in Sangerhausen und Lutherstadt Eisleben zu einem nahezu vollständigen Zusammenbruch der vorhandenen wirtschaftlichen Basis geführt. Für die beiden durch eine ressourcenabhängige Ökonomie ge-

prägten Städte ging mit dem Abbruch des Bergbaus das wirtschaftliche Rück-
grat verloren. Die Schließung der Schächte und der Produktionsanlagen und die Privati-
sierung des Mansfeld Kombinats gingen einher mit einem rasanten und breit
wahrgenommenen wirtschaftlichen Abstieg gegenüber der vor 1990 überregionalen wirtschaftlichen Bedeutung beider Städte. Für Lutherstadt Eisleben bedeutete dies zugleich den Verlust des ökonomischen Machtzentrums. Das Mansfeld
Kombinat wurde privatisiert und aufgegliedert. Innerhalb des Nachfolgeunter-
nehmens Mansfeld AG stellten die meisten Betriebe die Produktion ein.

4.1 Sangerhausen

„Also, am Tag der deutschen Einheit, nur ganz wenige Tage danach, war keiner der
Arbeitsplätze mehr da. Also erstmal keiner. 95% der Arbeitsplätze waren weggefal-
len. […] Und da gab es keinen Grund mehr, dass die Stadt so viele Leute hat. Dann
begann die große Abwanderung." (Interview SGH 17)

In Sangerhausen führte der Zusammenbruch des Bergbaus unmittelbar zu einer
Abwanderungswelle. Die Stadt holte altersselektive Abwanderungen und Einwohnerverluste, die in Lutherstadt Eisleben schon seit den 1960er Jahren statt-
fanden, im Zeitraffer nach. Die Bevölkerungszahl nahm seit 1990 um mehr als
30 % ab. Der Einwohnerrückgang in Sangerhausen war damit deutlich höher als
in Lutherstadt Eisleben, das seit 1990 mehr als 20 % seiner Einwohner verloren
hatte. Beide Städte liegen allerdings deutlich über dem Durchschnittswert des
Landes Sachsen-Anhalt. Lediglich durch seit 2005 massiv erfolgte Eingemeindungen stieg die Einwohnerzahl in den Folgejahren leicht an. Die Einwohnerzahl Sangerhausens entspricht heute (ohne Berücksichtigung der Eingemeindungen) in etwa wieder der aus den 1950er Jahren. Folgen sind hohe Wohnungsleerstände und eine gravierende Unterauslastung sozialer und technischer
Infrastrukturen.

Die demographischen, ökonomischen und sozialen Krisenprozesse erscheinen seither als dominant für die Beurteilung der Stadtentwicklung in Sangerhausen und gleichzeitig als übermächtige, von innen nur schwer zu beeinflussende
Realität. In der Folge verfielen die Akteure in Sangerhausen nicht in Fatalismus,
sondern begannen, nüchtern und zweckoptimistisch zu improvisieren. Der Abstieg Sangerhausens wurde als offensichtlich zur Kenntnis genommen und hier-
von ausgehend nicht nach Wegen zu einer Rückkehr zu alter Größe, sondern
nach Stabilisierungsmöglichkeiten gesucht. Ein Erklärungsmuster für den prag-
matischen Umgang mit dem wirtschaftlichen Strukturbruch und seinen Folgen

ist die Tatsache, dass bereits Mitte der 1980er Jahre das Ende des Bergbaus absehbar war.

> „Der Bergbau an sich sollte schon Mitte der 90er Jahre eingestellt werden. Es wäre also auch ohne politische Wende dazu gekommen, weil die Schächte ausgelaugt waren." (Interview SGH 09)

Das Zitat aus einem Interview mit dem ehemaligen Bürgermeister der Stadt Sangerhausen, ist ein Hinweis darauf, dass man den durch die Wende lediglich vorgezogenen Abbruch des Bergbaupfades in der Stadtpolitik frühzeitig erkannt hat. Dies ist vermutlich auch darauf zurückzuführen, dass die in Sangerhausen beheimateten „einfachen" Bergarbeiter weit weniger als die Kombinatselite in Eisleben in die Spitze der kommunalen Politik und Verwaltung drängten. Vielmehr entstammten wichtige Persönlichkeiten in der Stadtpolitik der 1990er aus dem Kreis der DDR-Oppositionsbewegung bzw. einer kritischen Bürgerschaft und aus einem Milieu, das keine berufsbedingten Verhaftungen in der lokalen Bergarbeiterkultur hatte. Sie waren in der Lage, eine über Parteigrenzen hinausgehende, sehr enge und vertrauensvolle Zusammenarbeit zu pflegen, nach Außen geschlossen aufzutreten und Netzwerke auf regionaler und Landesebene aufzubauen (vgl. Beitrag von Bernt in diesem Band). Diese relativ überschaubare Gruppe von „Machern" in der Lokalpolitik und der Verwaltung konnte in der Vergangenheit in Kooperation mit dem Landrat immer wieder wichtige landespolitische Entscheidungen für Sangerhausen beeinflussen.

> „Das hat alle unheimlich beeindruckt, dass die eben sehr früh angefangen haben, was zu tun. Das sind die Macher, die packen es an und so. [...] Die haben rechtzeitig die Zeichen der Zeit erkannt, sind losgegangen." (Interview SGH 08)

Die lange Geschichte als Bergbaustandort erscheint in Sangerhausen heute nur noch im Hinblick auf Traditionspflege interessant. Zwar fungieren Rückgriffe auf die vom Bergbau geprägte Vergangenheit der Stadt als Referenzpunkt für die Identifikation von Teilen der Bevölkerung mit ihrer Stadt, doch haben Ansätze, die sich hauptsächlich auf den Bergbau beziehen, nur einen geringen Einfluss auf die Stadtpolitik. Aktuelle Entwicklungsansätze orientieren vielmehr auf eine Vielzahl möglicher Entwicklungsperspektiven. Dennoch bleibt die Bergbaugeschichte sehr präsent, wie das folgende Zitat zeigt.

> „Aber dadurch, dass ich Ihnen ja noch nicht mal richtig was nennen kann, wo es sich hin entwickelt, da bleibt die Historie bestehen und ist ganz stark." (Interview SGH 06)

Die Handlungsschwerpunkte der Sangerhäuser Stadtentwicklung beziehen sich seit den 1990er Jahren zum Einen – andockend an den Entwicklungspfad als Industriestadt – auf die Verbesserung der harten Standortfaktoren und eine (angebotsorientierte) Wirtschaftsförderung. Zum anderen aber orientieren sie vor allem auf die Sicherung und den Ausbau von Funktionen als regionales Zentrum in einer strukturschwachen Region. Dazu gehört eine frühzeitige Schwerpunktsetzung auf die Innenstadtentwicklung sowie die Modernisierung und Anpassung der Wohnungsbestände an eine gesunkene Bevölkerungszahl. In der Folge verfügt die Stadt heute über eine – für eine ostdeutsche Stadt dieser Größe – erstaunlich gut erhaltene Innenstadt, mit verhältnismäßig wenig Leerstand und cinem guten bis sehr guten Gewerbemix. Wichtig war zudem der Erhalt des Status als Kreisstadt, wobei sich Sangerhausen im Wettbewerb gegen Lutherstadt Eisleben durchgesetzt hat.

Die Handlungsorientierungen machen deutlich, dass sich die Sangerhäuser Stadtentwicklungspolitik den „Luxus" langfristiger Orientierungen derzeit weder leisten kann noch will. Als Ergebnis der signifikanten Strukturschwäche dominiert in den lokalen Entwicklungsstrategien die Orientierung auf das Naheliegende, die Bewältigung oder zumindest Minderung der Alltagsprobleme (Brachen, Leerstand, Alterung, soziale Probleme) durch Generierung öffentlicher Gelder und Ressourcen und die Sicherung der Zentralität der Stadt in einer ansonsten eher strukturschwachen Region. Eine Umkehrung der stattgefundenen Peripherisierungsprozesse scheint hingegen außerhalb der Reichweite der lokalen Politik zu liegen bzw. nur mit Unterstützung des Landes erreichbar.

4.2 Lutherstadt Eisleben

> „Es gab ja früher, zu DDR-Zeiten, den Spruch: Ich bin Bergmann – Wer ist mehr? Dort wurde eben auch gutes Geld verdient. Und das hat dazu geführt, dass die Leute sich natürlich auch an einen gewissen Standard gewöhnt haben. Und viele waren halt der Meinung, dass das so weiter gehen muss." (Interview ESL 11)

Von der Höhe betrachtet, die das Zitat beschreibt, empfinden viele Eisleber den Fall der Stadt nach 1990 als abruptes und dramatisches Ereignis, das zu einer umfassenden ökonomischen, sozialen und kulturellen Krise der Stadt geführt hat. Besonders bildhaft kommt das in folgender Interviewsequenz zum Ausdruck:

> „Die wichtigste Entwicklung der letzten 20-30 Jahren war eigentlich 1990 der Zusammenbruch des Mansfeldkombinates, dann kurz danach die Abwicklung des Obstbaus. Und natürlich der Wegfall der kombinatsgeleiteten mittelständischen

Strukturen, wie der Möbelwerke und was wir alles so hatten. Da ist dann alles Stück für Stück flöten gegangen und damit ist Lutherstadt Eisleben sofort an die Spitze der Arbeitslosenstatistik in Deutschland gerückt. [...] Das war 1990 plötzlich alles weg. Es war nichts mehr. Arbeitsplätze waren weg, die Leute zogen weg." (Interview ESL 08)

Ungeachtet der in den 1960er Jahren einsetzenden Bevölkerungsschrumpfung und der bereits früh eingeleiteten wirtschaftlichen Transformation wird vor allem die Wende von den Eislebern als radikaler Strukturbruch angesehen, der zu immensen Problemen für die Stadt geführt hat. Im Gegensatz zur Vergangenheit erscheinen die Zukunftsperspektiven daher sehr nüchtern, wobei lokal nur wenig Spielraum für eigenes Handeln zu bestehen scheint:

„Ich sag mal: Der Zug ist abgefahren. In dem Moment, wo man gesagt hat, die Schächte tragen sich nicht. Schluss. Aus. Vorbei. Das kann der Dienstleistungssektor nicht mehr auffangen." (Interview ESL 11)

Anders als in Sangerhausen bedeutete die politische Wende in Lutherstadt Eisleben aber nicht das abrupte Ende eines Bevölkerungswachstums, sondern die Beschleunigung eines bereits vorhandenen Trends. Die Bevölkerungsabnahme wurde durch die Abwanderung junger Ausbildungsplatzsuchender, von Arbeitnehmern und Familien noch weiter verstärkt. 2004 hatte Lutherstadt Eisleben noch rund 20.000 Einwohner, etwa so viele Einwohner wie vor dem zweiten Weltkrieg.

Mit dem Wegfall der Industrie als wirtschaftlichem Schwerpunkt war sowohl innerhalb der Stadt als auch auf den bis dahin eingebundenen übergeordneten Ebenen eine inhaltliche und strategische Neuorientierung erforderlich. Doch trotz der manifesten Brüche in der Industriegeschichte der Stadt blieb der Glaube an die Industrie vorerst erhalten. Denn mit der Abwicklung des Kombinats wanderten ehemalige Kombinatseliten in Entscheidung tragende Positionen in Verwaltung, kommunaler Wirtschaft und Stadtrat. Habitualisierte Handlungsmuster dieser Akteursgruppe – Lee (1997, S. 134) sprich von „guiding hand of habitus" – führten dazu, dass eine inhaltliche Neuorientierung weg vom Industriestadtparadigma lange ausblieb, alte Denkmuster trotz fehlender Strukturen fortgesetzt und die Konsolidierung übergreifender Entscheidungsnetzwerke erschwert wurden. Bildhafter Ausdruck dafür sind bspw. die 1999/2000 durchgeführten großen Feierlichkeiten zum 800jährigen Bergbau-Jubiläum in der Region. Erst nach der Jahrtausendwende begann die „Industriestadt in den Köpfen" durch Anstöße von Außen, die Anerkennung Lutherstadt Eislebens als UNESCO-Welterbe und die IBA Sachsen-Anhalt, aber auch durch Entwicklungen von Innen, durch die Erstarkung neuer Eliten, zu weichen und es entstand

Raum für neue Inhalte (Beißwenger und Sommer 2012). Aber auch wenn die dem Bergbau zugehörigen Strukturen längst verschwunden sind, sind die ehemals hegemonialen Themen Bergbau und Industrie zwar nicht mehr prägend aber immer noch sehr präsent im Bewusstsein der Stadtgesellschaft und werden verbunden mit dem Bild einer wirtschaftlichen Blütezeit (Bernt et al. 2010).

5   Luther – ein neuer Pfad in der Stadtkarriere Eislebens?

„Eisleben, das ist schon immer so nach dem Verständnis der Hiesigen, ist der Mittelpunkt der Welt. Hier ist Martin Luther geboren, hier ist Martin Luther gestorben. [...])" (Interview ESL 14)

In den Such- und Aushandlungsprozessen der städtischen Akteure im Hinblick auf neue Zukunftsentwürfe für Lutherstadt Eisleben hat der Rückbezug auf Luther in den letzten Jahren zunehmend an Bedeutung gewonnen. Lutherstadt Eisleben wird als Geburts- und Sterbeort Luthers seit dem 16. Jahrhundert weltweit mit dem Reformator als wichtiger Persönlichkeit der Kirchen- und Theologiegeschichte verbunden. Allerdings unterliegt die Wahrnehmung der Gestalt Luther in Eisleben seit jeher Höhen und Tiefen.

Luther war zur Zeit der Industrialisierung für die Stadt gänzlich unbedeutend und wurde durch den Bergbau und weitere damit eng verbundene Themen wie z.B. den Mitteldeutschen Aufstand fast vollständig überlagert (Bernt et al. 2010).

Seit 1946 trägt Eisleben den Namen Lutherstadt. Trotzdem war Luther auch in der frühen Phase der DDR zweitrangig. Er wurde lange Zeit ausschließlich als Sohn eines Bergmanns interpretiert und als ‚Bauernverräter' und ‚Fürstenknecht' diffamiert. Luther als Figur der Kirchengeschichte war im vom Marxismus geprägten Geschichtsbild dieser Phase der DDR nicht passfähig. Erst mit der unter Erich Honecker vollzogenen politischen Liberalisierung und der in dieser Folge entstehenden Annäherung an die kulturpolitischen Traditionen Gesamtdeutschlands begann die DDR Luther als Teil des gesamtdeutschen Erbes zu beanspruchen. Dies wurde spätestens 1983 mit der sogenannten Martin-Luther-Ehrung der DDR und der damit verknüpften Implementierung eines neuen positiven Lutherbilds deutlich. Vor allem außenpolitisches Prestigestreben der SED-Führung, ein erhoffter Legitimitätsgewinn in der Bevölkerung und die demonstrative Annäherung an die evangelische Kirche seit 1978 waren die Gründe für diese Reinterpretation Luthers (Beißwenger und Sommer 2012; Rassloff 2004). In dieser Zeit wurde die heute noch in leicht überarbeiteter Form gezeigte Ausstellung im Luther-Geburtshaus in Lutherstadt Eisleben erarbeitet. Dennoch gab es über die gesamte DDR-Zeit hinweg bürgerliche Bevölkerungsschichten in Lutherstadt Eisleben, die in der Figur Luther einen Wert für die Stadt erkannten. (Interview ESL 08)

Nach der Wende wurde das Thema Luther durch die fortgeführte Orientierung der Stadt auf das Thema Bergbau überdeckt. Erst durch eine lokale und überlokale Institutionalisierung kam es zu einer Stabilisierung des Luther-Themas, was in eine zunehmende lokale Akzeptanz und einen lokalen Bedeutungsgewinn mündete (vgl. Bittner 2010). Mit der Anerkennung der Eisleber Luthergedenkstätten als Weltkulturerbe durch die UNESCO im Jahr 1997 bekam die Luther-Betonung in der Stadt einen Schub. Finanzielle Förderungen weiterer kleinerer, lokal auf Luther bezogener Projekte durch das Land Sachsen-Anhalt und den Bund folgten – so die Sanierung des Geburts- und Sterbehauses Martin Luthers, die Einrichtung eines Besucherzentrums, Kirchenrenovierungen sowie mehrere bauliche Projekte in Kombination mit der IBA-Stadtumbau 2010 des Landes Sachsen-Anhalt. Gegenwärtig wird Luther von den städtischen Akteuren als Motor für die touristische Entwicklung und als Vehikel für die Steigerung der überregionalen Bedeutung der Stadt genutzt.

Bei der Reaktivierung von Luther für Eisleben ist ein Verbund zwischen überlokaler und lokaler Ebene die treibende Kraft. Dazu zählen neben den lokalen Tourismusbeauftragten und Kirchengemeinden z.B. die Stiftung Luthergedenkstätten in Sachsen-Anhalt, die UNESCO, das Kultusministerium Sachsen-Anhalt, die Evangelische Kirche Deutschland, der Lutherische Weltbund, die Union Evangelischer Kirchen und die internationale Martin Luther-Stiftung. Die Bergbaukarriere von Lutherstadt Eisleben wird dabei nicht negiert, sondern in das Thema Luther implementiert und mit deutlich geringerer Relevanz als in der Vergangenheit als ein mit Luther verbundenes Thema weitergeführt. So wird z.B. die theologisch und kirchenhistorisch ausgerichtete Ausstellung zum Leben und Wirken Martin Luthers z.B. um Elemente erweitert, die Martin Luther als Sohn eines Bergmanns präsentieren (Beißwenger und Sommer 2012).

Von mit dem Bergbaumilieu eng verbundenen Bevölkerungsschichten wird Luther jedoch eher als Konkurrenz zum Bild von Lutherstadt Eisleben als traditioneller Industriestadt wahrgenommen. Es besteht die Befürchtung, das Festigen und Ausweiten des Themas Luther könnte die Geschichte des durch den Bergbau geprägten „roten Mansfelds" überlagern und schlussendlich in Vergessenheit geraten lassen (Bernt und Christmann 2010, S. 5). Das folgende Zitat steht scheinbar im Widerspruch zum Eingangszitat in diesem Abschnitt, es verweist jedoch auf die in Teilen der Bevölkerung nach wie vor geringe Verankerung des Lutherthemas:

> „Die Masse der Eislebener spricht nicht über Lutherstadt. [...] wenn man im Urlaub mit Leuten ins Gespräch kommt und gefragt wird, wo kommt ihr her, da sagt man, aus dem Mansfelder Land, das ist für die noch ein Begriff durch den Bergbau und

das Rote Mansfeld. Aber die Masse, und davon bin ich überzeugt, würde nicht sagen, das ist doch die Stadt, wo Luther geboren und gestorben ist, das ist die Lutherstadt. Das kommt nicht rüber." (Interview ESL 02)

Allerdings nehmen die Anteile der Stadtgesellschaft, die Lutherstadt Eisleben vor allem als industrielles Zentrum des Mansfelds wahrnehmen, durch Abwanderung und Alterung beständig ab, so dass sich in der Stadtbevölkerung ein Positionswandel zum Thema Luther vollzieht: Von einer zu Beginn vorhandenen Abneigung hin zu einem Status, der Luther als relevant für die Stadt akzeptiert und Vorteile für die Stadt erkennt. Eine große Wirkmacht erzielt Luther jedoch nicht, da sozial prekäre Situationen in der Bevölkerung diese Neuausrichtung teilweise überdecken und die Kontakte zwischen Stadtbevölkerung einerseits und Luthertourismus und Weltkulturerbeorganisation andererseits nur gering sind. Schwerwiegende Probleme, wie die persistent hohe Arbeitslosigkeit, das zurückgehende Einzelhandels- und Kulturangebot vor der Folie der früher prosperierenden Industriestadt und die anhaltende Abwanderung können durch die Ausrichtung auf Luther nicht kompensiert werden. Sie bekräftigen so das Gefühl von Statusverlust und Abstieg in der Bevölkerung (Beißwenger und Sommer 2012; Bernt et al. 2010).

6   Fazit

In den Städten Sangerhausen und Lutherstadt Eisleben ist im Jahr 1989/90 die über Jahrhunderte gewachsene Existenzbasis als mit dem Bergbau eng verbundene Industriestädte ersatzlos weggebrochen. Obwohl sich ein notwendiger Strukturwandel in der Region bereits seit längerem abzeichnete, markierte die Wende in Ostdeutschland dennoch einen deutlichen Pfadbruch. Die Geschichte der Städte als Bergbaustandorte erscheint heute nur noch in Hinblick auf die Traditionspflege interessant. Jedoch haben verschiedene Aspekte, die mit dem Entwicklungspfad der Bergbaustädte verbunden waren bzw. im Abbruch des Pfades angelegt waren, bis heute Einfluss auf die Stadtentwicklung. Einige wichtige Facetten, die die historische Bedingtheit aktueller Stadtentwicklungsprozesse belegen, werden hier noch einmal zusammengefasst:

In Sangerhausen und Lutherstadt Eisleben wurde in der DDR-Zeit über lange Jahre an einem Entwicklungspfad festgehalten, der nur noch mit immensem Aufwand aufrecht zu erhalten war. Die hier erkennbaren – gewissermaßen verordneten und staatlich subventionierten – Persistenzen, können als Ergebnis „eigentümlicher Machtkonstellationen" (Lehmbruch 2002, S. 15) interpretiert werden, die bewirken, dass dominante Entwicklungspfade selbst dann nicht in Frage gestellt oder aufgegeben werden, wenn die wirtschaftliche Rahmenbedingungen sich verändert und die früher bewährten Entwicklungspfade ihre eigendynamische Funktionsfähigkeit längst verloren haben. Mit der Einführung marktwirtschaftlicher Strukturen vollzog sich dann allerdings in beiden Städten ein auch im ostdeutschen Maßstab besonders massiver Strukturbruch, der einen klaren Wendepunkt in der Stadtentwicklung markiert.

Heute unterliegen beide Städte gleichermaßen Peripherisierungsdynamiken. Dennoch laufen diese jeweils in unterschiedlicher Ausprägung und in verschiedener Geschwindigkeit ab, nahmen zu unterschiedlichen Zeitpunkten ihren Anfang und wirken dementsprechend differenziert auf die Karrieren beider Städte ein. Während Peripherisierungsprozesse in Lutherstadt Eisleben bereits während der DDR-Zeit mit der wirtschaftlichen Schwerpunktverschiebung in der Stadt und den Folgeprozessen ihren Anfang nahmen und nach der Wende weiter an Dynamik gewannen, setzten diese in Sangerhausen erst mit dem Jahr 1990 abrupt und mit deutlicherer Schärfe ein. Seither verlaufen Peripherisierungsprozesse in beiden Städten mit hoher Geschwindigkeit. Eine wirtschaftliche Stabilisierung ist nur sehr punktuell erkennbar. Durch den kompletten Zusammenbruch der Bergbauindustrie aber auch die Schließung der Hochschule in Eisleben fehlen der gesamten Region Anknüpfungspunkte an wissensgesellschaftliche Entwicklungspfade, um daraus eine neue wirtschaftliche Dynamik entwickeln zu können. Trotzdem ist in beiden Städten nach wie ein gewisses Industriestadtparadigma anzutreffen.

Daneben aber kennzeichnen die Städte unterschiedliche Ausrichtungen des lokalen Handelns im Umgang mit den Herausforderungen der Peripherisierungsprozesse.

Lutherstadt Eisleben bemüht sich mit einer stärkeren Orientierung auf das Thema Luther um Anschluss an überregionale und internationale Akteurs- und Wissensnetzwerke und damit auch um eine größere überregionale Aufmerksamkeit. Erwartet werden davon insbesondere Effekte im Bereich Tourismus und Kultur. Gleichzeitig wird die Zentrumsfunktion der Stadt durch anhaltende Abwanderungen, den Verlust des Kreissitzes und eine nur schwach ausgeprägte Koalition für die Aufwertung und Stärkung der Innenstadt geschwächt. Die Stadt agiert damit in einem Spannungsfeld der Hoffnung auf überregionale Aufmerksamkeit und Anziehungskraft für Touristen und Lutherinteressierte aus dem In- und Ausland und eher noch wachsender baulicher, funktionaler und struktureller Defizite in der Stadtentwicklung.

Die Akteure in Sangerhausen hingegen orientieren sich in ihrem Handeln vor allem auf die Stärkung der Stadt als regionales Zentrum in einer peripherisierten Region. Ausdruck dafür sind Prioritätensetzungen auf die Aufwertung der Innenstadt und die Bündelung von Einkaufsfunktionen im Stadtzentrum aber auch die Sicherung des Status als Kreisstadt und ein relativ gelassener Umgang mit Stigmatisierungen in den überregionalen Medien (vgl. Beitrag Bürk und Beißwenger in diesem Band).

In beiden Städten ist ein deutlicher Gegensatz zwischen den historisch aus dem Mansfeldkombinat bzw. den dem Bergbau nahen Bevölkerungsanteilen und diesen ferneren und stärker bürgerlichen Milieus von Bedeutung. Doch während in Sangerhausen vor allem das Milieu der Bergarbeiter und nicht die Entscheidung tragenden Bergbaueliten zu Hause war, und diese nach 1990 kaum Einfluss auf die Stadtpolitik nahmen, gestaltete sich dieser Prozess in Lutherstadt Eisleben etwas anders. Lutherstadt Eisleben war in den 1990er Jahren in sehr viel stärkerem Maße durch den Einfluss von Akteuren aus dem Umfeld der ehemaligen Kombinatsleitung und durch aus der Bergbau- und Industrievergangenheit resultierende Entwicklungsansätze geprägt. Dies wirkte sich in Lutherstadt Eisleben erschwerend auf die Konsolidierung übergreifender Entscheidungsnetzwerke aus. Infolge dessen war Sangerhausen bspw. im Wettbewerb um den künftigen Kreissitz besser in der Lage, mit Entscheidungsmacht ausgestattete Koalitionen auf lokaler und regionaler Ebene zu bilden und letztendlich den Wettbewerb mit der Nachbarstadt für sich zu entscheiden.

Auch bei der Innenstadtaufwertung konnte Sangerhausen seine kommunalen Handlungsspielräume in der Vergangenheit besser als Lutherstadt Eisleben nutzen, indem die enge und vertrauensvolle informelle Zusammenarbeit der Akteure eine funktionierende „grant machine" möglich machte, die wichtige Funktionen der reibungslosen Ressourcenakquise vereint (vgl. Beitrag von Bernt in diesem Band). Durch die schwächere Einbindung wichtiger Akteure bspw. aus dem Bereich der Wohnungswirtschaft in stadtpolitische Entscheidungsprozesse zur Revitalisierung der Innenstadt stellt sich diese in Lutherstadt Eisleben heute deutlich schwieriger dar.

Abschließend bleibt die Einschätzung, dass sich nach dem Abbruch des Bergbaupfades in beiden Städten noch keine neuen ähnlich dominierenden Entwicklungspfade ausgeprägt haben. Die stärkere Orientierung auf das Thema Luther ist in Lutherstadt Eisleben aber zumindest der Versuch einer Neuausrichtung der Stadtentwicklung und einer Profilschärfung nach Außen, auch wenn dieser Entwicklungspfad keine ebenso große Wirkmacht und Involvierung der ganzen Stadtgesellschaft aufweist wie dies für den vorherigen Pfad der Fall war. Sangerhausen versucht demgegenüber, sich möglichst viele Entwicklungspfade offen zu halten und durch eine Orientierung auf das Naheliegende keine Entwicklungsoptionen auszuschließen. In den Statistiken spiegeln sich die unterschiedlichen Profilierungsbemühungen der Städte bisher noch nicht wieder. Gleichwohl ist zu erwarten, dass sich die Karrieren beider Städte künftig stärken auseinander entwickeln.

Literatur

Akademie der Wissenschaften der DDR (1982) Mansfelder Land. Ergebnisse der heimatkundlichen Bestandaufnahme im Gebiet um Leimbach, Hettstedt, Friedeburg, Mansfeld, Lutherstadt Eisleben, Dederstedt, Holderstedt, Hornburg und Seeburg. Werte unserer Heimat. Heimatkundliche Bestandsaufnahme in der Deutschen Demokratischen Republik, 38, Berlin

Arthur WB (1994) Increasing Returns and Path Dependence in the Economy. University of Michigan Press, Ann Arbor

Beißwenger S, Sommer H (2012) Entwicklungspfade industriell geprägter Mittelstädte im Kontext von Peripherisierung. In: Kühn M, Sommer H (Hrsg) Peripherisierung – Stadtentwicklung abseits der Metropolen, Themenheft Fachzeitschrift disP, Zürich (erscheint Oktober 2012)

Bernt M, Christmann G (2010) Lenin oder Luther für Lutherstadt Eisleben? Was ist städtische Identität – und wie kann man sie überhaupt finden? 30. Brandenburger Regionalgespräch am 15.9.2010. „Identitäten in Städten, Regionen und Landschaften – wer sind wir und wo wollen wir hin?" Erkner. http://www.irs-net.de/download/aktuelles/RG30_Christmann_Bernt.pdf. Zugegriffen: 2. Februar 2012

Bernt M, Liebmann H, Becker S (2010) Lutherstadt Eisleben. Fallstudie im Rahmen des Projekts „Stadtkarrieren in peripherisierten Räumen", Leibniz-Institut für Regionalentwicklung und Strukturplanung, Erkner

Bertelsmann-Stiftung o.J.: Demographiebericht Landkreis Mansfeld-Südharz. Ein Baustein des Wegweisers Kommune. http://www.wegweiser-kommune.de. Zugegriffen: 13. Februar 2012

Bittner R (2010) Geschichtslektionen im Stadtraum. Identitätspolitik als Geschichtspolitik. In Ministerium für Landesentwicklung und Verkehr des Landes Sachsen-Anhalt (Hrsg) Weniger ist Zukunft. Katalog Internationale Bauausstellung Sachsen-Anhalt 2010, S 572-586

Benke C, Wolfes T (2005) Stadtkarrieren: Typologie und Entwicklungsverläufe von Industriestädten in der DDR. In: Bernhardt Ch, Wolfes T (Hrsg) Schönheit und Typenprojektierung. Der DDR-Städtebau im internationalen Kontext, IRS REGIOtransfer, Erkner

Bohley K (2011) Lutherstadt Eisleben. Reichtum der Provinz – Städte in Mitteldeutschland. Hasenverlag, Halle (Saale).

David PA (1985) Clio and the Economics of QWERTY. In American Economic Review, 75 (2), S 332-337

Kremling M (2010) Entwicklungspfade von Mittelstädten in Sachsen-Anhalt. Stadtentwicklung im Spannungsfeld demographischer, ökonomischer und städtebaulicher Determinanten. Univ. Dissertation, Halle (Saale).

Laschke M (2009) Genossenschaftliches Wohnen in Sangerhausen. Wohnungsbaugenossenschaft Sangerhausen, Sangerhausen

Lee M (1997) Relocation Location: Cultural Geography. The Specificity of Place and the City Habitus. In: Mc Guigan J (Hrsg) Cultural Methodologies. Sage, London

Lehmbruch G (2002) Der unitaristische Bundesstaat in Deutschland: Pfadabhängigkeit und Wandel. (MPIfG Discussion Paper 02 / 02), Köln

Modellregion Südharz Kyffhäuser (2008) Region Südharz Kyffhäuser: Demographisches Handlungskonzept – Zukunftsgestaltung der Daseinsvorsorge im ländlichen Raum. (im Auftrag der Landkreisämter des Kyffhäuserkreises und des Landkreises Südharz)

North DC (1992) Institutionen, institutioneller Wandel und Wirtschaftsleistung (Die Einheit der Gesellschaftswissenschaften Bd. 76). Mohr, Tübingen

Pierson P (2000) Increasing Returns, Path Dependence and the Study of Politics, In American Political Science Review, 94 (2), S 251-267

Prognos (2010) Zukunftsatlas 2010 – Deutschlands Regionen im Zukunftswettbewerb. Basel Berlin

Rassloff St (2004) Luther im Fadenkreuz der SED-Politik. Der Erinnerungsort Erfurt und das Lutherjahr 1983. In Mitteilungen des Vereins für die Geschichte und Altertumskunde von Erfurt, 65. S 97-123

Regionale Planungsgemeinschaft Halle (2010) Regionaler Entwicklungsplan für die Planungsregion Halle, Halle (Saale)

Schreyögg G, Sydow J, Koch J (2003) Organisatorische Pfade – Von der Pfadabhängigkeit zur Pfadkreation. In: Schreyögg G, Sydow J (Hrsg) Strategische Prozesse und Pfade. Managementforschung 13, Wiesbaden, S 257-294

Stadt Sangerhausen (2007) Stadtentwicklungskonzept. Fortschreibung 2007. Sangerhausen

Stigmatisierung von Städten

Thomas Bürk, Sabine Beißwenger

1 Einleitung

In der Konzeption des Forschungsprojektes „Stadtkarrieren in peripherisierten Räumen" wird Stigmatisierungsprozessen eine bedeutende Rolle bei der Stadtentwicklung beigemessen. Während in den voran stehenden Beiträgen die „harten" Indikatoren der Peripherisierung von Städten – ihre Alterung, Abkopplung von Infrastrukturen oder steigende Abhängigkeit von externen Zuwendungen – im Mittelpunkt der Betrachtung standen, widmet sich dieser Beitrag der diskursiven Dimension von Peripherisierung und thematisiert Prozesse der symbolischen Bewertung von Städten. Ausgangspunkt der folgenden Ausführungen ist zunächst, dass bereits die Bezeichnung eines Landes, einer Region oder einer Stadt als „Peripherie" ein in vielen gesellschaftlichen Bereichen übliches Verfahren der symbolischen Verortung von Räumen darstellt. Neben den Bezügen zu angenommenen oder strukturell unterlegten Randlagen sind die Vorstellungen des Peripheren jedoch hauptsächlich negativ konnotiert. Während das Antonym des Peripheren, das Zentrum bildet, definiert sich so gleichzeitig auch dessen normativer Gegenpol: das Marginale, der Rand, die Peripherie. Daher erzeugt das Reden (und Schreiben) über die Folgen ungleicher sozialräumlicher Entwicklungen weder neutrale noch wirkungsfreie Raumbilder und lokale Zustandsbeschreibungen, sondern wird ebenfalls zum kommunikativen Marker.

Vor diesem Hintergrund ist es Ziel des Beitrages, Stigmatisierungen einzelner Städte sowie Verlaufsformen und Ansätze zum Umgang damit genauer. zu beleuchten. Exemplarisch wird dies am Beispiel des Redens bzw. Schreibens über und der lokalen Rezeption von Stigmatisierungserfahrungen in den Städten Sangerhausen in Sachsen-Anhalt sowie Völklingen im Saarland dargestellt. Der Fokus der Untersuchung richtet sich dabei vor allem auf Massenmedien, die als besonders wirkmächtige „Stigmatisierer" betrachtet werden können. Sie bilden „idealtypisch eine kommunikative Arena" (Eder et al. 2004, S. 102) deren „Kategorien und Kategorisierungen eine dominante Strukturierungsfunktion hinsichtlich der Symbolisierung [sozialer] Räume haben" (ebd.). In unseren Untersuchungsstädten fanden wir etwa das auf Sangerhausen bezogene Stigmata als „Hauptstadt der Arbeitslosen" oder die auf Völklingen bezogene Zuschreibung als „Hässlichste Stadt Deutschlands".

1.1   Methodisches Vorgehen: vom Diskurs zum Dispositiv

In der sozialwissenschaftlichen Forschung werden Diskursanalysen bisher meist auf (mehr der weniger überschaubare) Textkorpora medialer Berichte oder anderer Schriftstücke verwandt (Glasze und Mattissek 2009). Die hier zugrunde gelegte Medienanalyse ist sich dieser Textlastigkeit in der Diskursforschung bewusst und weiß um die Problematik der zumindest tendenziell offenen Rezeption solcher Texte durch deren LeserInnenschaft. Die Übertragung von auf Medienberichten basierenden Diskursanalysen auf Sozialräume, seien es Stadtteile oder ganze Städte und Regionen wurde von Margarete und Siegfried Jäger (2000, S. 1) zu Recht als unzureichend für die Analyse von Objekten mit sowohl diskursiven als auch räumlich-konkreten Aspekten problematisiert. Dort wird festgestellt, dass es sich selbst bei kleinräumig bezogenen „Stadtteildiskursen [...] analytisch [um] eine komplexe Diskursverschränkung" (Jäger und Jäger 2000, S. 4) handelt, die sich aus verschiedenen diskursiven Strängen speist. Entsprechend schlagen Jäger und Jäger (2000) zur Betrachtung verräumlichter Diskurse eine Erweiterung von Diskursanalysen hin zu Dispositivanalysen vor. Dispositive stellen dabei eine „heterogene Gesamtheit [her], die potentiell alles Erdenkliche, sei es sprachlich oder nicht-sprachlich einschließt: Diskurse, Institutionen, Gebäude, Gesetze, polizeiliche Maßnahmen [...]" (Agamben 2008, S. 9). Damit werden gerade die in Stigmaprozessen so umfangreich und symbolisch aufgeladen verwendeten Raumbilder – wie etwa eine Abraumhalde, leerstehende Geschäfte und Industriebrachen – als ikonographische Markierungen oder Signifikanten des städtischen Niederganges in die Dispositivanalyse einbezogen. D.h. in der Dispositivanalyse erfolgt eine „Verkopplung von nicht-diskursiven und diskursiven Elementen zu einem Machtbündel, das in der Lage ist, innerhalb eines bestimmten Felder Subjektivitäten und dessen Fähigkeiten zu bestimmen." (Jäger und Jäger 2000, S. 10)

Vor diesem Hintergrund wurde für Sangerhausen und Völklingen eine inhalts- und medienanalytische Untersuchung von Stigmatisierungsprozessen durchgeführt. Grundlage der Auswertung bildeten Beiträge in überregionalen Zeitschriften und im Fernsehen aus dem Zeitraum zwischen 1992 und 2010. Von Interesse waren vor allem auf Raumbilder bezogene Ausführungen. Daran anschließend wurde die Rezeption in der Lokalpresse untersucht. Durch Interviews mit Akteuren wurden zusätzlich Akteurswahrnehmungen zum Image der jeweiligen Stadt, zu negativen Zuschreibungen und daraus resultierende Einschätzungen zum Stigmatisierungsumgang der jeweiligen Personen gewonnen.

1.2 Stigmatisierungsforschung: Begriffe, Konzepte und Ansätze

Den Kern von Stigmatisierungsprozessen bilden durch diskursive Verfahren der Kommunikation und Kennzeichnung gebildete Zuschreibungen negativ konnotierter Merkmale. Die auf Abweichungen von Norm- und Normalitätsvorstellungen (Link 1998) bezogenen Stigmata und Stigmatisierungen sind damit relationale Wertungen sozialer Attribute. Sie werden charakterisiert als „soziale Prozesse [...] die durch ‚Zuschreibungen' bestimmter – meist negativ bewerteter – Eigenschaften (Stigmata) bedingt sind oder in denen stigmatisierende, d.h. diskreditierende und bloßstellende ‚Etikettierungen' eine wichtige Rolle spielen, und die in der Regel zur sozialen Ausgliederung und Isolierung der stigmatisierten Personengruppen führen." (Brusten und Hohmeier 1975, S. 2). Stigmata werden ursprünglich in der soziologischen Literatur (Goffman 1967) als auf menschliche Körper bezogene Markierungen wie Tätowierungen, Wundmale, Brandmale, Verletzungen, d.h. als von der gesellschaftlichen Norm abweichende negative Merkmale verstanden. Sie können materialisiert bzw. imaginiert sein. Im Rahmen der sozialpsychologischen Stigmatisierungsforschung typologisiert Goffman (1967, S. 4) drei verschiedene Typen von Stigmata: a) die Verunstaltungen des Körpers, b) schlechte Charaktereigenschaften und c) Zeichen von „race, nation, and religion", die ein Individuum als nicht zum gesellschaftlich imaginierten Mainstream gehörend kennzeichnen.

Städte sind selbstverständlich keine Subjekte, daher können Theorien über Stigmata und Stigmatisierungsprozesse von Einzelpersonen und Gruppen nur eingeschränkt und vorsichtig auf diese übertragen werden. Gleichwohl können Städte als Orte sozialer, ökonomischer und politischer Formierungen begriffen werden, also als dynamische Strukturen und Alltagswelten in denen die dort lebenden Menschen diese Städte in Produktions- und Kommunikationsprozessen immer wieder erneut herstellen. In diese Prozesse der sozialen Konstruktion von Wirklichkeit fließen Normen und Deutungsschemata ein, die sich in hegemonialen Dispositiven der Stadtentwicklung verdichten. Da diese Normen auf dem Einschluss bestimmter, und dem Ausschluss anderer Attribute basieren, beinhalten sie die Möglichkeit der Stigmatisierung von Städten. Das Reden über Stigmatisierungen setzt auf diese Weise eine Verinnerlichung sozialer Normen bereits voraus. Normalität und Stigmatisierung stellen somit „Teile des gleichen Komplexes" (Goffman 1967, S. 161) dar, sie beruhen mit anderen Worten, auf derselben heterogenen gesellschaftlichen Gesamtheit, des Sichtbaren und Sagbaren eines umfassenden Dispositives als Verschränkung von Macht- und Wissensverhältnissen (Agamben 2008, S. 9).

Wie Erving Goffman in seiner Forschung zu den „Techniken zur Bewältigung beschädigter Identität" (1963, 1967)[1] ausführt, kann mit Stigmatisierung ganz unterschiedlich umgegangen werden: Die Bandbreite strategischer Reaktionsmöglichkeiten reicht von der Anpassung an die Norm der Stigmatisierenden, einer Abkehr von der Norm bis hin zur Abwehr der Zuschreibung. Die Erbringung von Gegenbeweisen – also der Betonung etwa der Unwissenheit oder Realitätsferne der ‚Stigmatisierer' gehört ebenso wie die ‚Erzeugung von Mitleidseffekten' (Goffman 1967) nicht nur zum taktischen Repertoire einzelner Individuen, sondern kann auch als kollektive Umgangsform der Stigmatisierungsbewältigung beobachtet werden.

Bczogcn auf konkrete Städte oder Stadtteile wurden Stigmatisierungsprozesse bereits für Teile Berlins (Best und Gebhardt 2001), Eisenhüttenstadt (Weichhart et al. 2004) und Johanngeorgenstadt untersucht (Kabisch und Steinführer 2007). Konkrete stadt- und sozialräumliche Bezüge im Hinblick auf Stigmatisierung wurden indirekt zuerst durch Bourdieu (1990) und später Wacquant (1993, 2007) hergestellt. Dabei wurden territorialisierte Stigmatisierungen als Ortzuschreibungen entlang etwa administrativer Bezirks- und Stadtteilgrenzen, oft in Verbindung mit geplanten städtischen Raumausschnitten (z.B. Siedlungen, Banlieus, Industriegebieten und Ghettos) thematisiert. Ferner wurden verräumlichte, symbolische Stigmatisierungen aufgegriffen (Müll, Ruinen, Wracks, Graffiti). Auch atmosphärische Stigmatisierungen wie z.B. in der Stadtliteratur gehören dazu (Lindner 2004). Auffällig wenig allerdings werden in den Beiträgen unterschiedliche Akteursgruppen auf der lokalen Ebene befragt und als unterschiedliche Diskurspositionen interpretiert. In unserem Verständnis sind diskursive Prozesse keineswegs unpersönliche und machtneutrale Vorgänge, sondern sind Artikulationen von mit Deutungs- und Wirkungsmacht ausgestatteten Akteuren. Auch Stigmatisierungsdiskurse sind daher keine sich quasi im luftigen Raum bewegenden „Debattenwolken", sondern sie haben konkrete Akteure und Sprecherpositionen.

Dabei sind die sich angesprochen fühlenden Stigmatisierten oftmals nicht die Träger der Stigmata selbst, sondern die persönlichen oder kollektiven Vertreter bzw. Verteidiger eines z.B. städtischen Images, die sich in hohem Maß mit der Stadt identifizieren. Stigmatisierung wird von unterschiedlichen städtischen Akteuren verschieden wahrgenommen, interpretiert, skandalisiert oder ignoriert. Für die folgende Analyse von Stigmatisierungsdiskursen in den Städten Sangerhausen und Völklingen bilden die Personen, die sich als Angesprochene der mutmaßlichen Stigmatisierung fühlen, sowie deren Verteidigungs- und Bewältigungsversuche den zentralen Zugang.

---

1 So der Untertitel der deutschen Fassung von 1967 - Engl: Goffman und Erving (1967): Stigma. Notes on the Management of Spoiled Identity.

2 Sangerhausen – „Hauptstadt der Arbeitslosen"

2.1 Sangerhausen in den überregionalen Medien

Die Stadt Sangerhausen hat seit den frühen 1990er Jahren regelmäßig im Fokus von Medienberichten überregionaler Zeitschriften und vereinzelt auch von Filmbeiträgen gestanden. Dabei ist auffallend, dass über einen Zeitraum von fast 20 Jahren hinweg kontinuierlich dieselben Bilder der Stadt reproduziert werden. Bereits in einem Beitrag der Wochenzeitschrift DIE ZEIT aus dem Jahr 1992 wurde Sangerhausen mit zentralen Attributen eines lokalen Stigmatisierungs-szenarios ausgestattet (DIE ZEIT 29.5.1992). Vorgestellt wurde eine Stadt, die sich wie alle ostdeutschen Städte seit der Wiedervereinigung im Wandel befindet. Allerdings wird hier die historische Bruchstelle der Wende auch zur Zäsur der jahrhundertealten Geschichte der Stadt des Bergbaus, in der „das Alte abhanden gekommen und das Neue noch nicht da" ist. Die Zukunftsperspektiven der Stadt seien vor allem vom Niedergang der einst „stolzen", in der DDR privilegierten, Bergarbeiterschaft und der steigenden Arbeitslosenzahlen geprägt. Sechs Jahre später erfolgt ebenfalls in der Wochenzeitung DIE ZEIT (DIE ZEIT 20.05.1998) erstmals die Zuschreibung als „Hauptstadt der europäischen Arbeitslosigkeit". Das zukünftig immer wieder aufgerufene Szenario wird dabei narrativ und bildlich fest verschnürt: Hohe Stimmenanteile für eine rechtsradikale Partei werden mit der „deutschen Misere" des allgemeinen ökonomischen Niederganges in Ostdeutschland, mit lokalen Szenen leer stehender „Plattenbauten", „Schuldnerberatung" und dem „schmutzigen graubraun" einer ehemaligen Industrieregion im Bild der Abraumhalde aufgeladen. Teile der Stadt (besonders die Großwohnsiedlung Othal) seien zu einem „Ghetto" geworden, in dem sich die Zurückgebliebenen als „Fremde im eigenen Land fühlen". Auch ein Beitrag im Wochenmagazin Focus im Herbst desselben Jahres bemüht die europäische Vergleichsperspektive des „Mezzogiorno des Ostens" und die düsteren Zukunftsaussichten einer ehemals von privilegierten Bergleuten geprägten Stadt und dem ökonomisch „gebrochenen Genick" einer ganzen Region (Focus 10/1998).

Weitere Beiträge der späten 1990er Jahre betonen die wirtschaftliche Perspektivlosigkeit und den selbst nach dem Bau der Bundesautobahn A 38 nicht erfolgten Aufschwung. Die neue infrastrukturelle Anbindung an das bundesdeutsche Fernstraßennetz hat hier in der Deutung der Journalisten vor allem zu einem schnelleren Verlassen der Stadt (über eben diese Autobahn) geführt (Der Spiegel 05/1999).

Ein Artikel in DIE ZEIT aus dem Jahr 2004 (DIE ZEIT 13.05.2004) konstatiert erste Veränderungen. Das in Sangerhausen ansässige Fahrradwerk MIFA könne sich als Exporteur nach China wirtschaftlich profilieren. Gesprochen wird

hier gar von einer Erfolgsgeschichte, allerdings zu Lasten der lokalen Arbeiter-
schaft, die nun unter Tarif bezahlt und ohne Betriebsrat arbeiten müsse. Neben
dieser Hoffnung auf ökonomischen Aufschwung wird das wiederkehrende
Stigma der „zivilisatorischen Lücke" angesprochen. Das bestehe aus einer, im
Ostdeutschlanddiskurs verankerten, aber spezifisch für Sangerhausen verorteten
Rückständigkeit in Bezug auf die Errungenschaften des modernen Sozialstaates
(Gewerkschaften, Sozialpartnerschaft, Zivilgesellschaft), in diesem Fall einem
Mangel an Arbeitnehmerrechten. Im Wochenmagazin Spiegel wird ebenfalls im
Jahr 2004 erneut das ganze Szenario „Sangerhausen Hauptstadt der Arbeitslo-
sen, ... immer wieder, immer noch" (Der Spiegel 47/2004) entfaltet. Auch hier
ist es die Abwanderung der 10.000 Menschen, der „Sondermüll der Halde"
sowie das städtische Haushaltsloch, die „NPD im Stadtrat", „öde Plattenbauvier-
tel", leer stehende Geschäfte und die Abwesenheit von Tariflöhnen und Ge-
werkschaftern im „kaum besetzten IG-Metall-Büro". Unterstrichen wird das
Bild durch Trinker vor dem Bahnhofskiosk.

Auch die ab dem Jahr 2006 erschienenen Beiträge folgen dem alten Muster
der „Heimat in Not" und der Prognose „Der Ort stirbt" (Super-Illu 29.03.2006).
Auf der „Landkarte der Arbeitslosigkeit" hat Sangerhausen im Jahr 2007 die
schlechteste Bilanz im gesamten Bundesgebiet (FAZ 01/2007). Unter dem Motto „Schicht im Schacht" (ddp 01/2008) wird dort fast 20 Jahre nach Stilllegung
der Zechen im Mansfelder Land noch von der „weg gebrochenen" Bergbauindustrie gesprochen und deren Folgen in Abwanderung und niedrigen Mieten
verortet. Die nun zunehmend in Tageszeitungen erschienenen Beiträge verfolgen immer dasselbe Muster: „6.000 im Bergbau beschäftigt, nach der Wende
Zeche geschlossen, Arbeitslosigkeit liegt bei 19 %, viele junge Leute gehen".

Die Kontinuität der Krise in Sangerhausen, die Betonung, dass sich hier
seit der Wende „nicht viel verändert habe", wird in einem Zeitungsbeitrag zu
einer „Reise durch ein seltsames Land" (Berliner Morgenpost 21.06.2009). Im
Jahr 2010 wird wieder über Sangerhausen im Modus der „Hauptstadt der Arbeitslosen" berichtet. Für lokales Aufsehen sorgt vor allem ein Beitrag im ZDF-
Wirtschaftsmagazin WISO (11.01.2010). Unter dem Titel „Armes Sangerhausen – Höchste Arbeitslosenquote in Deutschland und kaum Perspektiven" wird
dort ein ca. fünf Minuten langer Bericht zur Lage in der Stadt Sangerhausen
ausgestrahlt. In der Anmoderation wird diese Stadt wie folgt vorgestellt: „In
Sangerhausen im Südharz steht jahrzehntelang der Kupferbergbau für den
Wohlstand der ganzen Region. Nach der Widerereinigung aber kommt das Aus
für die Zeche, Massenentlassungen folgen." Illustriert werden diese ersten Se-
quenzen des Beitrags mit einer Kamerafahrt entlang einer Großwohnsiedlung
(„Platte"), einzelnen Bildern der Förderanlagen, des Schachtgeländes sowie
technischer Geräte aus der Bergbaugeschichte (ZDF 11.01.2010).

Die sich aus rund 20 Jahren überregionaler Berichterstattung ergebenden Narrative sind auffällig persistent und relativ einheitlich. Die als statistische Wirklichkeit aufgeführten Stigmata sind die höchste Arbeitslosenquote Deutschlands in Verbindung mit besonders vielen unterqualifizierten Arbeitskräften an einem deindustrialisierten, abgehängten Wirtschaftstandort ohne Perspektive. Im Zentrum steht die unübersehbare Halde, einst das Wahrzeichen einer prosperierenden „Boomregion" der DDR (Berliner Morgenpost 21.06.2009). Im „Schatten der Halde" liegt die Stadt Sangerhausen, bildlich, metaphorisch, symbolisch und ganz real. Symbolisiert wird dies durch die „Plattenbauten" in den Wohnsiedlungen der Stadt sowie Bilder von leer stehenden Läden in der Altstadt (Spiegel 47/2004).

2.2 Sangerhausen in den regionalen und lokalen Medien

Dem überregionalen, meist negativen Stadtdiskurs zu Sangerhausen steht die Wahrnehmung und Rezeption auf der regionalen und lokalen Ebene gegenüber. Selbst bei Unterschieden in der Vollständigkeit bei digitalisierten Zeitungsartikeln[2] kann zur Rezeption der regionalen und lokalen Medien folgendes festgestellt werden: Ein auch nur annähernd ähnlich negatives Bild zu Stadt und Stadtentwicklung lässt sich in der lokalen und regionalen Berichterstattung nicht auffinden. Lediglich am Rande erwähnen Beiträge das überregional kommunizierte Stigmatisierungsszenario Sangerhausens. Einzelne diskursive Ereignisse, wie etwa ein Ausspruch des früheren Bundeswirtschaftsministers Clement in den ARD-Tagesthemen (Mitteldeutsche Zeitung 06.04.2004) oder die Ausstrahlung des Sangerhausen-Beitrags im ZDF (ZDF 11.01.2010) sorgen für einen Niederschlag der Debatten in der lokalen Presse.[3] Daraus lässt sich allerdings weder eine pauschale Zweiteilung des Stigmatisierungsdiskurses in stigmatisierende Auswärtige und stigmatisierte Einheimische vornehmen, noch kann aus den unterschiedlichen thematischen Konjunkturen auf den Umgang unterschiedlicher Bevölkerungsgruppen oder Individuen mit den negativen Zuweisungen an eine bzw. „ihre" Stadt gefolgert werden. Allerdings kann aus der ungleichen qualitativen Gewichtung der lokalen, regionalen und überregionalen Berichterstattung sowie der quantitativen Verbreitung von hegemonialen Bildern und Szenarien gesprochen werden.

---

2   Die hier als Regionalzeitung relevante Neue Nordhäuser Zeitung (NZZ) ermöglicht digitale Artikelrecherchen bis zum Jahr 2000, die lokale Beilage zu Sangerhausen in der Mitteldeutschen Zeitung (MZ) ist bis1994 digital archiviert.

3   Unter Verweis auf den ZDF-Beitrag am 11.01.2010 erscheint Ende des Monats in der Regionalzeitung Neue Nordhäuser Zeitung ein kritischer Artikel zur Lage in der Stadt, vgl. Neue Nordhäuser Zeitung vom 26.1.2010.

2.3 Umgang mit Stigmatisierung

Bezug nehmend auf die Goffmanschen „Techniken zur Bewältigung beschädigter Identität" (Goffman 1967) wird im Weiteren der Umgang mit den beschriebenen Stigmatisierungen in Sangerhausen analysiert. Dabei werden die Kategorien Anpassung an die Norm, Abkehr von der Norm, Abwehr der Zuschreibung, Erzeugung von Mitleidseffekten und Gegenbeweisen unterschieden.

Die Stadtpolitik der 1990er Jahre zur Bewältigung der transformationsbedingten ökonomischen und sozialen Brüche ist geprägt gewesen durch Erwartungen an eine wachstumsorientierte Stadtentwicklung, wie es dem Verständnis von erfolgreicher Stadtentwicklung zu diesem Zeitpunkt entsprach. In diesem Sinne folgten die Ziele der Stadtentwicklung der „Normvorstellung" bzw. orientierten auf eine Anpassung an die Norm (Korrekturoption).

> „Es ging darum, diese Standortbedingungen in der Nachwendezeit so gut es ging zu verbessern. Da sind wir sehr erfolgreich gewesen [...]. Die Strukturprobleme haben wir alle hinter uns [...] und bilden [...[ein Mittelzentrum, was sehr solide zukunftsfähig ist. Das ist unser Ziel gewesen. [...] Und das haben wir erreicht." (Interview SGH 1).

Das – trotz der Bemühungen der letzten beiden Jahrzehnte – immer noch vorhandene „negative Image" der Stadt in überregionalen Medien wird daher von allen GesprächspartnerInnen als „nicht berechtigt" (Interview SGH 2) und als das Ergebnis eines „gemachten Rufes"(ebd.) betrachtet. Der medialen Aufmerksamkeit werden aber auch positive Seiten abgewonnen, indem vermutet wird, dass diese „sicherlich auch die Landesregierung bewogen [hat], sozusagen einen Schwerpunkt hier auf den Süden Sachsen-Anhalts zu legen" (Interview SGH 2).

Zusammengefasst gelten die Probleme der Stadt im historischen Rückblick zwar nicht als bewältigt, aber zumindest auf einem guten Wege der Besserung. Die immer noch ungebrochene Persistenz stigmatisierender Zuweisungen wird vor diesem Hintergrund von den lokalen Akteuren verständlicherweise als besonders ungerecht und wenig informiert wahrgenommen. Als Deutungsansatz dieser Kontinuität werden vor allem externalisierende Erklärungen angeboten.

Die Abwehr der als stigmatisierend empfundenen Zuschreibungen ist zumeist verbunden mit einer individuell vorgetragenen Empörung, gepaart mit Ratlosigkeit oder auch offen propagierter Gelassenheit im Umgang mit den Berichten. Als Reaktion auf Presseberichte und das schlechte Reden über die Stadt im Allgemeinen ist als „Trotzreaktion" (Interview SGH 3) die „Na und ?" Position entstanden. Laut Aussagen des Bürgermeisters erscheint dies als probatestes Mittel gegen die mediale Ignoranz gegenüber lokalen Aktivitäten (wie etwa dem Rosarium) und Bemühungen des Imagewandels. Dabei war das Motto

der dahinter stehenden Trotzhaltung eher zufällig vor ein paar Jahren in Sangerhausen entstanden: Aus Anlass einer Plakatkampagne einer lokalen Werbeagen-
tur hatte ein dort tätiger Graphiker der Stadtverwaltung erste Ideen einer Art
‚Stigmaumkehr' im trotzig-frechen „Na und!" – Jargon präsentiert:

> „Der[Graphiker] kam dann in die Verwaltung und hat gesagt ‚Mensch wollen wir
> das nicht mal irgendwie machen' […]. Dann sprudelten die Ideen, die sind dann
> graphisch umgesetzt worden […] das wurden immer mehr […]. Ja das war eine
> Trotzreaktion dieses ‚na und!' und auch ein bisschen sich selbst auf die Schippe
> genommen …" (Interview SGH 3)

Entstanden sind so eine Reihe von auf Postkarten und Plakaten verbreiteten
Motiven, die sich beispielsweise der Geschichte des Bergbaues (‚abgekupfert´),
dem Rosengarten Europa-Rosarium (‚Scheiß Rosen') oder seiner peripheren
Lage (‚Sangerhausen am A… der Welt') widmen. Der Bürgermeister schließt
allerdings trotz noch unendlich vieler Ideen in der Schublade eine Fortsetzung
dieser speziellen Werbeaktion aus: „Man muss das ganze auch nicht übertreiben
[…] eine Kampagne muss einen Anfang und ein Ende haben" (Interview
SGH 3). Die Postkartenaktion hat aber, so eine Stadtbürgerin, dazu beigetragen,
„das angegriffene Selbstbewusstsein der Stadtbürger zu unterstützen" (Interview
SGH 4).

Aufgrund der von den GesprächspartnerInnen angebotenen relativen Erfolgsgeschichte der Stadtentwicklung weg von harten Strukturbrüchen hin zu
einer zwar langsamen aber stetigen Verbesserung städtischer Perspektiven sind
Ansätze einer Abkehr von der Norm in Sangerhausen nicht aufzufinden. Dies
könnte beispielsweise die Ausweisung von Entwicklungsimpulsen sein, die sich
jenseits gegenwärtig hegemonialer Konzepte von Mobilität, quantitativem
Wachstum oder ästhetischer Formsprache bewegen. Diese nicht auffindbaren
Alternativvorschläge im städtischen Diskurs können sowohl der selektiven
Auswahl städtischer Akteure im Forschungsdesign als auch der fehlenden (oder
verborgenen) lokalen Debatte um nicht-hegemoniale Stadtentwicklungsoptionen
geschuldet sein.

Die Taktiken zur Bewältigung von Stigmatisierungsdiskursen sind immer
auch verbunden mit mehr oder weniger deutlich geäußerten Mutmaßungen zu
den Motivationshintergründen der ‚Stigmatisierenden'. Besonders verbreitet ist
hier die Anrufung externer Verursacher und namentlich der überregionalen
Medienberichterstattung zu Sangerhausen. Gegenstand der Presseschelte bildet
vor allem die im Bezug auf Sangerhausen besonders ausgeprägt erscheinende
Persistenz des Stigmatisierungsdiskurses: „Was mich wundert ist, wie sich solche Schlagzeilen so lange halten können" (Interview SGH 3) in Verbindung mit
der Einschätzung der [kommunikativen] Machtposition überregionaler Medien:

> „Wir können nicht den Spiegel kaufen und eine Gegenartikel machen, sondern müssen fleißig arbeiten, um die Standortfaktoren so [zu] machen, dass die […] uns langfristig gut tun" (Interview SGH 5).

Gleichzeitig wird betont, dass die Stadt zukünftig deutlichere Gegenmaßnahmen ergreifen muss, um sich gegen unsachliche Berichterstattung zu wehren:

> „Wir haben den Artikel, der jetzt in der ZEIT war in den Stadtrat rein gebracht – […] und uns gefragt ‚was machen wir als die Stadt Sangerhausen dagegen?'[…] da muss man auch dagegen[halten]" (Interview SGH 6)

Kernargument dieser Kritik ist nicht nur das lediglich oberflächliche Interesse der jeweiligen, nicht ortskundigen JournalistInnen, sondern auch die in Gesprächen betonte Tendenz in der bundesdeutschen Medienberichterstattung insgesamt. Es scheint, dass man eigentlich für ein vorgefertigtes Bild nur noch die Bilder und O-Töne von vor Ort haben möchte, die genau das transportieren, was bereits im breiteren Ostdeutschlanddiskurs des Niederganges zugrunde gelegt wurde. Lokale Gesprächspartner sahen hierin eine Neigung, sich nur auf Negatives zu beziehen und das „Positive zu unterschlagen, [denn das] wollen die Journalisten [die überregional zu Sangerhausen berichten] gar nicht wissen" (Interview SGH 6). Und freilich wird auch hier eine Tendenz der (‚West')Presse zu unsachlicher, weil ortsfremder und hegemonialer Berichterstattung vermutet: „Also eigentlich kommt negative Kritik nur von westlicher Seite. Von unserer Presse nicht" (Interview SGH 4). Gleichzeitig sei die lokale Presse in Sangerhausen, anders als in anderen Städten, aber auch nicht in der Lage, ein Kommunikationsmedium lokaler Interessen zu bilden: „Die lokale Presse gibt den Bürgern nicht die Möglichkeit, sich wieder zu finden in der Stadt" (SGH 7). Als Antwort auf diese mangelnde Identifikationsmöglichkeit der Bürger soll nun überlegt werden, selbst mehr zu einer neuen, lokale Identität stiftenden Berichterstattung ‚aus der Stadt über die Stadt' beizutragen.

> „Wir überlegen ja auch, ob man mit der lokalen Presse etwas verändern kann […] vielleicht eine eigene Zeitung herauszugeben […] damit die Bürger sich mehr mit der Stadt identifizieren können" (Interview SGH 7)

Zusammengefasst können in Sangerhausen also Elemente aus allen fünf von Goffman (1967) analysierten „Techniken zur Bewältigung beschädigter Identität" aufgespürt werden. Dabei sind die jeweiligen Argumentationsstränge nicht immer klar voneinander abgrenzbar, vielmehr werden bspw. Elemente, die eher eine Anpassung an eine vorgestellte Norm beinhalten durchaus auch mit Ansätzen zur Ablehnung der Norm in Verbindung und situationsadäquat in Anschlag gebracht. Insgesamt erscheinen die lokalen Versuche, mit empfundener Stigmatisierung umzugehen, eher hilflos und sich ihrer Schwäche gegenüber den ‚Stigmatisierern' bewusst.

3 Völklingen – „Hässlichste Stadt Deutschlands"

Ähnlich der ostdeutschen Stadt Sangerhausen können auch für die Stadt Völklingen im Saarland Stigmatisierungsdiskurse als Bestandteil von Peripherisierungsprozessen beobachtet werden. Dabei sind die wirtschaftsgeschichtlichen und sozialhistorischen Ähnlichkeiten beider Städte des Bergbaues bzw. der Montanindustrie sicherlich kein Zufall. Im gesamten bundesrepublikanischen Diskurs um Strukturschwäche und Innovationskraft einzelner Regionen stehen ehemalige Bergbau- und Stahlstädte am unteren Ende der Negativberichterstattung. Die Transformation des von Bergbau und Schwerindustrie geprägten Saarlandes begann ähnlich der des Ruhrgebiets bereits in den 1980er Jahren. Anders als das Ruhrgebiet mit der Kampagne zur Konversion des Industriestandortes und dem anzustrebenden „blauen Himmel über der Ruhr" verdichteten sich in Völklingen früh tatsächlich geographische Randlagen an der Grenze zu Frankreich zu einem auch sozialen Aufmerksamkeits-Peripherie. Trotz der Ernennung eines Teils der Völklinger Hütte zum UNESCO-Weltkulturerbe bleibt die Stadt von diesem Denkmal der Industriegeschichte merkwürdig abgespalten und wird als die „Hässlichste Stadt Deutschlands" kolportiert.

3.1 Völklingen in der überregionalen Berichterstattung

„Vor ein paar Jahren [gab es] Privatsender, die dann Völklingen auch mal abgestempelt hatten als hässlichste Stadt Deutschlands." (Interview V 14). Diese Erzählung gehört zu den präsentesten und meist reproduzierten Bildern, die in Interviews mit lokalen Vertretern aus Völklingen aufgerufen werden. Sie beruht auf einem Beitrag des RTL-Mittagsmagazins „Punkt 12" vom 06.08.1993, in dem, aufgrund nicht repräsentativer Eigenbewertungen von Anrufern aus Völklingen selbst dieser Titel an Völklingen verliehen wurde und medienwirksam an den damaligen Oberbürgermeister übergeben werden sollte.

In einer umfassenderen Betrachtung der überregionalen Mediendarstellung werden vor allem die Eisenhütte und ihre überragende Bedeutung für die Entstehung und für die wirtschaftliche Stellung der Stadt hervorgehoben. So konstatiert die taz am 14.08.1995: „Ohne Hütte hätte es diese Stadt nie gegeben." Und wirft damit indirekt die Frage nach der Funktion der Stadt Völklingen ohne Hütte auf. Deutlicher macht diese Diskursposition noch ein Betrag in der FAZ vom 10.02.1995, in dem darüber hinaus der Stadt noch eine Ausdehnungsbehinderung der Hütte attestiert wird: „Weil sich um das Werk herum bald die Stadt ausbildete, war eine räumliche Erweiterung nicht möglich." Maßgeblich steht aber in all diesen Artikeln die Eisenhütte im Fokus der Betrachtung. Allenfalls in Zusammenhang mit dem neu etablierten Weltkulturerbe Völklinger Hütte wird auch die Stadt selbst in den Blick genommen, hier wird bis heute anhaltend ein Bild des Verfalls und der anhaltenden Strukturkrise gezeichnet. Exemplarisch steht dafür folgender Beitrag der FAZ vom 28.01.1996:

> „Seit 20 Jahren leidet die Stadt unter den Folgen der Strukturkrise in der Eisen- und Stahlindustrie. Die Wunden sind überall sichtbar: [...] In der Poststraße, Fußgängerzone und früher lebhafte Geschäftsstraße, steht jedes vierte Ladenlokal leer. Die Arbeitslosenquote ist hoch, die Bevölkerung gilt als überaltert."

Die Darstellungen lassen sich zwar thematisch unter das Oberthema ‚hässliche Stadt' subsumieren, konkret wird dieser Begriff in den überregionalen Printmedien im Betrachtungszeitraum aber nicht mehr aufgegriffen. Eine Google-Abfrage mit ‚hässlichste Stadt' und ‚Völklingen' ergibt ebenfalls nur Hinweise auf diese Titelvergabe durch das RTL-Magazin, ist aber nur noch in einzelnen wenigen Reise-Foren an wenig prominenter Stelle, allerdings auch beim Wikipedia-Beitrag über Völklingen,[4] zu finden.

Ein zweiter Themenkomplex der überregionalen Medienberichterstattung beleuchtet gänzlich unterschiedliche Aspekte einer ‚schwierigen Sozialstruktur' der Stadt. Dazu gehören auch die Wahlerfolge rechtsextremer Parteien in Völklingen. Die taz (07.09.2004) titelt über Völklingen als „Hochburg der NPD" und auch die Frankfurter Rundschau (09.06.2009) stellt Völklingen als das Stadtparlament mit den meisten NPD-Sitzen heraus.

3.2 Völklingen in der regionalen Berichterstattung

Erstaunliches ergibt sich aufgrund einer Sichtung der Beiträge des Lokalmediums Saarbrücker Zeitung[5] zu den Schlagworten ‚Völklingen' & ‚Image' und ‚Völklingen' & ‚Stadtentwicklung': Exemplarisch seien hier zwei Artikel genannt, die verdeutlichen, dass sich seit 1993 die Themen und Problemlagen scheinbar kaum verändert haben und eine starke Persistenz der lokalen Mediendiskurse vorzufinden ist. So bespricht die Saarbrücker Zeitung vom 26.05.1993 die unsichere Perspektive für Völklingen nach dem Konkursantrag der Saarstahl

---

4   „Die Kernstadt tut sich schwer, ihren Ruf als hässlichste Stadt Deutschlands loszuwerden, was auch von vielen Bewohnern selbst eingestanden wird, da viele Geschäfte leer stehen." http://de.wikipedia.org/wiki/V%C3%B6lklingen (Zugriff: 2011-04-26)
5   online Archiv ab 1993 zugänglich

AG unter den annähernd gleichen Problematiken, die in Artikeln der folgenden 15 Jahre angesprochen werden: Die andauernden, aber nicht wirkkräftigen Versuche, sich vom Negativimage der Stadt zu trennen, die Innenstadtsanierung und die übermächtige Konkurrenz durch Saarbrücken und Saarlouis, das Problem besetzter Gewerbeflächen und die wirtschaftliche Abhängigkeit von der Hütte und die noch nicht für die Stadt gewinnbringende Nutzung der Völklinger Hütte als „Kathedrale der Industriearchitektur", mit der Kulturindustrie als Standbein von zweifelhafter Tragfähigkeit für die Stadt. Ein zweiter exemplarischer Artikel der Saarbrücker Zeitung vom 29.09.2001 greift dieselben Themen auf und wiederholt teilweise im Wortlaut die Thesen, die schon acht Jahre zuvor und auch neun Jahre später in den geführten Interviews vorgetragen werden: „Die Probleme des Saarlandes bündeln sich in Völklingen", „Keine Stadt im Saarland kämpft mit so vielen Problemen wie die Mittelstadt Völklingen."

Unter dem konkreten Suchbegriff ‚Hässlichste Stadt' finden sich im Online-Archiv der Saarbrücker Zeitung 16 Artikel, von denen sich 15 auf Völklingen und zwei konkret dokumentierend auf die benannte RTL-Sendung beziehen. Fünf sind Leserbriefe in direkter Folge der Sendung, die übrigen greifen die Titelvergabe an Völklingen zwar noch auf, bezieht sich im Kern aber auf andere Aspekte der Stadt. Die Leserbriefe äußern sich durchweg empört über die Titelvergabe.

3.3 Umgang mit Stigmatisierungen in Völklingen

Korrespondierend zur Darstellung Sangerhausens soll der Umgang mit Stigmatisierung in Völklingen entlang der Kategorien Anpassung an die Norm, den Gegenbeweisen, der Abkehr von der Norm, der Erzeugung von Mitleidseffekten bis zur Abwehr der Zuschreibung beschrieben werden.

Die Strategie der Anpassung an eine vermeintlich mehrheitlich akzeptierte Norm inklusive der Reparatur des beschädigten Bildes wird vor allem von denen offensiv argumentativ vertreten, die auch in der Stadtpolitik aktiv und in Entscheidungspositionen sind. Dabei werden erwartungsgemäß die von den jeweiligen Akteuren ergriffenen Maßnahmen als positive Schritte hin zu einer Anpassung und einer Behebung von als defizitär empfundenen Situationen dargestellt. Ein gutes Image wird von der Verwaltungsspitze als Grundvoraussetzung für die Anwerbung von Unternehmern gesehen, die Handlungsverantwortung wird bei der Stadtverwaltung gesehen. Ansatzpunkte werden vor allem im Aufgreifen von Themen durch die Stadt gesehen, die einen deutlichen Gegenentwurf zum Image ‚schmuddelige Stadt' geben. In diesem Zusammenhang werden die Themen Industriekulturtourismus, Gesundheitsstadt, Masterplan Grün / Licht, Jugendstilhäuser u. ä. bearbeitet. Die Verwaltungsspitze sieht die

Verwaltung und Stadtregierung darüber hinaus in der verantwortlichen Position, über Flaggschiffprojekte eine sichtbare Veränderung zu gewährleisten (Interview V 20). Diese sollen in Form eines Citycenters und einer innovativen wirtschaftlichen Stadtwerkegründung verwirklicht werden. Letztendlich wird an solchen städtisch gesteuerten Großprojekten als ausschlaggebend für einen Stimmungswechsel festgehalten:

> „Trotzdem brauchen die Leute [...] letztendlich die finale Motivation, um es mal so auszudrücken und das wäre dieses Citycenter. Wenn das da ist, das ist der Durchbruch für die gesamte Stadt. Ich glaub, dann kommt das Aufatmen und dann kommt die Bereitschaft und [man] sagt: ‚Mein Gott, jetzt haben wir es endlich geschafft, wir kommen jetzt raus'." (Interview V 1).

Die Argumentation des Gegenbeweises gegen einen Stigma-Vorwurf wird vor allem gegen das verallgemeinernd übertragene Saarland-Image und das Bild der schmutzigen Industriestadt vorgebracht, welches als unreflektiert und antiquiert dargestellt wird (Interview V 13). Die Stadtverwaltungsspitze vertritt die Meinung, dass sie mit einem guten Infrastrukturangebot für potentielle Neuzuzügler und Einwohner diese stigmatisierenden Aspekte überlagern kann. Auch wird der bereits erfolgte Wandel zum Positiven betont. Außenstehenden wird die richtige Einschätzung der Dimensionen des Wandels abgesprochen, da man dies nur beurteilen könne, wenn man es selbst erlebt habe (Interview V 4). Wo opportun, wird das schlechte Image von Völklingen als regional begrenzt dargestellt und als nicht der Entwicklung bspw. des Tourismus entgegenstehend:

> „Das ist für den Tourismus nicht so relevant, weil jetzt mal aus der Sicht der Tourismus, dieses Schmuddelimage der Stadt Völklingen ist, glaube ich, eher verankert bei den Menschen im Saarland. Die Saarländer wissen genau: „Völklingen - oh Gott". Das ist aber nicht mehr, sage ich mal, wenn Sie über die Grenzen des Saarlandes hinausgehen, wenn Sie nach Luxemburg gehen oder wenn Sie nach Rheinland-Pfalz gehen Richtung Kaiserslautern, da ist das schon gar nicht mehr so." (Interview V 4)

Von Teilen der Lokalpolitik wird der Rahmen, in dem Völklingen verglichen werden kann, auf andere montanindustrielle Gebiete eingegrenzt (Interview V 16) In einem solchen Kontext könne die Lage als normal bewertet werden.

Unter dem Aspekt der Sozialstruktur finden sich nur sehr wenige Argumente, die der Logik des Gegenbeweises folgen. Nur an einer Stelle wird explizit auf die positiven Seiten des Arbeitermilieus in Völklingen eingegangen. Migranten werden an anderer Stelle als diejenigen bezeichnet, die sich besonders stark mit ihrem Heimatort Völklingen identifizieren und damit auch ein Potenzial bieten, welches für die Stadt erschlossen werden kann (Interview V 6).

Selten findet man in der Völklinger Bevölkerung die Strategie des sich von der allgemeinen Norm Abkehrens bzw. die der Selbststigmatisierung. Ein Beispiel wird von Teilen der Stadtverwaltung eingesetzt, um die Erwartungshaltung hinsichtlich der Innenstadtentwicklung zu relativieren. Hier wird das Bild von Völklingen als traditionelles regionales Einkaufszentrum dekonstruiert und als nicht zutreffend bezeichnet: „Wenn sie bei uns in der Gegend gefragt hätten: ‚Einkaufen?', da wäre mit Sicherheit nie der Standort Völklingen genannt worden." (Interview V 10)

Vor dieser Argumentation lassen sich nun die Erzählungen bezüglich der hohen Einkaufszentralität als nostalgische Verklärungen einordnen, das Abstreiten der ehemaligen hohen Einzelhandelsbedeutung wird so zum Mittel, die Erwartungshaltung hinsichtlich der Revitalisierung der Einkaufsfunktion zu senken. Ein anderes Beispiel wird in einigen bei Youtube eingestellten Videos von jugendlichen Rappern aus Völklingen deutlich, die sich unter dem Titel „VK CITY für immer – Wir lieben unser Drecksviertel"[6] trotz der bewussten Wahrnehmung der Stigmatisierung der Stadt als „hässlich / schmutzig" als Völklinger verstehen und dies offensiv nach außen vertreten.

Mitleidseffekte werden argumentativ als Strategie in Völklingen ebenfalls selten und hauptsächlich als Begründungsstrategie für das Stillstandsstigma eingesetzt. In den Stellungnahmen, die dieser Kategorie nahe kommen, wird häufig auf die passive oder negative Haltung der Bevölkerung eingegangen und für Verständnis dafür geworben, dass diese nach vielen Enttäuschungen und sozialen und ökonomischen Problemen (Interview V 11) nicht allein für diese Haltung verantwortlich gemacht werden könne:

„Vielleicht haben die Leute zu viele negative Erfahrungen gemacht [...] es sind viele Leute [...], die an irgendeinem Nullpunkt sind, wo sie nicht mehr von wegkommen." (Interview V 13)

Die weitaus bedeutendste Argumentationsstrategie, die sich in Völklingen zur Abwehr von Stigmatisierung feststellen lässt, ist die der Verantwortungszuweisung an andere Personen(gruppen). Diese Umgangsstrategie bezieht sich auf alle Stigmathemen jedoch am deutlichsten auf das Themenfeld ‚Sozialstruktur' und spiegelt deutlich eine gesellschaftliche Fragmentierung innerhalb der Stadt wider. Dabei ist der Prozess der Verantwortungszuweisung ein sehr komplexer, erfolgt er doch hinsichtlich sehr unterschiedlicher Themen und Themenverschneidungen, hinsichtlich spezifizierter oder unspezifizierter Gruppen und wechselseitig zwischen in Völklingen Wohnenden und Nicht-Völklingern.

---

6   http://www.youtube.com/watch?v=ebJm5gqgl2E (Zugriff: 2011-04-12)

Die politische und administrative Stadtführung wird in unterschiedlicher Weise in der Verantwortung für der Stadt zugewiesene Stigmata bzw. für den nicht erfolgreichen Umgang mit Stigmatisierung gesehen. In Kontrast zur erfolgreichen Führung des Weltkulturerbes wird der Stadtspitze ein Mangel an Knowhow angelastet, da sie nicht ähnliche Erfolge vorgewiesen können. Die Flaggschiffprojekte der Stadtregierung werden besonders von der Opposition kritisch betrachtet unter dem Aspekt, dass sie bei Misserfolg das Negativbild innerhalb der Bevölkerung noch verstärken und auch durch die negative Berichterstattung in der Presse regional und überregional das Bild verschlechtern (Interview V 16). Von Seiten der aktuellen Verwaltungsspitze selbst wird die Ursache für einige Stigmata, insbesondere für das „Schmuddelimage" an frühere Stadtverwaltungen weiter gereicht: Das vermeintliche Nichtagieren der damaligen Verwaltung wird dem heutigen Vorgehen gegenübergestellt und als politische Profilierungsfläche genutzt (Interview V 20).

Unter dem Thema ‚schwierige Sozialstruktur' erfolgt die Einhegung der Stigmatisierung auf bestimmte soziale, jedoch nicht weiter spezifizierte Gruppen der Stadt; insbesondere auf die Verlierer des Strukturwandels. Das Arbeitermilieu scheint durch die ihm zugeschriebene Haltung einer starken Stigmarezeption als hinderlich in der Stadtentwicklung betrachtet zu werden. So vertreten die neue Stadtverwaltungsspitze, viele zivilgesellschaftliche Akteure und lokale Wirtschaftsakteure die Ansicht, dass bei den Völklingern ein zu starkes Annehmen der Meinung von Außen bestehe und eine Unfähigkeit, sich von diesem Außenbild abzugrenzen.

> „Die große Hürde, die Völklingen hat, ist dieses Image, und sage ich immer den Völklingern, […] ‚Mensch ihr seid schlimmer, ihr macht Eure Stadt selbst kaputt, […] ja man produziert irgendwie ein Image und dieses Image wird so stark mit der Zeit, dass man selber dran glaubt und das durch zu brechen ist schwierig für die Völklinger, weil sie sich mittlerweile mit den Augen von anderen betrachten, das ist, glaube ich, der Stadt gegenüber nicht fair und das ist auch etwas, was Völklingen ablegen sollte, meiner Meinung nach." (Interview V 6)

Hinsichtlich der Medien gibt es Verantwortungszuweisungen auf unterschiedlicher Ebene. Während die lokale Berichterstattung als durchaus konstruktiv bezeichnet wird, wird den regionalen Medien wie dem Saarländischen Fernsehen eine stigmatisierende Berichterstattung attestiert (Interview V 13). Die größte Verantwortung wird hier von allen Befragten den überregionalen Medien zugewiesen und hier – wie bereits am Beginn von Kapitel 3 dargestellt – vor allem auf wenige Mediendarstellungen als „hässlichste Stadt" Deutschlands bezogen. Die negative Berichterstattung und das Image Völklingens werden einerseits als Hindernis für die Gewinnung von Investoren gesehen (Interview

V 9). Sie wird aber auch als etwas von der lokalen Bevölkerung Reproduziertes empfunden und als Grund für die verfestigte Negativhaltung und schwierige Aktivierung der Bevölkerung gesehen.

4 Zusammenfassung

4.1 Resümee zu Sangerhausen

Die zentralen Figuren, Narrative und Bilder zu Sangerhausen erweisen in den ausgewerteten überregionalen Medien eine erstaunliche Hartnäckigkeit negativ gefärbter Berichterstattung. Allerdings erfolgen die Beiträge in mehrjährigen Schüben und entlang von nicht näher bestimmbaren thematischen Konjunkturen. Ob dies auf besondere Ereignisse in der Stadt zurückzuführen ist, wird aus der Analyse der Beiträge nicht klar. Eher orientieren sich die Beiträge am Erscheinen anderer Beiträge in ähnlichen Zeitschriften oder Berichten in Funk und Fernsehen. Sangerhausen und das damit verbundene Stigmatisierungsszenario „Hauptstadt der Arbeitslosen" unterliegt somit einer willkürlichen und zyklischen Aufmerksamkeitskonjunktur. Diese scheint einer medienökonomischen Binnenlogik, statt konkreten Vorkommnissen geschuldet zu sein.

Im überregionalen Stigmatisierungsdiskurs über Sangerhausen kreuzen sich zwei Diskursformationen: Zum einen ein allgemeiner Ostdeutschlanddiskurs mit dem Beispiel Sangerhausen und zum anderen ein Diskursstrang, der die Spezifik Sangerhausens in Ostdeutschland zum Gegenstand hat.

Der allgemeine Ostdeutschlanddiskurs ist ein sozioökonomisches und zivilgesellschaftliches Niedergangsszenario. Es speist sich aus der Erzählung einer flächendeckenden Deindustrialisierung, demographischen Schrumpfungs- und infrastrukturellen Peripherisierungsprozessen. Sangerhausen wird in diesem Bild zum Beispiel unter vielen, zum Exempel der ostdeutschen Stadt.

Eindeutiges und zentrales Stigma der lokalen Spezifik der Stigmatisierung ist die statistische Behauptung der bundesdeutschen „Hauptstadt der Arbeitslosen"[7]. Der Ruhm Sangerhausens eine, wenn auch negativ konnotierte, „Hauptstadt" zu sein, lässt sich durch einzelne Akteure auch strategisch wandeln. Es bleibt aber zunächst einmal die Spezifik als Zentrum der deutschen Arbeitslosigkeit.

---

7 Diese Zuschreibung wird nicht alleine auf Sangerhausen angewandt. Andere bundesdeutsche Städte der Arbeitslosen sind etwa Berlin oder Kleinstädte wie das anhaltinische Genthin. International werden sowohl die schweizerische Stadt La Chaux de Fonds die dänische Kleinstadt Nakskov und die ex-jugoslawische Stadt Kragujevac als „Städte der Arbeitslosen" benannt.

Die hier untersuchten ,lokalen Akteure der Stadt(entwicklungs)politik haben im Verlauf der nunmehr 20 Jahre andauernden Erfahrungen mit ,schlechter Presse' im Bezug auf ihre Stadt eine scheinbar allgemeine Praxis des ,Weghörens' entwickelt. Nachdem frühe Berichte über die Stadt noch kommentiert und ernst genommen wurden, hat sich ein kollektiver Pragmatismus der lokalen Gelassenheit entfaltet. Dies richtet sich nicht nur gegen die ,auswärtigen' Journalisten, die es eh nicht besser wissen können, sondern seit einigen Jahren zunehmend auch gegen die regionalen und besonders die lokalen Printmedien. Diese verweigern der Stadt und seiner langjährigen Verwaltungsriege die Anerkennung erfolgreicher Schritte der Stadtentwicklung. Die Ursache dieser Entwicklung liegt möglicherweise in den Kontinuitäten im Personalbestand der Stadt. Eine seit zwei Jahrzehnten beachtlich konstante Gruppe städtischer Akteure hat sich an die negative Darstellung der Stadt nicht nur gewöhnt, sondern sich diese selbst zueigen gemacht. Stigmatisierung, so die These zu Sangerhausen, dient in diesem Fall als diskursiver Vergemeinschaftungskern. Die Originalität der „Na und!" – Postkartenkampagne besteht weniger in den dort aufgegriffenen Slogans, sondern vielmehr in der Offenheit auch städtischer Amtsträger gegenüber solchen Initiativen aus der Stadtbevölkerung. Andererseits wird der offensive Umgang mit dem Stigma und dem dahinter liegenden tatsächlichen Problem der hohen Arbeitslosigkeit von der Stadtpolitik genutzt, um öffentliche Ressourcen (Förderprioritäten, Ausweisung als Industriestandort etc.) für die Stadt zu akquirieren.

4.2 Resümee zu Völklingen

An der insgesamt geringen Anzahl an überregionalen, tatsächlich primär die Stadt Völklingen besprechenden Artikel wird deutlich, dass es sich beim Völklinger Stigma-Diskurs vornehmlich um einen innerstädtisch vorangetriebenen und nicht um einen von überregionalen Medien stark initiierten und gelenkten Diskurs handeln muss, eher betonen die überregionalen Medienbeiträge die Bedeutungslosigkeit der Stadt im Gegensatz zur Hütte oder fokussieren Themen, die in der Stadt selbst nicht als Stigma rezipiert werden. Die regionale und lokale Berichterstattung weist Völklingen vor allem den Niedergang der Innenstadt und die Problemvielfalt durch den wirtschaftlichen Strukturwandel als Stigmata zu. Während die Themen überregional im Laufe des betrachteten Zeitraums variieren, liegt auf der regionalen / lokalen Ebene eine Themenpersistenz vor. Besonders hervorgehoben wird lokal der Fernsehbeitrag mit der Titelvergabe „Hässlichste Stadt Deutschlands" an Völklingen. Weder in den überregionalen noch in den regionalen Medien wird dieses weiter zurück liegende Ereignis längerfristig prominent besprochen – lokal aber von vielen Akteuren wach gehalten. Damit weist Völklingen eine konträre Konstellation zu Sangerhausen auf, wo das Hauptstigma vor allem von überlokalen Berichten aufrechterhalten wird.

Betrachtet man im Überblick die lokal angewandten Strategien zum Umgang mit den hier wahrgenommenen Stigmata, ist ein deutliches Übergewicht bei den Strategien Anpassung an die Norm, Gegenbeweis und Abwehr der Stigma-Zuschreibung zu erkennen. Die Strategie der Anpassung an die Norm bezieht sich maßgeblich auf städtebauliche und wirtschaftliche Aspekte. Argumentative Mittel sind hier vor allem die Betonung von Kleinstfortschritten, und von Erfolgen, die nicht in der Verantwortung der Stadt liegen, die Kreierung von positiven Zukunftsszenarien und die Hervorhebung des bereits erfolgten Wandels vor einer Negativfolie eines früheren Zustands. Überblickt man die dargestellten Anpassungsbestrebungen an „die Norm" so zeichnen sich unterschiedliche Normorientierungen ab, die eine gewisse Zieldiversität innerhalb der Stadtgesellschaft widerspiegeln, was eine gezielte Bearbeitung der Stigmata ebenfalls erschwert. Der Gegenbeweis der Stigmatisierung und die Darstellung der eigenen normkonformen Fähigkeiten und Charakteristika werden vor allem von der amtierenden Stadtführung und der lokalen Wirtschaft eingesetzt. Die Aspekte, die hier argumentativ bearbeitet werden sind hauptsächlich in den Bereichen Tourismus und Wohnstandort, sowie Kulturangebot angesiedelt, die als positiv und konkurrenzfähig hervorgehoben werden. Über die Negierung einer realistischen Einschätzungsfähigkeit durch Außenstehende wird eine Entlastung von der Rechtfertigung für die ggf. als noch unzureichend eingestufte, momentane Lage erreicht. Die Strategie der Veränderung des Vergleichsrahmens, wird dahingehend eingesetzt, dass man die Stadt als den Normen genügend betrachten kann. Hier erfolgt eine Fokussierung auf Vergleiche mit anderen Montanindustriestädten oder die Kreierung eines Zukunftsszenarios in dem die Nachbarstädte ebenfalls ein Abstieg ereilt.

Mit der Strategie der Abwehr von Stigmazuschreibung und einer gewissen Schuldzuschreibung an andere Akteure / Gruppen wird vor allem die starke Rezeption von Stigmatisierung innerhalb der Völklinger Bevölkerung und damit das Stigma der Stagnation bearbeitet. Die Ausweisung einer nicht näher abgrenzbaren Bevölkerungsgruppe als „passiv" und „jammernd" delegiert die Verantwortung an die Betroffenen der Peripherisierungsprozesse zurück.

4.3 Fazit: Stigmatisierung und Peripherisierungsprozesse

Entlang der Dispositivdefinition von Giorgio Agamben lassen sich unter dem Gesichtspunkt der lokalen Stigmatisierungsdiskurse in Sangerhausen und Völklingen folgende Elemente zusammenfassen: Die „Gesamtheit des Dispositives"

wird in den beobachteten Diskursen durch das Zusammenspiel und die Ver-
schränkung von statistischen Zahlen der Sozialempirie (Arbeitslosenstatistik,
Abwanderungszahlen, Leerstand) mit Raumbildern des städtischen Niedergan-
ges (Halde, Platte, Bergbaufolgelandschaften) und seinen Protagonisten (Berg-
männer, arbeitslose Trinker) hergestellt. Die medialen Kommentare zielen im
Modus der Skandalisierung vor allem auf die lokale Nicht-Bewältigung dieser
Transformationsszenarien ab und verweisen damit die Verantwortung für diese
Missstände vor allem auf die lokale, städtische Ebene.

Dies könnte mit Agamben (2008) bereits als die strategische Funktion solcher Stigmatisierungsdiskurse betrachtet werden. In dieser Zuweisung der stigmatisierten Phänomene als lokalstädtische Problemlagen werden nicht alleine
die überregionalen Rahmenbedingungen neutralisiert, es werden gleichzeitig
Verantwortliche für das Scheitern städtischer Transformationsprozesse ausge-
macht. Diese sind – und das spiegelt sich auch im Umgang mit stigmatisierender
Medienberichterstattung auf der Seite der „Stigmatisierten" wieder – vor allem
die lokalen Eliten der städtischen Verwaltung und politischen Sphäre. Ihnen
wird ein Versagen unterstellt, das von den Eliten ggf. an andere Bevölkerungsgruppen weiter gereicht wird. Diskursiv geformt wurde diese Position in der
Stadtentwicklungsdebatte nicht zuletzt von der Konzeption der unternehmeri-
schen, sich mit anderen Städten im Wettbewerb befindenden Stadt im Kontext
eines lokalen Staates und der Aktivierung von ‚endogenen' Potentialen zur
Bewältigung der städtischen Krise.

Sozialpsychologisch argumentiert kann Stigmatisierung als eine Art ‚bla-
ming the victim' – Verfahren, also der Rückführung des Problems an diejenigen, die darunter primär zu leiden haben, verstanden werden. Es verbindet sich
im Dispositiv der erfolglosen Stadtentwicklung und verlagert gleichzeitig die
Verantwortung für das Ausbleiben des Erfolgs an die „Verlierer" sozialräumlicher und ökonomischer Restrukturierungsprozesse. Die hier im Machtverhältnis
zwischen Zentrum und Peripherie eingeschriebene Definitionsmacht erfolgreicher städtischer Entwicklung wird damit medial auf die lokale Ebene transpor-
tiert. Alternative Ansätze – etwa einer Stigmaabwehr durch die Infragestellung
hegemonialer Entwicklungsvorstellungen werden von einer lokalen und überregionalen „growth coalition" (Logan und Molotch 1986) gleichermaßen verstellt.
Das hier formulierte Wissen um scheinbar einzig mögliche Wege quantitativen
Wachstums verbindet im Stigmatisierungsdiskurs ‚Stigmatisierer' und ‚Stigmatisierte' im selben Vorstellungshorizont von Stadtentwicklung als Deutungsge-
meinschaft. Lediglich in der Form der Darstellung der Problemlagen –
skandalisiert vs. differenziert und pragmatisch – scheinen sich die Umgangs-
weisen zu unterscheiden.

Literatur

Agamben G (2008) Was ist ein Dispositiv? Diaphanes, Zürich/Berlin

Ahbe T, Gries R, Schmale W (2009) Die Ostdeutschen in den Medien. Das Bild von den Anderen nach 1990. Leipziger Universitätsverlag, Leipzig

Bernt M, Bürk T, Kühn M, Liebmann H, Sommer H (2010) Stadtkarrieren in peripherisierten Räumen. Working Paper, Leibniz-Institut für Regionalentwicklung und Strukturplanung, Erkner

Best U, Gebhardt D (2001) Ghetto-Diskurse. Geographie der Stigmatisierung in Marseille und Berlin. Praxis Kultur- und Sozialgeographie, Nr. 24, Potsdam

Bourdieu P (1990) Was heißt Sprechen? Die Ökonomie des sprachlichen Tausches. Braunmüller, Wien

Brusten M, Hohmeier J (1975) Stigmatisierung 1+2. Zur Produktion gesellschaftlicher Randgruppen. Hermann Luchterhand Verlag, Darmstadt

Eder K, Rauer V, Schmidtke O (2004) Die Einhegung des Anderen: Türkische, polnische und russlanddeutsche Einwanderer in Deutschland. VS Verlag, Wiesbaden

Glasze G, Mattissek A (2009) Diskursforschung in der Humangeografie. In: (dies.; Hrsg.) Handbuch Diskurs und Raum. Transcript, Bielefeld, S 11-59

Goffman E (1967): Stigma. Über Techniken der Bewältigung beschädigter Identität, Suhrkamp, Frankfurt a.M. (engl. Orig. 1963)

Jäger M, Jäger S (2000) Von der Diskurs- zur Dispositivanalyse. Überlegungen zur Weiterführung eines Stadtteilprojekts. Vortrag, gehalten auf dem Workshop des DISS (am 27.5.2000 in Freudenberg) Quelle:http://www.diss-duisburg.de/Internetbibliothek/Artikel/Diskurs_Diapositivanalyse.htm. (letzter Zugriff: 15.11.2010)

Kabisch S, Steinführer A (2007) Binnen- und Außenimage von Johanngeorgenstadt. In: Wirth P, Bose M (Hrsg) Schrumpfung an der Peripherie. Ein Modellvorhaben – und was Kommunen daraus lernen können. Oekom, München, S 107-123

Link J (1998, hier 2006) Versuch über den Normalismus. Wie Normalität produziert wird. Vandenhoeck & Ruprecht, Göttingen

Lindner R (2004) Walks on the wild side. Campus-Verlag, Frankfurt am Main

Logan J, Molotch H (1986) Urban Fortunes: The Political Economy of Place. University of California Press, Berkeley/ Los Angeles:

Wacquant L (1993) Urban outcasts: stigma and division in the black American Ghetto and the French urban periphery. In: International Journal of Urban and regional Research 17. S 366-383

Wacquant L (2007) Territorial Stigmatization in the Age of Advanced Marginality. In: Thesis Eleven, 2007/ 91, S 66-77

Weichart P, Weiske Ch, Werlen B (2004) Entwicklungspolitik und Image-Management für Eisenhüttenstadt. Potenziale und Grenzen. Erarbeitet im Auftrag der Stadt Eisenhüttenstadt. Wien/Chemnitz/Jena

Ergebnisse aus weiteren Studien

Peripherisierte Städte im Wettbewerb der Wissensgesellschaft

Axel Stein, Hans-Joachim Kujath

1 Einleitung

Wissen war schon immer eine wichtige Ressource und ein Motor gesellschaftlicher – und auch räumlicher – Entwicklung. Das gilt auch bereits für die Industriegesellschaft. Mit dem sich schon seit Längerem vollziehenden Wandel zur sogenannten Wissensgesellschaft wird aber nunmehr ein qualitativer Sprung in der Art und Weise, wie Wissen generiert, geteilt und genutzt wird, feststellbar. Bereits in den 1960er Jahren sprach Peter Drucker von der Wissensgesellschaft als neuer ökonomischer und sozialer Ordnung, in der Wissen als Produktionsfaktor Arbeit, Rohstoffe und Kapital ersetzen und *die* zentrale Ressource für Produktivität, wirtschaftliches Wachstum und sozialen Wandel würde (Drucker 1969). Obwohl demnach die Wissensgesellschaft Ergebnis eines Prozesses ist, der bereits weit zurückreicht, rückt das Thema erst in jüngster Zeit in den Mittelpunkt der raumwissenschaftlichen und auch raumpolitischen Diskussion (vgl. Kujath et al. 2008).

Insgesamt sind die Einschätzungen, in welche Richtung sich die räumlichen Nutzungsstrukturen in der Wissensgesellschaft entwickeln, bisher noch fragmentarisch und wenig detailliert. Es besteht allerdings ein paradoxes Spannungsverhältnis zweier gegensätzlicher Einschätzungen: Die technologiebestimmten Argumentationsstränge liefern Erkenntnisse zur Globalisierung und räumlichen Ausbreitung gesellschaftlicher Aktionsräume aufgrund sinkender Transport- und Transaktionskosten. Sie stützen die These „The world is flat" (Friedman 2006). Die wirtschaftliche und soziale Sicht weist in die Gegenrichtung einer nahezu ausschließlich von großen Agglomerationsräumen, Metropolen und Mega-Cities dominierten Welt, in der die räumlichen Disparitäten an Schärfe zunehmen („brain gain" und „brain drain"; „The world is spiky", Florida 2005). Agglomerationen scheinen in mehrfacher Hinsicht den Austausch und die Anwendung von Wissen zu begünstigen, denn sie bieten räumliche Nähe zwischen den Wissensträgern, verbunden mit einem großen Ressourcenreichtum, der sich für die Wissensteilung sowie für Lern- und Innovationsprozesse nutzen lässt (Romer 1990; Malecki 2000; Dybe 2003; Kujath 2005). Sie gelten als besonders anregende und zugleich Sicherheit stiftende Räume für die „creative class" oder Wissensarbeiter, die hier das erwünschte und passende Ambiente mit seinen Infrastrukturen für die Entwicklung neuer Lebensentwürfe vorfinden (Florida 2004; Blotevogel 2005).

Aus dieser wissenschaftlichen Sicht wirken auch die neuen Kommunikations- und Transporttechnologien den Agglomerationstrends nicht entgegen, sondern stützen sogar die hervorgehobene Stellung metropolitaner Standorte. Diese entwickeln sich wegen ihres großen Bedarfs an weltweiten Kontakten und Verbindungen zu den führenden Infrastrukturknoten der Telekommunikation und des Verkehrs. Metropolräume könnten sich auf diese Weise als Knotenpunkte globaler Wissensströme sowie als Wissens- und Informationsmarktplätze, an denen global verteiltes Wissen zusammengeführt wird, profilieren (Malecki 2000; Storper und Venables 2004). Zur Frage, welche Rolle den städtischen Räumen bleibt, die sich zwischen großen Metropolen befinden, liegen hingegen bisher nur wenige Arbeiten vor (Aring und Reuther 2008) und über den ländlichen Raum in der Wissensgesellschaft gibt es bisher gar keine gesicherten Erkenntnisse (Fromhold-Eisebith 2009, S. 215).

Vor diesem Hintergrund geht es in diesem Beitrag darum, auf Grundlage einer eingehenden Untersuchung der räumlichen Implikationen der Entwicklung zur Wissensgesellschaft in Deutschland und ausgewählter Fallstudien zu den räumlichen Strategien von Entscheidungsträgern in Städten ländlicher Regionen der Frage nachzugehen, welche Chancen peripherisierte Städte im Wettbewerb der Wissensgesellschaft haben. Dazu wird in Kapitel 2 der theoretische Hintergrund aufgearbeitet und auf Grundlage einer umfassenden sekundärstatistischen Analyse der Peripheriebegriff auf die wissensgesellschaftliche Raumentwicklung angewandt. In Kapitel 3 werden zwei vorwiegend die lokale Handlungsebene betreffende wesentliche Strategiekonzepte vorgestellt und in Kapitel 4 auf die baulich-materiellen Konzepte hin operationalisiert. Kapitel 5 rundet diesen Beitrag mit einer Beantwortung der Eingangsfrage ab.

2 Hintergrund: Eine neue Konstellation von Zentrum und Peripherie?

Jede Gesellschaft kennt ihre eigene Peripherie. So auch die Wissensgesellschaft, deren Peripheriebegriff wegen der Überlagerung verschiedener Teilentwicklungen nur in statistisch aufwendiger Weise operationalisiert und in Kartenwerke übertragen werden kann. Dieses Kapitel geht dementsprechend wie folgt vor: Zunächst werden anhand dreier relevanter Dimensionen der Wissensgesellschaft die grundsätzlichen, theoretischen Teilentwicklungen skizziert. Im Folgeschritt werden für jede dieser Teilentwicklungen (Dimensionen) sekundärstatistische Daten für die statistischen Raumeinheiten Deutschlands (Landkreise und kreisfreie Städte) gesammelt und über eine Clusteranalyse miteinander vergleichbar gemacht. Das Ergebnis wird abschließend diskutiert.

2.1 Theoretisch relevante Teilentwicklungen

Es können in drei Dimensionen Teilentwicklungen diskutiert werden (vgl. dazu Kujath et al. 2008 und Kujath und Stein 2009):

Die *technische Dimension* ist ein tragender Pfeiler der Wissensgesellschaft: Sie beschreibt die bahnbrechenden Umwälzungen in den Informations- und Kommunikationstechnologien. Erst sie hat es möglich gemacht, dass Haushalte und Unternehmen in einem bisher nicht denkbaren Umfang auf weltweit verfügbare Wissens- und Informationsbestände zugreifen können und sich der Wissenstransfer zwischen den Akteuren dramatisch beschleunigt hat (Daniels 1993, S. 26; Freeman und Soete 1997, S. 402). War in der Industriegesellschaft die Revolutionierung des Verkehrs durch Bahn und Kraftfahrzeug eine wichtige Triebkraft der gesellschaftlichen Entwicklung, so ist es jetzt die digitale Revolution (Castells 2010).

Zur Conditio sine qua non der Wissensgesellschaft gehört damit die Bereitstellung von sowie die Erschließung des Raumes mit Telekommunikationsinfrastruktur, die eine Teilhabe an den globalen Informationsströmen der Wissensgesellschaft, wie sie sich z.b. in der Einrichtung von Domains niederschlägt, erst ermöglicht (Nowotny et al. 2001). Somit ist die Wissensgesellschaft kein lokales oder nationales Phänomen, sondern Ausdruck der Globalisierung, die alle historisch gewachsenen Strukturen unserer Gesellschaft erfasst und ohne Ausbreitung der neuen Technologien nicht denkbar wäre (Castells 1996). Mit der digitalen Revolution verändert sich auch die Rolle der „traditionellen" Raumüberwindungstechniken (Verkehr), die eine flankierende Rolle übernehmen (Stein 2007). Es wird grundsätzlich möglich, sich große, global strukturierte Räume mit geringem transportbezogenen Aufwand zu erschließen. Viele Autoren sehen darin bereits die Voraussetzungen für einen „Tod der Distanz", den Niedergang von Städten und eine disperse Verteilung gesellschaftlicher Aktivitäten im Raum gekommen (Cairncross 1997; Friedman 2006). Der Transaktionsaufwand hingegen bleibt davon häufig unberührt, da zwischen den Akteuren trotz (im Grunde sogar: wegen) der größeren Reisedistanzen z.B. kognitive (verschiedene Disziplinen), soziale (verschiedene Milieus) oder institutionelle (verschiedene staatliche Regelsysteme) Differenzen bestehen.

Der Umbruch zu wissensbasierten Systemen wird zwar von technischen Wandlungsprozessen forciert, er zeigt sich vor allem aber in den ökonomischen und sozialen Veränderungen, die ihrerseits auf den technischen Wandel zurückwirken. Merkmale dieses Wandels sind – betrachten wir die *ökonomische*

Dimension – radikale Verschiebungen von materiellen Inputs hin zu „symbolischen" oder wissensbasierten Inputs in den Produktionsprozessen (Stehr 1992, S. 113; OECD 1996; Stein 2002). Herkömmliche Produktionsfaktoren wie Boden, Kapital, Arbeit werden immer stärker überlagert durch Wissen (Park 2000; Heidenreich 2004). Wissenschaftliche Innovationen, die Kompetenzen der Wissensarbeiter, die Fähigkeit, diese Kompetenzen systematisch in immaterielle und materielle Güter und Dienstleistungen zu transferieren, sowie der organisatorische Umbau der Wirtschaft zu stark vernetzten enthierarchisierten Systemen der Wissensteilung machen das Neue der wissensbasierten Wirtschaft aus (Jansen 2004).

Wissen als Produktivkraft durchdringt inzwischen nahezu alle wirtschaftlichen Prozesse und alle Wirtschaftssektoren (Brand und Volkert 2003, S. 23). Es verändert die Struktur unserer Volkswirtschaft und führt zur Herausbildung von neuen Wirtschaftsbereichen, die wir zusammenfassend als *Wissensökonomie* bezeichnen. Städte und Regionen spezialisieren sich nunmehr weniger in einzelnen Branchen, sondern vielmehr hinsichtlich der Funktionen, die das Wissen in den lokalen Produktionsprozessen übernimmt (Duranton und Puga 2001). Als solche kommen grundsätzlich in Frage: Wissen als Produktionsfaktor (Input), als prozessbegleitender Faktor oder als Produkt (Output). Bei genauer Betrachtung wird es somit möglich, strukturelle Differenzierungen festzustellen, die quer zu den traditionellen Branchen liegen und eine funktionale Typologie von wissensökonomischen Teilsystemen ergeben: Hochtechnologieindustrie, Transformations- bzw. Transaktionsdienstleistungen, Informations- und Medienindustrie (Kujath und Schmidt 2007).

Die Reflexivität des Wissens wird zu einem Charakteristikum der Wissensgesellschaft, das nicht nur das ökonomischen Handeln, sondern die Gesellschaft insgesamt verändert (Stehr 2007). Dies schlägt sich in der *sozialen Dimension* nieder, deren Kennzeichen ist, dass „Erfahrungen nicht mehr passiv ,gemacht' und verarbeitet werden, sondern prospektiv durch ,forschendes' Verhalten gesucht und in Gestalt systematischer Variationen gewählt und reflektiert werden" (Weingart 2001, S. 17). Strategisches Handeln in der Wissensgesellschaft geschieht, indem die Zukunft durch hypothetische Entwürfe, Simulationen und Modelle vorweggenommen wird. Die Ursachen für Abweichungen tatsächlicher Ereignisse werden systematisch erforscht und in die unterschiedlichen Handlungsfelder zurückgespeist. Wissen wandelt sich damit von einem Faktor der Stabilisierung sozialer Praktiken zu einem Faktor (unsicherer) Gestaltung dieser Beziehungen. Wissen wird kontinuierlich revidiert, gilt als permanent verbesserungsfähig und wird als erneuerbare Ressource genutzt. In der Folge werden immer weniger gesellschaftliche Aktivitäten innerhalb und außerhalb der Wirtschaft unhinterfragt als gegeben und als in tradierte „alte" Ordnungen eingebettet angenommen (Willke 2001, S. 290). Die Gesellschaft steht vielmehr vor der Herausforderung, Normen und Regeln beständig infrage zu stellen und gleichzeitig neu zu erfinden (Heidenreich 2002; Stehr 2004). In einer Gesellschaft, die ihre eigenen Grundlagen beständig hinterfragt und korrigiert und in der damit die Komplexität sozialer Interaktionsformen zunimmt, gewinnen räumliche Nähe und möglicherweise auch Agglomerationen einen neuen besonderen Stellenwert. Diese These wird in der wissenschaftlichen Debatte mit Verweis auf die Urbanisationsvorteile für die Produktion, die Teilung und Selektion von Wissen sowie die Versicherung von Individuen gegen die Risiken und Herausforderungen des beständigen Wandels in den sozialen Netzen und institutionellen Kontexten zu untermauern versucht (Schamp 2000, S. 153). Damit müssten sich Städte und Regionen in ihrer wissensgesellschaftlichen Lagegunst oder Profilierung unterscheiden, was im folgenden Abschnitt durch eine sekundärstatistische Analyse untersucht wird.

2.2   Eine neue Raumstruktur der Wissensgesellschaft: Typisierung der Teilräume Deutschlands mittels einer Clusteranalyse

Die Mehrdimensionalität der Wissensgesellschaft findet ihren räumlichen Niederschlag in entsprechend verschiedenen Ausprägungen, die im Folgenden unter Bezugnahme auf eine 2008 veröffentlichte Studie (Kujath et al. 2008) methodisch durch sekundärstatistische Analysen nachvollzogen und über eine Faktoren- und Clusteranalyse zu einem komplexen Bild zusammengefügt werden.

Als Datengrundlage dienten für alle Landkreise und kreisfreien Städte verfügbare Daten, die die vielfältigen Ausprägungsmöglichkeiten der drei benannten Dimensionen angemessen im Zeitraum zwischen 2004 und 2006 wiedergeben (näheres vgl. Kujath et al. 2008, S. 18ff). Indikatoren zur Beschreibung der *technischen* Dimension waren:

a.   der Zugang zum Internet (haushaltsbezogene Breitbandanschlussdichte),
b.   das Angebot im Internet (einwohnerbezogene Dichte der Domains mit dem Deutschland-Kürzel „de"),
c.   Rolle der „traditionellen" Raumüberwindungstechniken (Pkw-Reisezeit für Fahrten zum nächsten Bahnhof im ICE-Grundnetz sowie dem nächsten internationalen Flughafen).

Indikatoren zur Beschreibung der *ökonomischen* Dimension waren:
d.   der Wissens-Input (Standortquotient wissensintensiver Berufsgruppen – im Einzelnen in der Forschung und Entwicklung und in sonstigen wissensintensiven Berufen),
e.   der Wissens-Output (einwohnerbezogene Patentanmeldungsdichte),

f. die Branchentypologie (Standortquotient der vier vom IRS entwickelten wissensintensiven Wirtschaftsgruppen und zusätzlich im wissensökonomisch geprägten öffentlichen Sektor).

Indikatoren zur Beschreibung der *sozialen* Dimension waren:

g. der Bildungsstand der Schulabgänger (Abiturientenquote),
h. die Qualifikation der Berufstätigen (Anteil der hochqualifizierten sozialversicherungspflichtig Beschäftigten),
i. die Prägung durch in wissenschaftlicher Ausbildung befindliche Bevölkerungsteile (Studierendendichte).

Diese – einschließlich der angedeuteten Untergruppen – insgesamt 15 Indikatoren zur Charakterisierung von Räumen der Wissensgesellschaft wurden anschließend in einem weiteren Schritt analytisch zusammengeführt, um ein alle Merkmale umfassendes räumliches Muster zu erhalten. Zum Zweck der besseren Interpretierbarkeit der Regionstypen wurde deshalb zunächst eine Faktorenanalyse zur Dimensionsreduktion auf letztlich vier orthogonalisierte Faktoren durchgeführt (vgl. Abbildung 1).

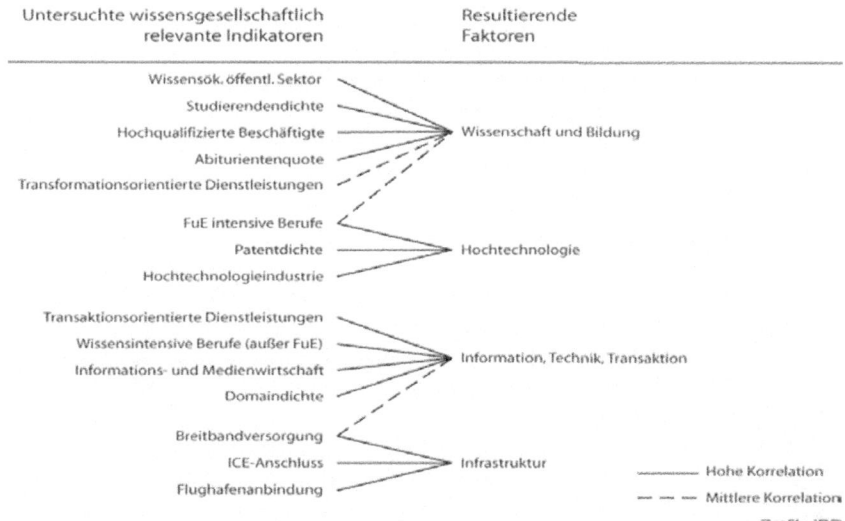

Abb. 1: Indikatoren und Faktoren der Clusteranalyse
Quelle: Kujath et al. 2008, S. 24

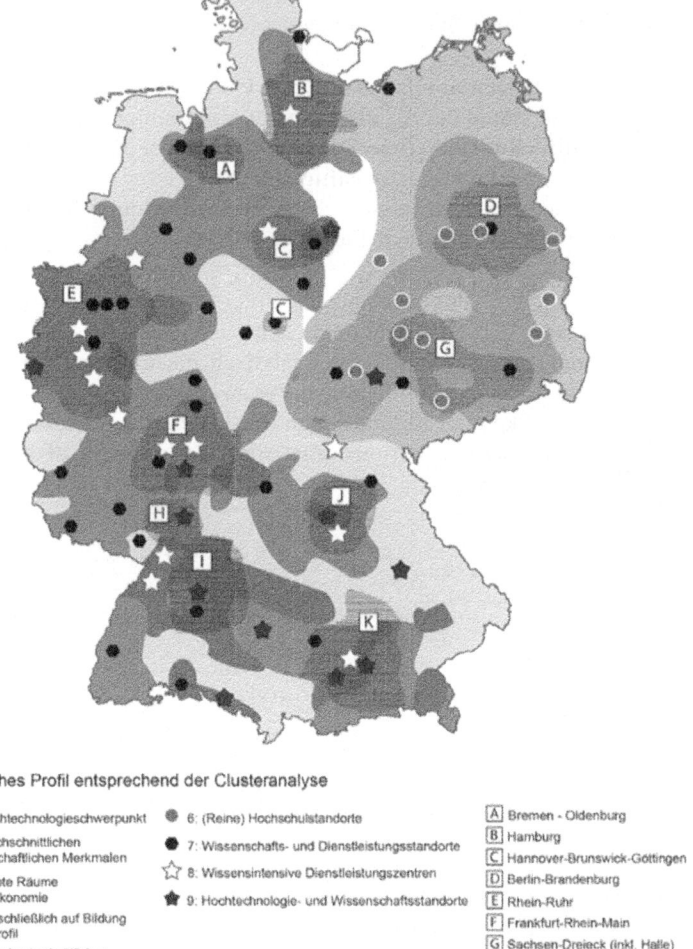

Wissenschaftliches Profil entsprechend der Clusteranalyse

- 1: Räume mit Hochtechnologieschwerpunkt
- 2: Räume mit durchschnittlichen wissensgesellschaftlichen Merkmalen
- 3: Gut ausgestattete Räume ohne Wissensökonomie
- 4: Räume mit ausschließlich auf Bildung basierendem Profil
- 5: Räume mit unterdurchschnittlichen wissensgesellschaftlichen Merkmalen

- 6: (Reine) Hochschulstandorte
- 7: Wissenschafts- und Dienstleistungsstandorte
- 8: Wissensintensive Dienstleistungszentren
- 9: Hochtechnologie- und Wissenschaftsstandorte

weiterer metropolitaner Verflechtungsraum*

* Nach dem Leitbild 1 der Raumentwicklung: Innovation und Wachstum, BMVBS 2006, S. 9

- A Bremen - Oldenburg
- B Hamburg
- C Hannover-Brunswick-Göttingen
- D Berlin-Brandenburg
- E Rhein-Ruhr
- F Frankfurt-Rhein-Main
- G Sachsen-Dreieck (inkl. Halle)
- H Rhein-Neckar
- I Stuttgart
- J Nürnberg
- K München

Abb. 2: Raum- und Standorttypen der Wissensgesellschaft in ihrer räumlichen Verteilung

Quelle: eigene Darstellung, mit Kai Pflanz und Sabine Zillmer

Die inhaltlichen Aussagen der Faktoren geben die identifizierten drei Dimensionen der Wissensgesellschaft gut wieder. Der erste Faktor „Wissenschaft und Bildung" korreliert hoch mit den Indikatoren der sozialen Dimension sowie den Beschäftigten im öffentlichen Sektor der Wissensökonomie, also den Beschäftigten an Hochschulen, in der Erwachsenenbildung, in Bibliotheken, Archiven, Museen sowie botanischen und zoologischen Gärten. Eine mittlere Korrelation liegt außerdem mit der Beschäftigung in den transformationsorientierten Dienstleistungen und den forschungsintensiven Berufsgruppen vor. Die ökonomische Dimension der Wissensgesellschaft wird durch die beiden Faktoren „Information, Technik, Transaktion" und „Hochtechnologie" repräsentiert. Mit drei Indikatoren der technischen Dimension korreliert schließlich der Faktor „Infrastruktur" sehr hoch.

Unter Verwendung dieser vier Faktoren ließen sich die deutschen Landkreise und kreisfreien Städte mit Hilfe des statistischen Instruments der Clusteranalyse typisieren. Eine Clusteranalyse teilt die Bezugsräume, in diesem Fall die Kreise, anhand festgelegter Merkmale in möglichst in sich homogene Gruppen ein; die so gebildeten Gruppen oder auch Cluster sind dagegen untereinander möglichst heterogen (Backhaus et al. 1996, S. 261). Ergebnis der Clusteranalyse ist eine generalisierte Karte mit unscharfen Kreisgrenzen und einer stärker schematisch orientierten Darstellung, aus der neun Cluster abgelesen werden können, die für Raum- und Standorttypen der Wissensgesellschaft stehen (vgl. Abbildung 2 und Tabelle 1).

	Wissenschaft und Bildung	Information, Technik, Transaktion	Infrastruktur	Hochtechnologie	Wissensgesellschaftliches Profil
	+/- (-0.28)	+/- (0.29)	+/- (0.13)	+++ (1.62)	1: Räume mit Hochtechnologieschwerpunkt
	- (-0.53)	+/- (0.12)	+ (0.56)	+/- (0.14)	2: Räume mit durchschnittlichen wissensgesellschaftlichen Merkmalen
	+ (0.45)	--- (-1.03)	+ (0.34)	- (-0.63)	3: Gut ausgestattete Räume ohne Wissensökonomie
	+ (0.59)	- (-0.59)	--- (-1.59)	- (-0.60)	4: Räume mit ausschließlich auf Bildung basierendem Profil
	- (-0.63)	+/- (-0.03)	-- (-0.73)	+/- (0.05)	5: Räume mit unterdurchschnittlichen wissensgesellschaftlichen Merkmalen
	+++ (2.20)	- (-0.37)	+/- (-0.07)	--- (-1.20)	6: (Reine) Hochschulstandorte
	+++ (1.25)	+ (0.56)	+/- (0.29)	+/- (0.07)	7: Wissenschafts- und Dienstleistungsstandorte
	+ (0.36)	+++ (3.47)	+ (0.38)	- (-0.51)	8: Wissensintensive Dienstleistungszentren
	+++ (2.34)	+ (0.51)	+/- (0.05)	+++ (3.04)	9: Hochtechnologie- und Wissenschaftsstandorte

Tab. 1: Charakterisierung der Raum- und Standorttypen mittels der Faktorenmittelwerte

Quelle: eigene Darstellung, mit Kai Pflanz und Sabine Zillmer

Betrachtet man die durch die neun Clustertypen gebildete räumliche Struktur Deutschlands näher, treten folgende drei für die Wissensgesellschaft spezifische Raummuster hervor.

2.2.1 Hochskalierung: Entstehen wissensgesellschaftlich geprägter großer Agglomerationsräume

Es gibt herausragende Knotenpunkte der Wissensgesellschaft, an denen wissensgesellschaftliche Merkmale räumlich konzentriert auftreten. Dies sind, von Ausnahmen abgesehen, die großen metropolitanen Zentren (Krätke 2007; Growe und Blotevogel 2011; Lüthi et al. 2011), in denen mehrere die Wissensgesellschaft prägende Faktoren positive Mittelwerte erzielen (Cluster 8 und 9). Die führenden städtisch geprägten Standorte besitzen jeweils unterschiedliche wissensgesellschaftliche Profile, aus denen eine funktionale Aufgabenteilung im deutschen Städtesystem abgelesen werden kann. Diese wissensgesellschaftlichen Cluster knüpfen an den vorhandenen Gegebenheiten des Städtesystems der Industriegesellschaft an, so dass sich der Funktionswandel der Städte oft im Rahmen eines Entwicklungspfades vollzieht.

Die Dynamik der Wissensgesellschaft hat als ein weiteres Phänomen ausgedehnte metropolitane Verflechtungsräume hervorgebracht, in denen alle wissensgesellschaftlich starken Clustertypen vertreten sind. Agglomerationsräume wie München, Rhein-Main, Rhein-Ruhr, Hannover-Braunschweig-Göttingen, Nürnberg und Stuttgart repräsentieren eine große wissensgesellschaftliche Vielfalt, die neben einem führenden Dienstleistungszentrum zahlreiche benachbarte Städte mit eigenen Spezialisierungen einschließt. Darin kommt zum Ausdruck, dass die spezifischen Qualifikations- und Wissensanforderungen heute so hoch und vielfältig sind, dass einzelne Städte nur noch innerhalb räumlich ausgedehnter wissensgesellschaftlicher Kontexte bestehen können, in denen kritische Massen an wissensgesellschaftlich relevanten Faktoren – wie FuE, Hochtechnologiefirmen, wissensintensive Dienstleister, dazu passende Infrastrukturen der Bildung, Ausbildung und Kommunikation – vorhanden sind („economies of scope") (vgl. Münter 2011). In den raumentwicklungspolitischen Konzepten für die Metropolregionen und Wissensregionen wird diese Tendenz der räumlichen Hochskalierung mehr oder weniger zielstrebig aufgegriffen.

Vor diesem Hintergrund wird einsichtig, dass nur wenige außerhalb der Metropolräume liegende Städte zu dieser führenden Städtegruppe gehören können. Sie erreichen diese Position auch nur in wenigen ausgewählten Feldern der Hochtechnologie und Dienstleistungen, oft verbunden mit jeweils dominanten Unternehmen vor Ort (z.B. BMW in Regensburg, Jenoptik in Jena, HUK in Coburg, Debeka in Koblenz).

Eine Sonderrolle nehmen jene durch Wissenschaft und Bildung geprägten Städte ein, die in den Hochtechnologie- und Dienstleistungsbereichen der Wissensökonomie keine herausragende Stellung einnehmen (Cluster 6 und 7). Ihr Spektrum reicht von einzelnen großen metropolitanen Zentren (Berlin, Bremen, Dresden) über wichtige funktionale Standorte in den anderen Metropolräumen (z.B. Braunschweig, Essen, Mainz, Augsburg) bis zu mittleren und kleineren Wissenschaftsstandorten, die als „Regiopolen" (Aring/ Reuther 2008) eine große Bedeutung für die nachfolgend beschriebenen Entwicklungskorridore haben (z.B. Kiel, Bielefeld, Würzburg, Freiburg).

2.2.2 Entwicklungskorridore: Ausbreitung der Wissensgesellschaft in den ländlichen Zwischenzonen

Die Wissensgesellschaft findet auch zwischen den Metropolräumen Entwicklungsmöglichkeiten. Diese Räume befinden sich nicht in physisch-räumlicher Nähe zu den Metropolen, sind aber gemessen in Reisezeiten eng mit den Metropolräumen verklammert (Andersson und Karlsson 2004). Diese Zwischenzonen decken weite Teile des ländlichen Raumes überwiegend im westlichen Bundesgebiet ab und bilden in ihrer räumlichen Verteilung Metropolen verbindende Entwicklungskorridore (Cluster 2 und 3), in denen Mittelstädte und kleinere Großstädte als Knoten der Wissensgesellschaft wie an einer Kette aufgereiht liegen und wo die ländlich geprägten Räume in diesen Korridoren sich entweder zu Hochtechnologieregionen (Cluster 1) oder zu Dienstleistungsstandorten mit guter für die Wissensgesellschaft relevanter Infrastruktur (Cluster 6 und 7, s. o.) entwickelt haben. Es zeichnen sich vier solcher Korridore ab:

a. ein breiter durch Hochtechnologie geprägter Korridor von Karlsruhe über Stuttgart, Ulm, München bis nach Salzburg,
b. die Rheinschiene von Basel über Karlsruhe, der Rhein-Main-Raum und das Rheinland bis in die Niederlande mit einer einzigartig hohen Dichte starker wissensgesellschaftlicher Teilräume,
c. ein Korridor vom Ruhrgebiet über Hannover bzw. Bremen bis nach Hamburg und weiter bis Kiel,
d. ein Korridor zwischen dem Rhein-Main-Raum und Nürnberg.

An Hand der räumlichen Zusammenfügung der wissensgesellschaftlichen Cluster wird die Struktur dieser Großräume deutlich: Metropolen bilden ihren Kern, die städtischen Zentren zwischen den Metropolen haben als „Regiopolen" (Aring und Reuther 2008) eine ergänzende Funktion, und die ländlichen, aber wissensgesellschaftlich geprägten Räume im Korridor nehmen alle wissensgesellschaftlichen Aktivitäten auf, die der großen Zentren und ihrer Vorteile (Krugman 1991; Krätke 2007) nicht unmittelbar bedürfen.

2.2.3 Neuartige Peripherie: Wissensgesellschaftlich periphere Räume

Im übrigen, überwiegend ländlich geprägten Teil Deutschlands, den Clustern 4 und 5 aus Abbildung 2, lassen sich teilweise so große wissensgesellschaftliche Defizite feststellen, dass im Einzelfall die Disparitäten zu den Zentren der Wissensgesellschaft eine schwer überbrückbare räumliche Polarisierung zur Folge haben können (Winden 2009). Insofern ist der Begriff der Peripherie für diese Räume angemessen. Dennoch kann, wie im Folgenden gezeigt wird, nicht von einer grundsätzlichen Abkopplung dieser Räume von der Wissensgesellschaft gesprochen werden.

Der in Westdeutschland gelegene Teil dieser Peripherie verfügt begrenzt über Firmen der Wissensökonomie, infrastrukturell liegt er jedoch im Abseits und ist hinsichtlich Wissenschaft und Bildung (Hochschulen) ebenfalls oft benachteiligt. Der ostdeutsche Teil zeichnet sich durch gute Bildungsindikatoren aus, was auf den Einfluss der Länderzugehörigkeit und den hohen Stellenwert der Berufsausbildung in der DDR zurückzuführen ist und sich sowohl bei der Abiturientenquote als auch dem Ausbildungsstand bemerkbar macht. Damit gehen hohe Beschäftigungsquoten im wissensintensiven öffentlichen Sektor und der größtenteils öffentlich finanzierten Gesundheitswirtschaft einher. Es fehlt in diesen Räumen an einer die wissensgesellschaftliche Entwicklung tragenden Privatwirtschaft sowohl in den wissensintensiven Dienstleistungen als auch in der Hochtechnologie. Die schwache wirtschaftliche Basis wird offensichtlich auch nicht durch die Verknüpfung mit den zahlreichen Hochschulstandorten kompensiert, deren wissensgesellschaftliche Entwicklung ebenfalls in starkem Maße auf öffentlichen Leistungen und Finanztransfers aufbaut.

Diese Lagenachteile der Peripherie gehen – positiv gewendet – mit Entwicklungen einher, die indirekt mit der Wissensgesellschaft verbunden sind, z.B. mit dem Tourismus, der Gesundheitswirtschaft oder der Landwirtschaft. So sind bestimmte technische oder ökonomische Indikatoren der Wissensgesellschaft vorhanden, wie z.B. eine relativ hohe Dichte an .de-Domains in Tourismusregionen oder die Etablierung von Netzwerken der Lebens- und Gesundheitswirtschaft oder auch Energiewirtschaft, die als Erneuerer der Wirtschaftsstruktur fungieren können. Diese Räume zeichnen sich dadurch aus, dass die dort ansässigen Akteure in der Regel anderswo entwickelte Kompetenzen der Wissensgesellschaft anwenden und sich diese Räume deshalb nur punktuell zu von Innovationen getragenen Standorten der Wissensökonomie weiterentwickeln. Räume dieses Typs können wissensökonomische Stärken durch Verknüpfung mit wissensgesellschaftlich geprägten Wissenschafts- und Dienstleistungsstädten in der Nachbarschaft erreichen. Gelingt die partnerschaftliche Verknüpfung von wissensgesellschaftlichen Akteuren in Stadt und Land, finden die Akteure der ländlichen Räume Anschluss an die Wissensgesellschaft und umgekehrt die in diese Beziehungen eingebundenen wissensgesellschaftlichen Akteure der „Regiopolen" einen erweiterten Handlungsraum, der ihre kritische Masse vergrößert. Solche Räume können sich, wenn ihre Entwicklungskonzepte in Erfolg versprechender Weise auf die Potenziale abgestimmt und mit benachbarten wissensgesellschaftlichen Zentren verknüpft sind, deutlich von Residualräumen abgrenzen, die keine oder sehr geringe wissensgesellschaftlich relevanten Merkmale aufweisen.

3 Herausforderung: Einbindung peripherisierter Städte

3.1 Zur Bedeutung des Wissens für Entwicklungspfade peripherisierter Städte

Die Ausführungen in vorigen Kapitel haben nachvollziehbar gemacht, dass und wie die Entwicklung zur Wissensgesellschaft zu einer Rekonfigurierung von Räumen beiträgt. Sie belegen, dass nicht nur Agglomerationsräume von den Wandlungsprozessen profitieren, sondern auch innerhalb ländlicher Räume Anschluss an die Wissensgesellschaft gefunden werden kann. In vielen Städten und Kreisen des ländlichen, oft peripherisierten Raumes gelang der Anschluss an die wissensgesellschaftliche Entwicklung in der Regel mit Hilfe vor Ort vorhandener oder neu geschaffener Wissensbasen, vor allem in Hochschulen, führenden Unternehmen und Kultureinrichtungen. Viele ländliche Kreise und Städte außerhalb des metropolitanen Einzugsbereichs haben, wie die Clusteranalyse zeigt (Cluster 6 und 7), diese Wissensbasen durch Integration in globale Lern- und Innovationsnetzwerke stabilisieren und weiterentwickeln können (Kujath und Stein 2011). Hierbei handelt es sich häufig um ländliche Hochtechnologieregionen, deren Wissensbasis zwar schmaler als in den großen Stadtregionen ist, die aber über die Ausweitung ihres Bildungs- und Ausbildungsangebots (offene Hochschulen, Dezentralisierung der Hochschulen) ihre regionale Wissensbasis verbreitern und vertiefen und über die Gestaltung der lokalen Rahmenbedingungen die emotionalen Bindungen der Bevölkerung an die Region verstärken. Andere ländliche Regionen profilieren sich als Gesundheits-, Tourismus- oder Kulturregion (Festivals) und entwickeln ihre Wissenskulturen innerhalb dieser Praxisschwerpunkte.

Die wissensgesellschaftlichen Erfolgsgeschichten im ländlichen Raum und seinen Städten relativieren die Randlage jener durch die Cluster 4 und 5 beschriebenen Räume, die in den statistischen Analysen (Abschnitt 2.2) als wissensgesellschaftliche Peripherie klassifiziert worden sind. Sie zeigen, dass dieser Raumtyp nicht zwangsläufig wirtschaftlich, sozial und kulturell an den Rand gedrängt wird und eine Unterbrechung von Peripherisierungsprozessen grundsätzlich möglich ist. Ausschlaggebend erscheinen handelnde Personen und Akteurskonstellationen.

Im Folgenden werden Handlungsmuster und Governance-Arrangements kommunaler Akteure aus Städten in Rheinland-Pfalz, die zu den Clustern 4 und 5 gehören, beschrieben. Deren Funktion besteht im Wesentlichen darin, der Peripherisierung durch eine wissensgesellschaftliche Profilierung zu entrinnen, wobei alle drei eingangs beschriebenen Dimensionen in diesen politisch und planerisch forcierten Entwicklungsprozess einbezogen werden. Wie unter einem Vergrößerungsglas kann am Beispiel von vier Städten bzw. Stadtregionen gezeigt werden, wie die städtischen Akteure sich mehr oder weniger erfolgreich darum bemühen, die für den globalen Standortwettbewerb herausragenden Kompetenzen (Wissensbasen) der jeweiligen Stadt zu identifizieren und zu fördern, was mit einer stark fokussierenden *Profilierungsstrategie* vor allem auch in der Wissensökonomie einher geht. Zugleich wird, ungeachtet unterschiedlicher Vorgehensweisen auch deutlich, dass es hierzu einer ausgesprochen offensiven Einbeziehung der ansässigen Bevölkerung und Akteure bedarf, und zwar ausdrücklich auch derjenigen, die durch die Profilierungsstrategie zunächst nicht unmittelbar angesprochen werden, um eine lokale Basis für die Profilierung zu schaffen: die *Basisstrategie*. Schließlich berühren beide Strategien unterschiedliche räumliche Perspektiven: Bei der Profilierung geht es um die Herstellung eines Anschlusses an überörtliche Entwicklungen, bei der Basisstrategie um die lokale Einbindung.[1] In beiden Fällen wird – auch mit Blick auf die in der Clusteranalyse verarbeiteten statistischen Daten – deutlich, dass solche auf kommunaler Ebene angestoßene und betriebene Initiativen sich erst mit erheblicher Verzögerung in einer auch von außen wahrnehmbaren Entwicklung äußern können.

3.2 Profilierungsstrategie: Wissensrückstände überwinden

In allen untersuchten Beispielen zeigt sich, dass mit einer Profilierungsstrategie die Weiterentwicklung der jeweiligen wissensgesellschaftlichen Stärken durch Vernetzung und Kombination der Bereiche Bildung, Wissenschaft, Forschung, Unternehmensinnovationen und Kultur angestrebt wird. Der Fokus liegt auf Exzellenz, mit der die nationale und internationale Position als *Wissenschafts-, Hochschul-, High-Tech- und Dienstleistungsstadt* gestärkt werden soll. Dabei geht es in allen untersuchten Städten und Regionen darum, ein lokales (regionales) Profil herauszuarbeiten, mit dem ein gewisses Alleinstellungsmerkmal in

---

1 Beispiele sind die Städte Kaiserslautern, Trier, Pirmasens sowie Stadt und Region Altenkirchen im Westerwald.

ausgewählten Wissensdomänen im nationalen oder gar internationalen Maßstab erworben werden kann. Zur Gewährleistung der globalen Anschlussfähigkeit ergibt es sich – ungeachtet überlieferter kultureller Differenzen – deshalb zwangsläufig, dass die auf der globalen Ebene gültigen Regeln, Regelsysteme, Gepflogenheiten von allen lokalen Akteuren, die in die globalen Wirtschafts- und Wissensnetzwerke eingebunden sind, internalisiert werden müssen. Diese Anpassung findet über multinationale Firmen, Kooperationen oder fachliche Gemeinschaften statt: Durch die Kommunikation innerhalb der globalen Kontexte werden institutionelle Annäherungen angeregt und die kognitiven Fähigkeiten, sich in globalen Wissenskontexten zu bewegen, gefördert. Lokalitäten, die es besonders weit in ihrer Vernetzung und Anpassung gebracht haben, steigen damit tendenziell zu Repräsentanzen der globalen Wirtschaft und eines globalen Wissenstransfers auf.

Bezogen auf die Strategie der regionalen Profilierung wird immer wieder betont, dass Hochschulen und Forschungseinrichtungen eine führende Funktion bei der Etablierung einer regionalen Lernkultur übernehmen können und Hochschulen deshalb für die regionale Entwicklung besonders wichtig sind (Charles 2006). Hochschulen können vor allem als Träger von Aus- und Fortbildung, aber auch als Träger von Wissenschaft und Forschung einen erheblichen Beitrag für die Entwicklung der regionalen Arbeits- und Wissenskulturen leisten, aus denen heraus unternehmerische Lernprozesse und Innovationen angestoßen werden. Hochschulen sind damit Bestandteil der kulturellen Infrastruktur und zugleich Akteure im lokalen und regionalen politischen Diskurs (vgl. Back und Fürst 2011, S. 34). Periphere Städte und Regionen mit derartigen Einrichtungen der Wissensgenerierung und des Lernens besitzen einen Treiber, der regionales kulturelles Beharrungsermögen aufbrechen und die Region in die überregionalen, globalen Wissensnetzwerke einbinden kann.

Im Rahmen der Profilierungsstrategie wird ein lokales Profil herausgearbeitet, mit dem ein gewisses Alleinstellungsmerkmal in ausgewählten Wissensdomänen im internationalen Maßstab erworben wird. Es zeigt sich jedoch, dass eine solche Strategie nicht losgelöst von den historischen Entwicklungspfaden und ihren spezifischen Ausdrucksformen in jeder einzelnen Stadt zu verstehen ist. So ist die Entwicklung dreier von uns untersuchter Städte auf das Engste mit der Industriegeschichte in Rheinland-Pfalz verbunden: Pirmasens war bis in die 70er Jahre Hochburg der Schuhproduktion, Kaiserslautern war ein Schwerpunkt des Maschinenbaus und die Region um die Stadt Altenkirchen im Westerwald war geprägt durch Gruben, Hütten und Walzwerke. Von all dem ist im Zuge des gesellschaftlichen und wirtschaftlichen Wandels in den letzten Jahrzehnten wenig geblieben. Den Industriestädten und -regionen ist gleichsam ihre im Industriezeitalter gewachsene Existenzbasis entzogen worden und die Akteure in allen drei Städten und Regionen standen und stehen unter dem Druck, mit Blick auf eine ungewisse wirtschaftliche Zukunft Entscheidungen treffen zu müssen, die grundlegenden Weichenstellungen für die weitere wirtschaftliche Perspektive gleich kommen. Diese Weichenstellungen sind nicht das Ergebnis einer einmaligen rationalen Entscheidung, sondern entspringen Zufällen, der Nutzung sich öffnender Möglichkeiten, neue technologische Felder zu besetzen, und landespolitischen Schwerpunktsetzungen. Die Stadt Trier schließlich hat aufgrund ihrer Grenzlage einen wirtschaftlich und sozial peripheren Status jahrzehntelang nicht überwinden können. Das strategische Handeln in dieser Stadt bezieht sich folgerichtig auf diesen Grenzstatus, der zunehmend nicht als Belastung, sondern als Chance zur Überwindung von Peripherie verstanden wird.

Besonders weitreichend für die wissensgesellschaftliche Entwicklung und die Überwindung von Peripherie ist die Hochschulentwicklung. So war die frühe Entscheidung der landspolitischen und kommunalpolitischen Akteure, in *Kaiserslautern* eine TU zu gründen, ohne dass zur Gründungszeit absehbar war, welche Bedeutung diese Hochschule einmal für die Entfaltung der IT-Branche und anderer wissensökonomischer Aktivitäten in Kaiserlautern sowie für deren internationale Einbindung haben würde, von großer Bedeutung. Zum Gründungszeitpunkt 1970[2] zeichnete sich die Wissensgesellschaft und Wissensökonomie allenfalls in ganz groben Umrissen am zeitlichen Horizont ab. Als die Zeit reif war, fielen in dieser Stadt zwei Entwicklungen zusammen: Die Entwicklung der IT-Branche und anderer forschungsintensiver Firmen aus der Universität heraus einerseits und die Schließung von großen Kasernenarealen innerhalb der Stadt andererseits. Privater Unternehmergeist ergriff die Initiative für die Militärflächenkonversion zugunsten von Technologieparks, in denen die zahlreichen neuen Technologiefirmen – ebenso wie von außen angezogene Technologieunternehmen – sich niederließen, und so einen Hochtechnologiecluster entstand, der einen scharfen Pfadbruch mit der bisherigen Industriegeschichte der Stadt markiert. Zwar zeigen unsere Untersuchungen, dass für Kaiserslautern damit noch nicht eine sichere wirtschaftliche Zukunft garantiert ist, zumal es sich zunächst nur um einen Ausschnitt der lokalen Wissenschafts- und Wirtschaftstätigkeit handelt, aber es fällt auf, dass sich in diesem Fall Wissenschaft und Wirtschaft wechselseitig befruchten und dass dies in der Gründung zahlreicher außeruniversitärer Forschungsinstitute seinen Niederschlag findet. Auf diese Weise entsteht eine Wissensbasis bzw. ein Kreativitätspotential, von dem bei erfolgreicher Weiterentwicklung erhofft werden kann, dass es der ge-

---

2   1970 wurde die Universität Trier-Kaiserslautern als zweite Universität des Landes Rheinland-Pfalz gegründet. Fünf Jahre später folgte die Verselbständigung beider Teile, wobei die zuvor etablierten Spezialisierungen (Geisteswissenschaften in Trier, Naturwissenschaften in Kaiserslautern) das Profil der neuen Universitäten bildeten.

samten Stadt erlaubt, im Konzert der großen Technologieregionen Deutschlands und der Welt mitzuspielen.

Ganz anders stellt sich die Entwicklung in *Altenkirchen* und den diese Stadt umgebenden Orten in der Region Westerwald dar. Aber auch dieses Beispiel ist ein typischer Fall des Umgangs mit der wirtschaftlichen und sozialen Umbruchsituation im Übergang zur Wissensgesellschaft. Hier hat sich schon früh im Umfeld der Grundstoffindustrien eine metallverarbeitende Industrie entwickelt, aus der heraus sich die heutigen Firmenstrukturen im Maschinenbau und in Zulieferindustrien für die Automobilindustrie entwickelt haben. Unsere Untersuchungen haben Industrieclusterstrukturen identifiziert, die auch organisatorisch und politisch seit einigen Jahren kreis- und gemeindeübergreifend durch eine vorausschauende Clusterpolitik unterstützt wird. An diesem Beispiel zeigt sich eine starke Pfadabhängigkeit, die allerdings durch Innovationsschübe in verschiedenen Technologiefeldern unter einem großen Anpassungsdruck steht. Die Lage ist kritisch, wenn es nicht gelingt, den Maschinenbau in spezialisierte wissensbasierte Felder zu führen. Zu diesem Zweck werden derzeit – vom Bundesland aktiv unterstützt – große Anstrengungen unternommen, Grundlagenforschung und anwendungsbezogene Forschung von Hochschulen und Forschungseinrichtungen mit den Anwendungsfeldern der lokalen/regionalen Wirtschaft inhaltlich und organisatorisch, z.B. in Forschungsverbünden und durch die Gründung dezentraler, auf die regionale Wirtschaft bezogener Forschungs- und Ausbildungseinrichtungen, miteinander zu verknüpfen.

Von den drei untersuchten Fällen mit industriegesellschaftlicher Geschichte leidet *Pirmasens* infolge des nahezu vollständigen Zusammenbruchs der Schuhindustrie als wirtschaftlicher Basis am stärksten. Dem Niedergang dieser Industrie konnte bislang nicht durch eine durchgreifende Re-Kombination von Wissen und wirtschaftlichen Aktivitäten begegnet werden. Ausschlaggebend dürfte sein, dass Pirmasens keine mit Kaiserslautern vergleichbare wissenschaftliche Vielfalt und kritische Masse an Humankapital besitzt, das den Erneuerungsprozess hätte beschleunigen können. Ein neues ökonomisches – gewissermaßen „schuhnahes" – Profil beginnt sich dennoch im technologischen Umfeld der Schuhindustrie zu entwickeln, z.B. durch mittelständische Firmen in den Bereichen des Spezialmaschinenbaus für die Schuhindustrie oder der Klebstofftechnik sowie „kreativer" Bereiche der Schuhindustrie selbst. Und wie in den beiden anderen Beispielen mit industrieller Vergangenheit beginnt man, mit Hilfe der FH Kaiserslautern als Kooperationspartner Forschung und Ausbildung zu forcieren. Die neue Profilierung ist nicht nur lokal angelegt, vielmehr entsteht derzeit mit einer neuen Messe- und Informationsveranstaltung für die Leder- und Schuhindustrie, der „Point of Shoes – International Fair for Fashion, Materials and Production (PoS)", ein neues internationales Branchenforum. Damit soll Pirmasens zu einem weltweit vernetzten Zentrum angewandten Wissens in

Schuhproduktion, Schuhfertigungstechniken und Schuhdesign sowie vor allem daraus hervorgegangener neuer wirtschaftlicher Anwendungsbereiche entwickelt werden.

Die Profilierung der Stadt *Trier* als ein Ort des Wissens und der wissensgesellschaftlichen Entwicklung ist auf das engste mit der Ausnutzung der Grenzlage verbunden. Die Stadt entwickelt sich zu einem Zentrum wissensbasierter Dienstleistungen mit zunehmend überregionaler Ausstrahlung in Grenzlage nahe Luxemburg. Ähnlich wie in Kaiserslautern spielt die ebenfalls bereits in den 70er Jahren gegründete Universität eine wichtige Rolle in diesem Prozess. Trier ist Standort von Bildung, Ausbildung und Wissenschaft mit – im Unterschied zu Kaiserslautern – einem starken Fokus auf Geistes-, Sozial- und Wirtschaftswissenschaften. Die Absolventen der Universität bereichern die regionale Wirtschaft vor allem in den Bereichen der wissensintensiven Dienstleistungen, die zunehmend auf die Möglichkeiten einer grenzübergreifenden Zusammenarbeit in unterschiedlichen institutionellen und kulturellen Kontexten orientiert sind. Die Stadt profitiert in zunehmendem Maße vor allem von der Grenzlage zu Luxemburg, und es gibt Anzeichen einer Profilierung in den Bereichen der unternehmensbezogenen Dienstleistungen, Werbewirtschaft, Medienbranche. Von städtischer Seite werden – ähnlich wie in Kaiserslautern für die IT-Branche – frei werdende Militärareale zu zentralen Standorten für wissensintensive Dienstleistungen umgebaut, die zunehmend eine überregionale Sichtbarkeit als Standorte der Wissensgesellschaft auch in städtebaulicher Hinsicht (Wohnen und Arbeiten im Wissenschaftspark) erlangen.

Alle vier Städte und Regionen befinden sich noch in einer Anfangsphase wissensgesellschaftlicher Profilierung, so dass der Ausgang dieses Wandlungsprozesses noch offen ist. Wirtschaftliche Erfolge sind nur punktueller Natur und noch nicht durchschlagend. Die überregionale, internationale oder gar globale Einbindung in verschiedene Wissens-Communities ist noch nicht gefestigt. Dies spiegelt sich auch in der Statistik, in der sich die Profilierungsbemühungen noch nicht in wirtschaftlichen Erfolgen (Einkommen, Arbeitslosigkeit) abbilden. Gleichwohl sind sich die lokalen Akteure zunehmend dessen bewusst, dass sie sich in einem globalen Wettbewerbszusammenhang befinden und ihre je spezifischen Stärken als Orte des Wissens mit internationaler Anschlussfähigkeit voranbringen müssen.

3.3 Basisstrategie: Bevölkerung einbinden

Regionale Profilierungsbemühungen finden nicht im luftleeren Raum statt. Sie sind in kulturelle „Milieus" mit gemeinsamen Werthaltungen und Normen eingebettet, die ein innovationsoffenes oder innovationsfeindliches Klima erzeugen können. Peripherisierungserscheinungen beruhen in dieser Sicht weniger auf differierenden ökonomischen Ausgangsbedingungen als vielmehr auf räumlich ungleich verteilten Kommunikationsfähigkeiten und einer ungleich verteilten Fähigkeit und Bereitschaft, sich neuen Ideen zu öffnen und den globalen Herausforderungen zu stellen.

In den Konzepten städtischer und regionaler Profilierung sollte deshalb neben der wissensgesellschaftlichen Profilierung auch die Entwicklung einer regionalen Lernkultur in den Mittelpunkt gerückt werden, die breite Bevölkerungsschichten durch Maßnahmen in den Bereichen der Erziehung, Bildung und sozialen Aktivierung (Allgemeinwissen, Kulturwissen, Grundwissen in fachlichen Bereichen, interkulturelles Wissen) mobilisiert und eine regionale Selbststeuerungsfähigkeit erzeugt. Mit Hilfe einer solchen Basisstrategie kann es gelingen, alte kulturelle Denk- und Verhaltensweisen aufzubrechen, Eigeninitiative und die Fähigkeit zur Zusammenarbeit zu stimulieren. Im Rahmen der Basisstrategie wird die Bereitschaft der Bevölkerung zum Lernen angeregt, d.h. die Bereitschaft, ihr Handeln durch Lernen zu verändern. Dies schließt häufig eine Veränderung der Arbeitskultur, der Konventionen und die Entwicklung eines allgemeinen gemeinsamen Grundverständnisses zur lokalen und regionalen Entwicklung ein. Mit dem Begriff „shared world views" (Amin und Roberts 2008) wird dabei zum Ausdruck gebracht, dass die Gemeinsamkeiten vor allem darin bestehen, ähnliche Vorstellungen von den global wirksamen „Mechanismen" (Stichweh 2009, 23) zu entwickeln.

Dieses Handlungsfeld ist nicht allein als öffentliche Aufgabe definiert, sondern bezieht neben kommunalen Bildungseinrichtungen auch Akteure der Profilierungsstrategie wie Unternehmen, Hochschulen, Kultureinrichtungen, aber auch freie Träger und zivilgesellschaftliche Initiativen, zum Beispiel soziokulturelle Zentren ein. Die Basisstrategie beinhaltet eine Vielzahl von Aktivitäten, die von der Kinderbetreuung über die Einbeziehung von Kindern, Jugendlichen und Erwachsenen in Kunst- und Kulturaktivitäten sowie Sport und Freizeit reichen. Vor allem bedarf es der Entfaltung eines grundlegend neuen Bildungstypus'. Er ist durch ein interaktives, integratives und interdisziplinär angelegtes Lernen charakterisiert, das ein Leben lang andauert. Lernen findet danach an verschiedenen Orten und in allen Phasen des Lebenslaufs statt und ist nicht mehr auf die traditionellen Lernorte (z.B. Schule, Hochschule etc.) beschränkt. Daher sind Formen der Zusammenarbeit zwischen Bildungsinstitutionen wie auch sozialen, kulturellen und wirtschaftlichen Einrichtungen notwendig.

Gerade Kommunen können in diesem Vernetzungsprozess treibende Kräfte werden, kommunale Bildungslandschaften entfalten und durch ihre Aktivitäten im Bildungsbereich ähnliche Vorstellungen von den angesprochenen global wirksamen Mechanismen entwickeln. Das öffentliche Interesse in den untersuchten Städten und Regionen scheint jedoch, Pirmasens ausgenommen, noch eine starke Schlagseite zugunsten der Profilierungsstrategie zu besitzen. Anders ausgedrückt: Die Bedeutung der Basisstrategie für eine erfolgreiche Etablierung in den Netzwerken der Wissensgesellschaft wird von vielen lokalen und regionalen Akteuren in den von uns untersuchten Städten und Regionen von Rheinland-Pfalz offensichtlich unterschätzt.

Seit kurzem wird in Kaiserslautern eine Veranstaltungsreihe mit dem Titel „Jahr der Wissenschaft" durchgeführt, die den Unternehmen aus der Region die Möglichkeit verschafft, sich einer breiten Öffentlichkeit zu präsentieren. Des Weiteren bieten die Hochschulen auch andernorts praktizierte Aktivitäten zur Motivierung des wissenschaftlichen Nachwuchses an: Projekttage für Kinder (Kinder-Uni) und Jugendliche sowie Maßnahmen, die Frauen für technisch-naturwissenschaftliche Berufe gewinnen sollen (Girls-Day). Im Raum Altenkirchen beginnt man das Weiterbildungsangebot hinsichtlich der Ansprache unterschiedlicher Bevölkerungskreise systematisch zu organisieren und in der Stadt Trier sowie ihrem Umland laufen verschiedene, vom Bundesministerium für Bildung und der EU geförderte, Lerninitiativen. Alle diese Aktivitäten scheinen aber keine breite lokale und regionale Öffentlichkeit zu erreichen und damit nicht im Sinne einer breiten Mobilisierung in Richtung Wissensgesellschaft zu wirken.

Beispielhaft in dieser Hinsicht ist bislang einzig die Stadt Pirmasens, die auf Initiative des Bürgermeisters den „Pakt für Pirmasens" ins Leben gerufen hat, an dem sich neben den Trägern der Sozial-, Bildungs- und Kulturpolitik die lokale Bürgerschaft und auch die Wirtschaft beteiligen. Durch ehrenamtliches Engagement in den Bereichen der praktischen Lebenshilfe für Familien, Mütter und Kinder von sozial schwachen Familien, durch Beteiligung von Firmen, durch Sponsoring einzelner Maßnahmen, durch Bereitstellung von Praktikumsplätzen und die Übernahme von Patenschaften werden Weichen für einen die lokale Gesellschaft insgesamt erfassenden kulturellen Aufbruch gestellt. Im Mittelpunkt dieser Initiative steht das Thema Bildung mit dem Motto „Keiner soll aufgegeben werden". Die Basisstrategie ist in dieser Stadt ein Schlüsselelement des wissensgesellschaftlichen Umbruchs. Sie stützt sich auf die Einsicht in die Notwendigkeit einer Veränderung und erfordert lernförderliche Infrastrukturen sowohl auf der institutionellen Ebene als auch auf der Ebene von Denk- und Verhaltensmustern.

4   Räumlichkeit: Raumbezogene Bausteine lokaler Strategien

Diversität zwischen den Lokalitäten dürfte sich nach der in diesem Beitrag entfalteten Logik also immer weniger aus lokal abgeschlossenen evolutorischen Prozessen und Besonderheiten bzw. aus einem Gegensatz zwischen Lokalität und Globalität ergeben, sondern vielmehr aus Wettbewerbs- und Selektionsprozessen, denen jede Lokalität in globalen Kontexten ausgesetzt ist und die in Profilierungsbemühungen resultieren. Diese Profilierung in globalen Lern- und Innovationssystemen betrifft aus lokaler Perspektive die beiden Ebenen des Handelns: (1) die Profilierung der Lokalität im Wettbewerb mit anderen Lokalitäten und (2) die Einbindung der gesamten Lokalität in diese globalen Prozesse.

Aus räumlicher Perspektive besteht die Leistung darin, diese beiden Strategien miteinander zu verknüpfen. Bildlich gesprochen geht es um die Etablierung „nodaler Landeplätze" (Castells 2010), die sich dadurch auszeichnen, dass zum einen an diesen Orten, in diesen Institutionen, in diesen Organisationen Anschluss an globale Entwicklungen und Märkte hergestellt wird und zum anderen diese Orte eindeutig in die kommunale Struktur eingebettet sind, so dass im günstigsten Fall eine Verpflanzung dieser Landeplätze in andere Städte wegen der erfolgten kommunalen Einbettung gar nicht mehr möglich erscheint.

Diese Landeplätze haben, wie die Beziehungen zwischen den wissensgesellschaftlichen Akteuren auch, eine physisch-räumliche Seite, die sich in der Gestaltung der gebauten Stadt ausdrückt, aber auch eine zunächst nicht physisch-räumliche, sondern vielmehr relationale Seite, die Ausdruck spannungsgeladenen Austauschs zwischen Akteuren unterschiedlicher kultureller Herkunft ist. Nodale Landeplätze sind Ergebnis und Ausdruck von intensiver Kommunikation.

Kommunikationsbeziehungen wiederum orientieren sich in der Wissensgesellschaft nicht an politisch-administrativ vorgegebenen territorialen Grenzen. Vielmehr beruhen die thematisch definierten wissensgesellschaftlichen Netzwerke auf Beziehungen, in die die Netzwerkpartner jeweils verschiedene räumliche Hintergründe einbringen, die zwar hinsichtlich der politisch-administrativen Zugehörigkeit verschieden sind, aber in thematischer Hinsicht Übereinstimmungen aufweisen. So haben beispielsweise die in Weltstädten konzentrierten unternehmensbezogenen Dienstleistungen kognitive und kulturelle Gemeinsamkeiten, die eine weltweite Zusammenarbeit zwischen den Akteuren dieser Wirtschaftsbranche ermöglichen, obwohl ihre Standorte unterschiedlichen Nationen oder Kulturkreisen angehören. Kognitive, organisatorische und soziale Nähe sind in diesen Fällen oft wichtiger als physisch-räumliche Nähe, so dass dieses Wissen auch über regionale und nationale Grenzen ausgetauscht werden kann. Gleichwohl sind die Firmen auch an ganz bestimmte Orte wegen des hier vorhandenen Reichtums an Wissensressourcen, der Dichte der lokalen Wissensnetzwerke oder einmaliger wissensgesellschaftlicher Konstellationen gebunden. Diese Beobachtung konnte auch in den aufgesuchten Fallstädten in Rheinland-Pfalz gemacht werden. So sind die produzierenden Betriebe aus dem Metallcluster im Raum Altenkirchen (Westerwald) oder der schuhnahen Industrie in Pirmasens einerseits mit ihren Standorten eng verbunden und haben andererseits zu einem erheblichen Teil internationale Kunden und Kooperationspartner. Kaiserslautern konnte sich bei den Bemühungen um die Ansiedlung des John Deere European Technology Innovation Center (JD ETIC) gegen international höherrangige Städte aufgrund der hier konzentrierten technologischen und wissenschaftlichen Potentiale durchsetzen, aufstrebende überregional tätige Unternehmen der Medienbranche bleiben selbst dann am Standort in Trier, wenn Unternehmen mit der hier erreichten überregionalen und internationalen Bedeutung normalerweise an höherrangigen Standorten siedeln.

Die Beispiele zeigen, dass die Aktionsräume gerade der wissensbasierten Unternehmen und auch der Privatpersonen einen starken lokalen Fokus besitzen, aber längst nicht mehr nur um den Betriebsstandort oder den Lebensmittelpunkt arrangiert sind. Sie sind vielmehr Ausdruck von Verflechtungszusammenhängen, die sowohl lokal als auch international sein können.

Dem tragen die lokalen Strategien auch in unseren Beispielstädten und -regionen Rechnung. Lokale wissensgesellschaftliche Strategien lassen sich demzufolge durch zwei Merkmalsgruppen präzisieren: (1) durch unterschiedliche Strategiebausteine und (2) durch spezifische räumliche Maßstabsebenen (lokal, regional, international), in denen diese Strategieelemente zur Entfaltung kommen. Diese drei räumlichen Maßstabsebenen sind nicht trennscharf voneinander zu unterscheiden, weisen aber bei näherer Betrachtung unterschiedliche Strategieschwerpunkte auf.

4.1 Lokale Ebene: Städte als Wissensmilieus

Lokale Wissensmilieus sind Orte der Wissensgenerierung und des Lernens. Sie sind Labore von Ideen und Innovationen. Der Vorteil der lokalen Ebene besteht darin, dass aufgrund der räumlichen Nähe vielfältige Kontaktmöglichkeiten zwischen Personen unterschiedlicher Disziplinen, unterschiedlicher Organisationen, mit zum Teil unterschiedlichem institutionellem Hintergrund bestehen und die persönliche Kommunikation intensiver als in anderen räumlichen Kontexten gestaltet werden kann. Derartige Milieus beruhen auf gemeinsamen Vorstellungen, Erfahrungen und Werturteilen, die als ein gemeinsames Hintergrundwissen die Kommunikation zwischen den Wissensträgern erheblich erleichtern und zur kreativen Kombination bisher gegeneinander abgeschotteten Wissens beitragen können.

Um den Prozess der Milieubildung und lokalen Wissensvernetzung zu unterstützen und teilweise in Gang zu bringen, stehen insbesondere die peripheren Städte vor der neuartigen Herausforderung, durch vielfältige Initiativen eine von Schlüsselpersonen angeregte wissensgesellschaftliche Dynamik, die nicht nur Unternehmer und Bildungsträger, sondern breite Schichten der Stadtbevölkerung mobilisiert, anzuregen. Das erfordert eine wissensbasierte lokale Moderations- und Koordinationsstrategie, mit deren Hilfe die Integration bzw. Bündelung verschiedener Wissensnetzwerke, die in den Bereichen der Bildung, Kultur, Forschung und Wirtschaft vor Ort oft bereits existieren, gefördert wird. Folgende, auf die lokalen Gegebenheiten sich explizit beziehende Strategiebausteine lassen sich abgrenzen:

- Think Tanks – wie im Beispiel Kaiserslautern – professionelles Projektmanagement, die Gestaltung der öffentlichen Diskurse zur Wissensgesellschaft und angepasste Finanzierungs- und Förderstrategien bilden den Kern eines lernenden kommunalen Handlungssystems. Ein wichtiger Baustein innerhalb dieser Strategie besteht darin, die Existenz der vor Ort vorhandenen Wissensnetzwerke und Wissensdomänen bekannt zu machen, z.b. in Form von *Wissensatlanten*, und auf diese Weise die Zusammenarbeit von Personen, die sich zunächst „fremd" sind, zu befördern. Ein weiterer Baustein bezieht sich auf die aktive Moderation und Koordination des Austauschs zwischen verschiedenen vor Ort vorhandenen Wissensnetzwerken (Wissensnetzwerkmanagement).

- Die Umorientierung der Stadtpolitik kommt auch in der Gestaltung öffentlicher Räume und in der Architektur zum Ausdruck. Städte gehen dazu über, in "landmark architecture" und andere Großprojekte zu investieren, um auf diese Weise ihre Ambitionen als Wissensstädte zu unterstreichen. Darüber hinaus versuchen sie „Wissensquartiere" oder „kreative Quartiere" als integrale Bestandteile der städtischen Entwicklung zu schaffen oder weiter zu entwickeln. Besonders augenscheinlich wird dies am Beispiel des Wissenschaftsparks Trier, wo ein auf die Bedürfnisse von Dienstleistern architektonisch und funktional ausgerichteter Stadtteil zugleich internationale Anschlussfähigkeit und lokale Eingebundenheit signalisiert und dazu beiträgt dass erfolgreich gewachsene Unternehmen am Ort bleiben und nicht in Städte abwandern, die in der disziplinären Städtehierarchie eine Rangstufe höher angesiedelt sind.

- Überdies benötigen produzierende und in technischen oder naturwissenschaftlichen Bereichen forschende Unternehmen eine kostspielige Infrastruktur, die von kleinen Betrieben nicht allein geschaffen werden kann und deshalb vor Ort vorgehalten werden muss. Eine solche Funktion erfüllen beispielsweise Technologiezentren, indem sie lokalen Unternehmen die Möglichkeit bieten, Infrastruktur (z.B. Maschinen, Labore), die in der Anschaffung für Einzelne kostspielig sind, vergleichsweise günstig zu nutzen. Eine solche Netzwerke unterstützende Funktion erfüllen die Wissenschaftsparks in Trier und Kaiserslautern. In Ansätzen kann dies auch für die Technologiezentren in den Oberzentren und einzelnen weiteren, sehr kleinen Standorten (z.B. am Rande des Westerwalds) gelten.

▪ Mit der Zunahme des Anteils von Wissensarbeitern und ihren Familien innerhalb einer Stadt verändern sich die Lebenswelten und Ansprüche an den Raum. Die Stadtentwicklungspolitik ist deshalb gehalten, die natürlichen, kulturellen, historischen, städtebaulichen und landschaftlichen Qualitäten der Städte zu erhalten und zu entwickeln, um eine Abwanderung von Wissensträgern und wissensbasierten Unternehmen zu verhindern bzw. durch Attraktivitätssteigerung deren Zu- oder Rückwanderung anzuregen. Diese Bemühungen werden in allen aufgesuchten Fallstädten unternommen.

4.2 Regionale Ebene: Wissensgesellschaftliche Funktionsräume

Ein Blick auf die Pendeldistanzen in Darstellungen wie jener des aktuellen Raumordnungsberichtes (BBR 2005, S. 119) macht deutlich, dass die Alltagsräume vieler Menschen nicht mehr allein in einzelnen Ortschaften, sondern in Regionen mit einem Durchmesser von mehr als 50 km bestehen. Dies trifft gerade auf ein ländlich strukturiertes Bundesland wie Rheinland-Pfalz zu. Insofern treffen die für die lokale Ebene getroffenen Aussagen zum Teil auch auf die regionale Ebene zu. Es geht dabei aber weniger um die Schaffung eines „Milieus", sondern eher um die Schaffung kritischer Massen und „wissensgesellschaftlicher Funktionsräume", die vermeiden können, dass einzelne periphere Räume von gesamtgesellschaftlichen Entwicklungen abgekoppelt werden. Hier greifen Basis- und Profilierungsstrategie ineinander, denn neben die Aufgabe, der Entkoppelung von Landesteilen entgegenzuwirken, tritt die Aufgabe, regionale Profile zu entwickeln, die überregional und auch international konkurrenzfähig sind.

▪ In den kleineren Städten im ländlichen Raum sind Problembewältigung und Strategieentwicklung oft nicht isoliert zu leisten. Hier können kritische Massen oft nur durch eine Vernetzung und Zusammenarbeit mit Akteuren aus der Region bzw. benachbarten Städten und Gemeinden, vor allem den führenden Zentrum der Region geschaffen werden (z.B. Oberzentrum Koblenz und Landkreise des Westerwalds). Kritische Massen entstehen in diesem Zusammenhang häufig erst durch thematische Netwerke der Wissensakteure, die die gebietskörperschaftlichen Grenzen von Städten, Gemeinden und Kreisen überschreiten (Kujath und Stein 2009, S. 379).

▪ Größere Zentren – z.B. Oberzentren, in denen die Wissensangebote konzentriert sind und Wissensplattformen existieren – können hier die Funktion von Ankerstädten ausfüllen, wenn sie an die sie umgebenden Teilräume wirksam angebunden sind, was z.B. durch Transferstellen und Zweigstellen sowie durch Wissensangebote innerhalb des Oberzentrums für die Region gewährleistet werden kann (Bildung, Forschung, Kultur, Wissenschaft und Wirtschaft), wie das z.B. in Kaiserslautern und dem benachbarten Donnersbergkreis geschieht.

- Außerdem bedarf es wegen der Ansprüche der Wissensarbeiter an die Lebensqualität eines funktionalen Ausgleichs in der Region durch Schaffung bzw. Erhalt regional bedeutsamer Kultureinrichtungen und Kulturlandschaften, um sowohl an der Kultur als auch der Natur bestehende Interessen befriedigen zu können. Dies kann zur Herausbildung einer regionalen Identität, zumindest aber eines regionsweiten Bewusstseins beitragen.

4.3 Überregionale Ebene: Internationale Anschlüsse

Auch auf der überregionalen Ebene spielen die genannten Strategien eine Rolle. Hier ordnen sie sich dem übergeordneten Ziel einer – auch und gerade internationalen – Anschlussfähigkeit unter.

- Zur Gewährleistung der internationalen Anschlussfähigkeit ist die überregionale Kommunikationskompetenz (z.B. durch Spracherwerb oder Teamfähigkeit) zentral. Nur so wird es den lokalen Akteuren möglich, die auf dieser räumlichen Ebene nicht mehr gegebene räumliche Nähe so zu kompensieren, dass die durch fachliche Disziplinen oder kulturelle Unterschiede bestimmten Distanzen überbrückt werden können und grenzüberschreitende Innovationsprozesse auch unter Beteiligung rheinland-pfälzischer Akteure stattfinden können. Tatsächlich stellt eine Analyse der in rheinland-pfälzischen Tageszeitungen stattfindenden Diskurse zum Themenkomplex „Bildung, Lernen und Wissen" heraus, dass gerade transkulturelle Kompetenz trotz der Nähe zu anderen Staaten nur sehr geringen Raum in den Artikeln einnahm (Kujath et al. 2010, S. 42ff).
- Für die Netzwerkbildung über große räumliche Distanzen sind leistungsfähige, über Informations- und Kommunikationstechnologien (IKT) hergestellte Verbindungen eine notwendige, aber nicht hinreichende technische Voraussetzung. Ein zentraler Baustein, der die persönliche Kontaktaufnahme zu überregionalen und internationalen Netzwerken erleichtert, ist in materieller Hinsicht die Sicherstellung einer Anbindung an Hochleistungsverkehrsnetze, etwa die Anbindung der rheinland-pfälzischen Peripherie an die stark frequentierten Bahnhöfe des ICE-Grundnetzes in Köln, Frankfurt oder Mannheim, und in diesem Zusammenhang auch Gelegenheiten für temporäre Kontakte (Messen, Veranstaltungen) in den Städten der Region.
- Das lokale und regionale Image (Raumbild) definiert die Position und Rolle des ländlichen Raumes von Rheinland-Pfalz im internationalen Wettbewerb der Städte und Regionen. Zwischen mehreren Metropolregionen ge-

legen bedarf es besonderer, einzigartiger Merkmale, um von außen wahrgenommen zu werden (z.b. die Geschichte Triers, Kaiserslautern als Technologie- und Wissensstadt, Fremdenfreundlichkeit der Region usw.). Selbst- und Fremdbilder, Binnen- und Außenmarketing werden als Bausteine zur Sicherung der internationalen Anschlussfähigkeit und Darstellung der Region in wissensgesellschaftlichen Kontexten immer wichtiger. Was auf der kommunalen Ebene das Management des wissensgesellschaftlichen Diskurses ist, stellt sich auf der überregionalen und internationalen Ebene als Kommunikationsmanagement dar.

- Mit der Strategie, tragfähige Raumbilder zu entwickeln und zu vermarkten, ist die Schaffung von Lebens- und Arbeitsräumen eng verbunden, die auch aus Sicht sich überregional orientierender Wissensarbeiter eine hohe Attraktivität besitzen. Die Konkurrenzfähigkeit der Technologie- und Wissenschaftsparks in Kaiserslautern und Trier sind erfolgreiche Beispiele einer Anpassung der Arbeits- und teilweise auch der Lebenswelt an die Bedürfnisse der hier wirkenden Akteure. Nur unter den Bedingungen eines Ambientes, das der Kreativität förderlich ist und sich deutlich vom Durchschnitt solcher Gelegenheiten absetzt, wird es auch möglich, Wissensarbeiter und ihre Familien von außerhalb anzuziehen und zu binden. Dabei müssen sich die spezifischen Qualitäten dieser Räume an den Angeboten der Metropolräume messen lassen.

- Ein besonders wichtiger Baustein im Rahmen einer solchen Internationalisierungsstrategie sind Rückholstrategien für Wissensarbeiter, die die Region für eine bestimmte Lebensphase verlassen haben und grundsätzlich rückkehrwillig sind. Sie sind der auf die Lebensqualität bezogenen Strategie zuzurechnen, weil ein integraler Bestandteil solcher Maßnahmen darin besteht, die Vorteile einer Rückkehr an die alte Wirkungsstätte herauszustellen. Relevant sind sie insbesondere in eher kleinen, überregional wenig bekannten (Altenkirchen) oder gar schlecht beleumundeten Städten (Pirmasens). Die Bedeutung von Rückholstrategien ergibt sich daraus, dass es mit ihnen leichter möglich wird, regionsexternes Wissen in die lokalen Wissensprozesse einzubeziehen.

5   Fazit: Lokalität fungiert als Ressourcenpool und bedarf der Integration in globale Lern- und Innovationsnetzwerke

Peripherisierung – dies ist in diesem Band bereits an anderer Stelle angeklungen – ist ein Prozess, der auf mehreren Ebenen abläuft. Betroffen sind natürlich in erster Linie die betroffenen Städte, Kreise und Regionen, aber auch auf höheren Ebene, z.B. den Bundesländern, der Bundesrepublik oder gar der EU wird

Peripherisierung thematisiert, und seit vielen Jahren, im Grunde sogar Jahrzehnten, wird ihr politisch-planerisch begegnet. Dieser Beitrag nimmt an einzelnen Stellen darauf Bezug, sei es bei der Identifikation von wissensgesellschaftlicher Peripherie im bundesdeutschen Maßstab oder bei der Anerkennung der Wirkung landespolitischer Initiativen wie z.b. der Hochschulgründungen im ländlichen Rheinland-Pfalz vor gut 40 Jahren.

Die hier diskutierten Analysen machen somit erstens anschaulich, dass Peripherisierungsprozesse über längere Zeiträume ablaufen, im Grunde sogar erst nach längerer Zeit erkennbar werden. Im Umkehrschluss ist auch die Wirkung von Gegenstrategien zunächst kaum feststellbar, so dass die lokalen Initiativen, auf die im dritten Kapitel Bezug genommen wird, zwar zielführend sind, aber der erhoffte Erfolg bei der angestrebten Überwindung der Peripherisierung nur theoretisch, allenfalls ansatzweise mit qualitativen Methoden nachvollzogen werden kann. Der quantitative Nachweis ist noch nicht möglich, was auch damit zusammenhängt, dass in aller Regel – und dies ist der zweite Befund – die eingeleiteten Initiativen auch innerhalb der begrenzten lokalen Handlungsarenen immer noch Inselcharakter haben und noch nicht die gesamte lokale Gesellschaft erfasst haben.

Drittens wird der bisherige planerische Diskurs zur räumlichen Entwicklung in der Wissensgesellschaft sehr vom Wettbewerbsgedanken geprägt. So werden öffentliche Investitionen in Lebensqualität und Universitätsausbildung mit ihrer Bedeutung für die Wissensgesellschaft und die Wettbewerbsfähigkeit einer Stadt begründet (Winden 2010). Dies ist für Städte, die in der Wissensökonomie und als Wissenschaftsstandort bereits etabliert sind, eine praktikable, allerdings auch weit verbreitete Strategie. Für peripherisierte Städte ist diese Strategie hingegen nur dann erfolgversprechend, wenn die Profilierung so weit fortgeschritten ist, dass sie in diesem Feld konkurrenzfähig zu anderen Städten sind und die Lebensqualitätskarte ausspielen können. Solange peripherisierte Städte unter dem Stigma der Peripherisierung leiden, werden sie Humankapitalressourcen weniger in der Attraktion von gut ausgebildeten Wissensarbeitern, sondern mehr in der Bindung eigens ausgebildeter Bevölkerung identifizieren (müssen).

Auch die in der Literatur vielfach vorgebrachten Erörterungen, in welcher Form wissenschaftliche Aktivitäten, besonders über Hochschulen, in die Städte integriert werden können, führen für peripherisierte Städte zunächst nicht weiter, weil sie oftmals gar nicht über Hochschulen verfügen (z.B. die Kleinstädte in der Region Westerwald), die vorhandenen Einrichtungen nur klein und überdies Teil einer in anderen Städten verankerten Hochschule sind (z.B. Pirmasens mit dem Zweig der FH Kaiserslautern) oder die Hochschule einen solchen Schwerpunkt ausgebildet hat, für den es in der Praxis wenig Vergleichsbeispiele gibt (z.B. die sozial- und geisteswissenschaftlich ausgerichtete Universität in Trier).

Die in diesem Beitrag aufgearbeiteten Fallbeispiele veranschaulichen, dass es gerade in der vermeintlichen Peripherie unabdingbar ist, sich nicht nur mit den globalen Herausforderungen, sondern auch mit den lokalen Ressourcen auseinanderzusetzen. Ein regionales „Branding" im Lichte der bekannten Standortfaktoren ist vor diesem Hintergrund zu sehr auf das Außenmarketing gerichtet. Die Notwendigkeit eines Binnenmarketing wiederum erschließt sich vor allem dort, wo vorrangig mit der Hinwendung zu lokalen Ressourcen die Chance einer wissensgesellschaftlich kompatiblen Entwicklung ergriffen werden kann. Dies scheint in der Peripherie – aus der Not geboren – leichter identifizierbar zu sein und auch besser zu gelingen als anderswo.

Die Erforschung dieser Governance-Strukturen steht erst am Anfang. Die in diesem Beitrag behandelten, von Unternehmen zur Verknüpfung lokaler und globaler Kontexte verfolgten Arrangements funktionieren deshalb, weil sie entweder in organisatorischer, institutionell-sozialer oder kognitiver Hinsicht Nähe schaffen und damit die in den jeweils anderen Dimensionen globaler Kontakte und Kooperationen bestehenden Distanzen überbrücken helfen. Die Angemessenheit der einzelnen Arrangements ergibt sich von Fall zu Fall, ein Patentrezept gibt es nicht, was es erheblich erschwert, aus der Idee nodaler Landeplätze (Castells 2010) eine Erfolgsstrategie für die politische Daueraufgabe (Kilper 2010) der Mobilisierung endogener Potenziale zu machen.

Auch die Vorstellung globaler Lern- und Innovationsnetze bedarf weiterer, vertiefender Forschung. Bei diesen Netzen handelt es sich um mehr als um die bi- oder multilaterale Zusammenarbeit zwischen Akteuren aus verschiedenen, aber gleichrangigen Lokalitäten. Zusätzlicher Forschung bedarf es vor allem, um zu hinterfragen, inwieweit bereits von einer Eigenlogik globaler Wirtschafts- und Wissensbeziehungen gesprochen werden kann.

Literatur

Amin A, Roberts J (2008) Community, Economic Creativity, and Organization. Oxford: Oxford University Press

Andersson M, Karlsson C (2004) The role of accessibility for the performance of regional innovation systems. In: Karlsson C, Flensburg P, Hörte SÅ (Hrsg) Knowledge Spillovers and Knowledge Management. Cheltenham, Northampton (MA). Edward Elgar, S 283-310

Aring J, Reuther I (2008) Regiopolen. Die kleinen Großstädte im Zeitalter der Globalisierung. Jovis, Berlin

Back HJ, Fürst D (2011) Der Beitrag von Hochschulen zur Entwicklung einer Region als „Wissensregion". E-Paper Nr. 11 der Akademie für Raumforschung und Landesplanung. ARL, Hannover

Backhaus K et al. (1996) Multivariate Analysemethoden. Eine anwendungsorientierte Einführung. Springer, 8. Auflage, Berlin, Heidelberg

Blotevogel HH (2005) Metropolregionen. In: ARL – Akademie für Raumordnung und Landeskunde (Hrsg) Handwörterbuch der Raumordnung. Eigenverlag, 4. Auflage ARL (2005), Hannover, S 642-647

BBR – Bundesamt für Bauwesen und Raumordnung (2005): Raumordnungsbericht 2005. Eigenverlag, Bonn

Castells M (1996) The Rise of the Network Society. Blackwell, Malden, MA

Castells M (2010) Globalisation, Networking, Urbanisation: Reflections on the Spatial Dynamics of the Information Age. In: Urban Studies. 47. 13. 2737-2745

Charles D (2006) Universities as Key Knowledge Infrastructures in Regional Innovation Systems. In: Innovation 19. 1. 117-130

Cairncross F (1997) The Death of Distance: How the Communications Revolution Will Change Our Lives. Harvard Business School Press, Boston, MA

Daniels PW (1993) Service Industries in the World Economy. Blackwell, Oxford

Drucker PF (1969) The Age of Discontinuity: Guidelines to Our Changing Society:, Harper & Row, New York

Duranton G, Puga D (2001) From Sectoral to Functional Urban Specialisation. CEPR Discussion Paper, Nr. 2971

Dybe G (2003) Regionaler wirtschaftlicher Wandel. Die Sicht der evolutorischen Ökonomie und der „neuen Wachstumstheorie". LIT, Münster

Florida R (2004) The rise of the creative class. … and how it's transforming work, leisure, community, & everyday life. Basic Books, New York

Florida R (2005) The World is Spiky. Globalization has changed the economic playing field, but hasn't leveled it. In: The Atlantic Monthly. October 2005. S 48-51. Http://www.theatlantic.com/past/docs/images/issues/200510/world-is-spiky.pdf. Zugegriffen 9.9.2011

Freeman C, Soete L (1997) The Economics of Industrial Innovation London: Pinter, 3. Auflage

Friedman TL (2006) The World is Flat – The Globalized World in the Twenty-First Century. Farrar, Straus and Giroux, 2. Auflage, London

Fromhold-Eisebith M (2009) Space(s) of Innovation: Regional Knowledge Economies. In: Meusburger P, Funke J, Wunder E (Hrsg) Milieus of Creativity. An Interdisciplinary Approach to Spatiality of Creativity. Springer, Dordrecht, S 201-218

Growe A, Blotevogel HH (2011) Knowledge Hubs in the German Urban system: Identifying Hubs by Combining Network and Territorial Perspectives. In: Raumforschung und Raumordnung 69. 3. 175-185

Heidenreich M (2002) Merkmale der Wissensgesellschaft. In: Bund-Länder-Kommission für Bildungsplanung und Forschungsförderung et al. (Hrsg) Lernen in der Wissensgesellschaft. Studienverlag, Innsbruck, S 334-363

Heidenreich M (2004) Knowledge-Based Work: An International Comparison. In: Management International. 8. 3. 65-80

Jansen D (2004) Networks, social capital and knowledge production. Speyer: FÖV Discussion Papers 8

Kilper H (2010) Governance und die soziale Konstruktion von Räumen. Eine Einführung. In: dies. (Hrsg) Governance und Raum. Nomos, Baden-Baden, S 9-24

Krätke S (2007) Metropolisation of the European Economic Territory as a Consequence of Increasing Specialisation of Urban Agglomerations in the Knowledge Economy. In: European Planning Studies. 15. 1. 1-27

Krugman P (1991) Geography and Trade.:MIT Press, Cambridge

Kujath HJ (2005) Knoten im Netz. Zur neuen Rolle der Metropolregionen in der Dienstleistungswirtschaft und Wissensökonomie. LIT, Münster

Kujath HJ, Pflanz K, Stein A, Zillmer S (2008) Raumentwicklungspolitische Ansätze zur Förderung der Wissensgesellschaft. Herausgegeben vom Bundesministerium für Verkehr, Bau und Stadtentwicklung sowie vom Bundesamt für Bauwesen und Raumordnung. Reihe Werkstatt: Praxis, Heft 58, Bonn

Kujath HJ, Schmidt S (2007) Wissensökonomie und die Entwicklung von Städtesystemen. Working Paper Nr. 37 des Leibniz-Instituts für Regionalentwicklung und Strukturplanung. http://www.irs-net.de/download/wp_staedtesysteme.pdf. Zugegriffen: 9.9.2010

Kujath HJ, Stein A (2009) Rekonfigurierung des Raumes in der Wissensgesellschaft. In: Raumforschung und Raumordnung 67. 5/6. 369-382

Kujath HJ, Stein A (2011) Lokale Wissenskonzentration in den globalen Beziehungsräumen der Wissensökonomie. In: Ibert O, Kujath HJ (Hrsg) Räume der Wissensarbeit. Zur Funktion von Nähe und Distanz in der Wissensökonomie. Verlag für Sozialwissenschaften, Wiesbaden, S 127-154

Kujath HJ, Stein A, Christmann G, Fichter-Wolf H (2010) Wissensgesellschaft und Wissensökonomie in Rheinland-Pfalz. Erkner: unveröffentlichter Forschungsbericht des IRS

Lüthi S, Thierstein A, Bentlage M (2011) Interlocking Firm Networks in the German Knowledge Economy. On Local Networks and Global Connectivity. In: Raumforschung und Raumordnung 69. 3. 161-174

Malecki E (2000) Creating and Sustaining Competitiveness. Local Knowledge and Economic Geography. In: Bryson J et al. (Hrsg) Knowledge, Space, Economy. Routledge, London, New York, S 103-119

Münter A (2011) Germany's Polycentric Metropolitan Regions in the World City Network. In: Raumforschung und Raumordnung 69. 3. 187-200

Nowotny H, Scott P, Gibbons M (2001) Re-Thinking Science: Knowledge and the Public in an Age of Uncertainty. Polity Press, Cambridge

OECD – Organisation for Economic Co-operation and Development (1996): Employment and Growth in the Knowledge-Based Economy. OECD, Paris

Park SO (2000) Knowledge-based industry and regional growth. IWSG Working Papers 02-2000, Frankfurt

Romer PM (1990) Endogenous Technological Change. Journal of Political Economy. 98. 5. 71-103

Schamp EW (2000) Vernetzte Produktion. Industriegeographie aus institutioneller Perspektive. Wissenschaftliche Buchgesellschaft, Darmstadt

Stehr N (1992) Experts, Counsellors and Advisors. In: Stehr N, Ericson RV (Hrsg) The Culture of Power and Knowledge. Walter de Gruyter, Berlin, New York, S 107-155

Stehr N (2004) Introduction. A World Made of Knowledge. In: ders. (Hrsg) The Governance of Knowledge. Transaction Publishers, New Brunswick, London, ix-xxvi

Stehr N (2007) Societal transformations, globalization and the knowledge society. In: International Journal of Knowledge and Learning. 3. 2/3. 139-153

Stein A (2007) Relevanz von Verkehrs- und Kommunikationsinfrastrukturen für wissensbasierte Dienstleister. In: Heinelt H, Kujath HJ, Zimmermann K (Hrsg) Wissensbasierte Dienstleister in Metropolräumen. Barbara Budrich, Opladen & Farmington Hills, S 93-120

Stein R (2002) Producer Services, Transaction Activities, and Cities: Rethinking Occupational Categories in Economic Geography. In: European Planning Studies. 10. 6. 725-743

Stichweh R (2009) Das Konzept der Weltgesellschaft. Genese und Strukturbildung eines globalen Gesellschaftssystems. Working Paper des Soziologischen Seminars 01/09. Soziologisches Seminar der Universität Luzern, Luzern

Storper M, Venables AJ (2004) Buzz: face-to-face contact and the urban economy. In: Journal of Economic Geography 4. 4. 351-370

Weingart P (2001) Die Stunde der Wahrheit? Zum Verhältnis der Wissenschaft zu Politik, Wirtschaft und Medien in der Wissensgesellschaft. Weilerswist

Willke H (2001) Systemisches Wissensmanagement. Lucius & Lucius, 2. Auflage, Stuttgart

Winden W van (2009) European Cities in the Knowledge-Based Economy: Observations and Policy Challenges. In: disP 178. 3. 83-88

Winden W van (2010) Knowledge and the European City. In: Tijdschrift voor Economische en Sociale Geografie 101. 1. 100-106

Zuwanderung aus dem Ausland – Eine Perspektive für Städte des peripherisierten Raums?

Thomas Bürk, Susen Fischer

1 Die Abwesenheit von Zuwanderung – Ein weiteres Merkmal von Peripherisierungsprozessen

Komplementär zu Zentralisierungsprozessen, die in größeren Großstädten und auch in Metropolregionen zu beobachten sind, beschreiben (Bernt et al. 2010, S. 10ff.) Abwanderungs-, Abkopplungs-, Abhängigkeits- und Stigmatisierungsprozesse als zentrale Charakteristika, mit denen sich die Peripherisierung einzelner Regionen und Städte beschreiben lässt. Diesem Szenario kann eine weitere Facette hinzugefügt werden, in der sich peripherisierte Räume von dynamischeren Regionen unterscheiden: die Abwesenheit signifikanter Zuwanderung.

Vor allem Regionen in den östlichen Bundesländern, aber auch verschiedene Regionen in Westdeutschland wie Nordhessen, Südniedersachsen, Nordfranken oder das Saarland, sind durch Strukturschwäche und Schrumpfungsprozesse gekennzeichnet. Nachlassende ökonomische Bindewirkungen der Regionen führen zu selektiver Abwanderung in Bezug auf Altersgruppen und Geschlecht, die die ökonomische Abwärtsspirale wie auch den Trend der zunehmenden Alterung in diesen Räumen weiter verschärfen. Gleichzeitig verzeichnen ortsansässige Unternehmen aufgrund des demografischen Wandels Rückgänge bei den Auszubildendenzahlen, eine älter werdende Belegschaft sowie ein sinkendes Arbeitskräfteangebot. Fachkräftemangel und längere Rekrutierungszeiten von Beschäftigten sind dementsprechend nicht nur ein Phänomen bestimmter Branchen (IT, Maschinenbau, Gesundheitswesen etc.), sondern in deutlich stärkerem Maße auch ein regionales Problem, das sich vor allem in peripherisierten Räumen konzentriert. Gerade im Bereich der privaten und öffentlichen Infrastruktur ist hier schon jetzt ein Fachkräftemangel abzusehen, der zunehmend zu spezifischen Versorgungsengpässen führt, und immense Auswirkungen auf die dauerhafte Leistungsfähigkeit kleinerer Kommunen und damit auf die Lebensqualität in diesen Räumen haben wird[1].

---

1 Im Zusammenhang mit der Unterversorgung im Bereich der medizinischen Versorgung („Landarztproblem") sowie der Pflege und Betreuung von Senioren aber auch in weiteren Bereichen werden schon heute Fachkräfte gesucht. Nach Angaben der Bundesregierung sucht je-

Während viele Kommunen in der Vergangenheit aus Sorge um ihre finanzielle Situation noch weitgehend für einen Zuwanderungsstopp warben, sind es nun vor allem Kommunen in ländlich geprägten Räumen, die eine Lockerung des Zuwanderungsrechts und die Anerkennung im Ausland erworbener akademischer Abschlüsse fordern. Auch auf Landesebene kommt heute – insbesondere in den Ländern, deren Städte und Regionen stark von Abwanderungs- und Peripherisierungsprozessen betroffen sind – Bewegung in die integrationspolitische Debatte. So wurde in dem traditionell unionsgeführten Bundesland Sachsen auf Initiative der Staatsregierung ein „Runder Tisch Anerkennung ausländischer Berufsabschlüsse" ins Leben gerufen. Dieser hat sich zur Aufgabe gesetzt, die Verfahren zur Anerkennung ausländischer Berufsabschlüsse und Qualifikationen zu verbessern und zu beschleunigen (SAB 2010).

Unter dem „Druck der Demografie" vollziehen sich damit nach und nach Öffnungsprozesse der städtischen Gesellschaft gegenüber Migrantinnen und Migranten. Die Auseinandersetzung mit dem demografischen Wandel und Bevölkerungsrückgang ist somit gerade in peripherisierten Städten und Regionen Auslöser für die erneut verstärkte Beschäftigung mit Zuwanderung und erfolgreicher Integration.

Das damit einhergehende wachsende Interesse an Zuwanderungsthemen ist auch deshalb interessant, weil periphere Räume auch in der Vergangenheit bereits Ziel von Migration waren. Allerdings wiesen und weisen Zuwanderungen hier einige Besonderheiten auf, die eine einfache Übertragung von in Großstädten und Städten in Agglomerationsräumen gewonnenen Erfahrungen schwer macht.

In unserem Beitrag wird gezeigt, welchen Herausforderungen insbesondere Städte des peripheren und ländlichen Raums bezogen auf die Zuwanderung von MigrantInnen gegenüber stehen. Die Forschungsergebnisse, die hier zu einer Perspektiverweiterung bei der Analyse von Peripherisierungsprozessen anregen sollen, entstanden im Rahmen eines Forschungs-Praxis-Projektes zum Thema „Integrationspotenziale in kleinen Städten und Landkreisen", einer Studie im Auftrag der Schader-Stiftung, an der von 2009-2011 neben der Herausgeberin dieses Bandes auch die Autoren beteiligt waren. In diesem Projekt wurde von 2009 bis 2011 in insgesamt zehn Kommunen des ländlichen Raums die Umsetzung integrationspolitischer Projekte und Strategien vergleichend beforscht.[2] Im

---

der vierte der 75.000 Elektrohandwerksbetriebe Fachkräfte, auch zahlreiche Ingenieurstellen konnten in den letzten Jahren nicht besetzt werden, so dass die Bundesagentur für Arbeit bereits in Indonesien und Vietnam nach Schweißern sucht (Bundesregierung 2011).

2   Das Projekt „Integrationspotenziale von kleinen Städten im ländlichen Raum" wurde im Auftrag der Schader-Stiftung durch ein Projektteam des ILS – Institut für Landes- und Stadtentwicklungsforschung in Dortmund (Federführung) und des Leibniz-Instituts für Regionalent-

vorliegenden Beitrag geht es weniger darum, Ansätze kommunaler Integrations-
strategien zu bewerten, noch darum, Kriterien für eine erfolgversprechende
Strategie zu benennen. Im Fokus stehen vielmehr die Kontextbedingungen,
denen sich die Städte in ländlichen und peripheren Regionen im Hinblick auf
Integration und Zuwanderung zu stellen haben. Dazu wird zunächst die Zuwan-
derungsgeschichte von Städten des ländlichen Raums in den vergangenen 50
Jahren kurz nachgezeichnet. Im Anschluss erfolgt die Darstellung der gegenwärtigen integrationspolitischen Praxis in Städten und Landkreisen des ländlichen Raums, um schließlich die Rahmenbedingungen und Grenzen kommunaler
Steuerungsfähigkeit in diesem Politikfeld zu erörtern.

2   Zuwanderung im ländlichen Raum[3]

Die Zuwanderung von Migranten in den ländlichen Raum Deutschlands war in
den letzten Jahrzehnten durch drei wesentliche Merkmale bestimmt: sie erfolgte
in deutlich geringerem Umfang als in vergleichbaren großstädtischen Räumen,
sie war vielfach unfreiwillig und sie verteilte sich räumlich dispers. In Folge
dessen sind Migranten und Migrantinnen äußerst ungleich über das Bundesgebiet verteilt. Der Anteil von Ausländern ist so in Ostdeutschland mit rund zwei
Prozent deutlich niedriger als in Westdeutschland mit durchschnittlich sechs
Prozent. In ländlich geprägten Gebieten macht die ausländische Bevölkerung im
Durchschnitt nur rund fünf Prozent der Bevölkerung aus, gegenüber zwölf Prozent in den Agglomerationsräumen (Worbs et al. 2005, S. 28; Gesemann und Roth 2009, S. 14).[4]
      Hinter diesen Durchschnittswerten verbergen sich allerdings verschieden
hohe Anteile in den einzelnen Kommunen. Die sehr unterschiedlich verlaufene
räumliche Ansiedlung von Ausländerinnen und Ausländern sowie von Personen
mit Migrationshintergrund in Städten und Gemeinden des ländlichen Raums
wurde vor allem von der damaligen Gastarbeiterpolitik und der Zuweisungspra-
xis für (Spät-)Aussiedler, Kontingentflüchtlinge und Asylbewerber bestimmt.

---

wicklung und Strukturplanung in Erkner (IRS) bearbeitet. Die Projektergebnisse wurden veröf-
fentlicht unter Schader-Stiftung 2011.

3   Die Beschreibung der Situation der Zuwanderungspraxis und Zuwanderungsgruppen im ländli-
chen Raum in Deutschland wurde in gekürzter Fassung übernommen aus der Publikation der
Projektergebnisse zum o.g. Projekt „Integrationspotenziale von kleinen Städten im ländlichen
Raum". Vgl. Schader-Stiftung 2011, S. 57-64.

4   Die entsprechenden Referenzwerte differieren leicht je nach zugrunde liegender Definition des
ländlichen Raumes.

Siedlungsschwerpunkte ehemaliger Gastarbeiter

Die Anwerbung von Arbeitsmigrantinnen und -migranten in den 1960er und 1970er Jahren führt auch in Städten und Gemeinden des ländlichen Raums der Bundesrepublik zur Zuwanderung, wenn auch in wesentlich geringerem Ausmaß als in den Großstädten. Waren vorerst Italiener, Spanier und Griechen dominierende Gruppen der Gastarbeiter in der (alten) Bundesrepublik, nahmen im Laufe der Zeit insbesondere die Anteile von Zuwanderern aus der Türkei stark zu.

Die räumliche Verteilung der Migranten orientierte sich dabei stark an der wirtschaftlichen Prosperität der Region. Während sich die Zuwanderung zunächst insbesondere in den Großstädten und Verdichtungsräumen konzentrierte, wurden später durch direkte Anwerbung auch industriell geprägte Mittel- bzw. Kleinstädte zu Zielorten der Gastarbeitermigration. Insbesondere Arbeitskräfte aus der Türkei fanden häufig auch in Agrarbetrieben Arbeit.

Die Anwerbung migrantischer Arbeitskräfte erfolgte in der Bundesrepublik – und in anderer ökonomischer Logik auch in der DDR – bis in die späten 1980er Jahre gemäß den Paradigmen nationaler und regionaler Wirtschaftspolitik. Der Bedarf an Arbeitskräften in den industriellen Sektoren – inklusive der Agrarindustrie – wurde damit im Wesentlichen von Großbetrieben und deren Kommunikations- und Anwerbestrategien bestimmt. Diese, von staatlichen Verwaltungen einfach zu erkennenden, Großakteure der Beschäftigungspolitik bestimmten damit auch die Ansiedlung von MigrantInnen an den Standorten der Wirtschaftsbetriebe. Erst die postindustrielle Phase des Arbeitsmarktes seit der Vereinigung Deutschlands schuf neue Akteurskonstellationen auf Seiten einer sich zunehmend als Dienstleistungsökonomie definierenden Wirtschaft. Damit entstand auch eine veränderte soziale Geographie der Migration. Nicht nur die ökonomisch induzierten Rahmenbedingungen von Zuwanderung, sondern auch die Existenzsicherungsmöglichkeiten der früheren Gastarbeiter sowie neuer MigrantInnengenerationen, veränderten sich und führten in der Folge zu anderen Regionalisierungen des bundesrepublikanischen Migrationsregimes. Darüber hinaus führte die Zunahme von höheren Bildungsabschlüsse und Qualifikationen in der zweiten und dritten Generation der Migrantenhaushalte zu einer Erweiterung der Wahlmöglichkeiten in Bezug auf die Bestimmung des eigenen Wohn- und Arbeitsortes.

Siedlungsschwerpunkte von (Spät-)Aussiedlern und jüdischen Flüchtlingen

Im Verlauf der 1980er bis Mitte der 1990er Jahre wurde den ländlichen Kommunen in Westdeutschland, ab 1990 im gesamten Bundesgebiet eine bedeutsame Zahl an (Spät-)Aussiedlern und jüdischen Flüchtlingen zugewiesen (Miksch und Schwier 2001). Durch die regionale Zuweisungspolitik auf Bundesebene sowie durch Prozesse der so genannten „Kettenwanderung" sind inzwischen insbesondere im ländlichen Raum deutliche kleinräumige Wohnzusammenschlüsse von (Spät-) Aussiedlern zu beobachten. In der Folge führte das zu einem starken Ungleichgewicht in der Verteilung dieser Zuwanderungsgruppe über die Bundesrepublik und zu einer Konzentration in bestimmten Städten und Landkreisen. Seit 1996 wurde die räumliche Verteilung der zuwandernden (Spät-)Aussiedler maßgeblich durch das Wohnortzuweisungsgesetz (WoZuG) bestimmt. Danach waren alle neu zugewanderten (Spät-)Aussiedler für einen befristeten Zeitraum (von 2-3 Jahren) an ihren zugewiesenen Wohnort gebunden und konnten nicht frei über ihren Aufenthalts- und Wohnort in der Bundesrepublik bestimmen. Erst Ende 2009 ist dieses Gesetz außer Kraft getreten (BVerfGE 110, 177).

Der Anteil von (Spät-)Aussiedlern in Gemeinden unter 20.000 Einwohnern liegt bei ca. 3,7 Prozent der Bevölkerung, umfasst damit aber rund ein Drittel der Bevölkerung mit Migrationshintergrund in kleineren Gemeinden (BBMFI 2007b, S. 100). Der Zuzug von (Spät-)Aussiedlern erfolgte auch in Abhängigkeit von Wohnungsangeboten, die z.T. in diesem Zeitraum in einigen Gemeinden gezielt neu geschaffen wurden. In einigen Regionen mit geringer wirtschaftlicher Prosperität erhöhten sich die Arbeitslosenzahlen sowie die Sozialhilfeaufwendungen der Kommunen im Zusammenhang mit der Zuwanderung sprungartig (Wenzel und Hermeling 1997, S. 110ff.). Fehlende Ausbildungs-, Erwerbs- und Freizeitmöglichkeiten in den Städten und Gemeinden führten dazu, dass viele Familien diese nach dem Wegfall der Wohnortbindung in Richtung der größeren und prosperierenden Städte verließen.

Regionale Verteilung von Asylbewerbern nach Quotenregeln

Die dritte große Gruppe von Zugewanderten in Städten und Gemeinden des ländlichen Raums bilden Asylbewerber. Diese Gruppe gehört nach deutschem Recht aufgrund des ungesicherten Aufenthaltsstatus und des zu erwartenden Abschiebeverfahrens nicht zu den Personen, deren Integration in die deutsche Gesellschaft explizit unterstützt wird. Sie bilden aber in einigen Gemeinden die größte Gruppe unter den Zuwanderern und sind de facto Hauptadressaten kommunaler Ausländer- bzw. Integrationspolitik.

Die Verteilung Asylsuchender erfolgt durch das Bundesamt für Migration und Flüchtlinge (BAMF) mit Hilfe eines bundesweiten Verteilungssystems, das den Bundesländern nach dem so genannten „Königsteiner Schlüssel" Aufnahmequoten zuteilt. Trotz der Festsetzung von Aufnahmequoten für die einzelnen

Bundesländer kommt es innerhalb der Länder zu einer ungleichen Verteilung von Asylsuchenden auf die Städte und Gemeinden. So lag die Prozentzahl der Geduldeten, also der Anteil der Ausländerinnen und Ausländer mit ungesichertem Aufenthaltsstatus, im Jahr 2007 im Landkreis Jerichower Land (Sachsen-Anhalt) bei 11,5 Prozent und im Landkreis Coburg (Bayern) demgegenüber bei 0,1 Prozent (Bertelsmann Stiftung). Auch aus dieser Gruppe verlassen viele Zuwanderer die Städte des ländlichen Raums, sobald sie über gesicherte Aufenthaltstitel verfügen.

Besonderheiten der Migrationsprozesse in Ostdeutschland

Innerhalb dieses gesamtdeutschen Bildes sind ostdeutsche Städte und Gemeinden durch einige Besonderheiten gekennzeichnet. Diese liegen nicht nur in einer anderen Migrationsgeschichte vor 1990 begründet, sondern auch aktuell in einem geringeren Migrantenanteil und der Präsenz anderer Zuwanderungsgruppen. Arbeitsmigration von Vertragsarbeiterinnen und -arbeitern in größerem Umfang fand erst mit Beginn der 1980er Jahre statt. Die größte Gruppe von Zuwanderern waren dabei Vietnamesen. Weitere Staatsverträge wurden mit Kuba, Algerien, Angola und Mozambique geschlossen (Weiss 2011).

Seit Mitte der 1990er Jahre verzeichneten die Städte und Gemeinden außerhalb der ostdeutschen Ballungsräume kaum noch Zuwanderung. Bei den noch erfolgenden Zuzügen handelte es sich zumeist um Asylsuchende, jüdische Immigranten und (Spät-)Aussiedler, die den Bundesländern zugewiesen wurden (BAMF 2007). Diese Zahlen sanken aufgrund der insgesamt zurückgehenden Antragszahlen in den letzten Jahren jedoch deutlich.

Der Anteil der Menschen mit Migrationshintergrund an der ostdeutschen Bevölkerung lag 2010 bei 4,7 Prozent (BBMFI 2010, S. 53). Bei der Mehrzahl handelt es sich um Personen der ersten Generation. 70 Prozent der Ausländer in Ostdeutschland leben seit weniger als 10 Jahren in Deutschland (Westdeutschland: 37,6 %). Über die Hälfte von ihnen verfügt nur über einen ungesicherten Aufenthaltsstatus (alte Bundesländer: 36,6 %; Weiss 2009, S. 16). Migrantinnen und Migranten mit längerer Bleibedauer kamen gegenüber den alten Bundesländern vorwiegend aus den osteuropäischen Staaten und Vietnam.

Der überwiegende Teil der Zugewanderten blieb aufgrund der Residenzpflicht für Flüchtlinge sowie der bis 2009 geltenden Präsenzpflicht für Spätaussiedler nicht freiwillig in den neuen Bundesländern. Ein Großteil verließ Ostdeutschland hingegen, sobald der Aufenthaltsstatus es zuließ. Der Aufenthalt in ostdeutschen Städten und Gemeinden ist somit für viele Migranten lediglich eine Zwischenstation in Deutschland.

Aktuelles Zuwanderungsgeschehen

Für Zuwanderung und die Integration von Zugewanderten sind neben der Lage und der siedlungsstrukturellen Prägung von Städten, Gemeinden und Landkreisen insbesondere die demografischen und ökonomischen Entwicklungstendenzen wichtige Kontextbedingungen (BAMF 2007; Boos-Krüger 2005). Soziale Integrationserfolge, egal ob für Einheimische oder Zugewanderte, hängen stark von einem prosperierenden lokalen Arbeitsmarkt ab. Strukturschwache Städte und Regionen mit einem nur geringen bzw. nicht konkurrenzfähigen Arbeitsplatzangebot sind so kaum für Zuwanderung attraktiv, weder aus dem Inland noch aus dem Ausland.

In den letzten Jahren verzeichneten die Städte und Gemeinden außerhalb der Ballungsräume kaum noch Zuwanderung. Die Ballungsräume und Großstädte erleben seit der Europäischen Finanzkrise einen steigenden Zuzug aus den betroffenen EU-Mitgliedstaaten wie Griechenland und Spanien (Destatis 2011). Bei den noch erfolgenden Zuzügen in die Städte des ländlichen Raums handelte es sich vorrangig um Asylsuchende und Familiennachzug bereits in Deutschland lebender Ausländer bzw. Personen mit eigener Migrationsgeschichte. Nur vereinzelt kommt es zu Zuzügen Hochqualifizierter oder Facharbeiter durch gezielte Anwerbung ortsansässiger Unternehmen.

3   Zuwanderungs- bzw. Integrationspolitik in Kommunen des ländlichen Raums

In vielen Städten, Gemeinden und Landkreisen lag der Beginn kommunaler Integrationsarbeit in den 1980er und frühen 1990er Jahren. In industriell geprägten Regionen und im Umland von Ballungsräumen mit höheren Gastarbeiterzahlen begannen Ansätze der Ausländer- und Integrationsarbeit allerdings zum Teil schon wesentlich früher. Im ländlichen Raum standen dabei vor allem die Integration von (Spät-)Aussiedlern und in den Kommunen, die über Asylbewerberheime verfügten, die Versorgung von Flüchtlingen stark im Mittelpunkt. In dieser Zeit entstanden oftmals erste Aussiedler-Arbeitskreise bzw. Migrations-Netzwerke, die sich in der Regel aus Vertretern der Aussiedler-Beratungsstellen der Wohlfahrtsverbände, der jeweiligen Ausländerbehörden, der Arbeitsagenturen, Sozialämter, Kirchen und Schulen sowie der Polizei zusammensetzten. Ziel dieser Netzwerke war die bessere Koordination der Integrationsarbeit zwischen den verschiedenen Akteuren, der Informationsaustausch über aktuelle Projekte und die Abstimmung von Handlungsschwerpunkten. Die Auslöser für die integrationspolitische Debatte vor Ort waren dabei in der Vergangenheit oft devianzorientiert. Dabei standen häufig abweichende Verhaltensweisen von Jugendlichen sowie Konflikte im öffentlichen Raum im Zentrum der öffentlichen Wahrnehmung, auf die die Kommunen zunächst durch ordnungspolitische Maßnahmen reagierten. Erste Projekte dieser Netzwerke richteten sich entsprechend vor allem auf die Kinder- und Jugendarbeit. In den letzten Jahren lagen dagegen die zentralen Tätigkeitsschwerpunkte in der Organisation und Koordinierung von Sprach- und Integrationskursen, Maßnahmen der Nachqualifizierung und in Hilfestellungen in Bezug auf das Anerkennungsverfahren von im Ausland erworbenen Berufs- und Hochschulabschlüsse. Insbesondere durch ein aktives Einzelfallmanagement versucht man heute häufig, zugewanderte Personen und Familien in der Stadt bzw. im Landkreis zu halten.

Die Integrationsarbeit wird in den meisten Städte und Gemeinden des ländlichen Raums seit vielen Jahren durch das persönliche Engagement von einzelnen Akteuren in den Migrationsnetzwerken, von intermediären Organisationen wie den Wohlfahrtsverbänden, von Vereinen und von einzelnen Freiwilligen getragen. Diese Akteure agieren oftmals ohne politischen Auftrag und nur mit geringer Unterstützung durch die Stadtpolitik. Ein Zeichen dafür ist, dass es in vielen kleinen Städten und Gemeinden bisher keine Integrationsbeauftragten gibt. Die kommunale Integrationsarbeit wird meist durch Integrationsbeauftragte auf der Landkreisebene koordiniert. Die Zuständigkeit für Integration in den Städten und Gemeinden bleibt jedoch häufig unklar (BMVBS und BBR 2008, S. 21ff.).

Bislang fehlt es zudem in den meisten Fällen an einer strategischen Steuerung der Integrationspolitik. In den Städten, Gemeinden und Landkreisen, in denen Stellen für Integrationsbeauftragte geschaffen wurden, sind deren Aufgabenbeschreibung und Zeitkontingente meist unklar. In unserer Untersuchung arbeiteten einige kommunale Integrationsbeauftragten sogar ehrenamtlich ohne Budget oder Stellenanteile. In anderen Kommunen wurde fachfremden Mitarbeitern der Verwaltung das Thema Integration praktisch zugewiesen. Dort, wo Stellen für Integrationsbeauftragte geschaffen wurden, reicht das Aufgabenspektrum von Vernetzung und Kooperationsmanagement, über die Förderung der interkulturellen Kompetenz innerhalb der Verwaltung, bis hin zur Koordinierung von Sprachkursanbietern und der Geschäftsführung des örtlichen Integrationsbeirates bzw. -ausschusses.

Geringe Nachhaltigkeit kommunaler Integrationspolitik in Städten des ländlichen Raums

Lokale Integrationsarbeit durch aktive und engagierte Einzelpersonen in und außerhalb der Verwaltung bei gleichzeitiger Abwesenheit institutionalisierter Strukturen oder auch Abgabe von Integrationsaufgaben an freie Träger und

Wohlfahrtsverbände ohne eigenen kommunalpolitischen Steuerungsanspruch führt zumeist zu fragilen Integrationsstrukturen. So umfassen viele Integrationsangebote in den Kommunen integrationspolitische Einzelprojekte, die zwar Anstoß- und Initiationseffekte haben, indem sie auf vor Ort bestehende Herausforderungen reagieren und diese zum Thema machen – aber kaum eine langfristige Perspektive aufbauen können. Die Förderung lokaler Integrationspotenziale hängt jedoch sowohl in ihrer Glaubwürdigkeit und nicht zuletzt auch in ihrem praktischen Erfolg von einer langfristigen Kontinuität der Strukturen ab. Gerade in dieser Hinsicht zeigen sich aber in vielen Kommunen Probleme, denn die Mehrheit der realisierten Projekte und Initiativen läuft nach einigen Jahren aus und eine Überführung in den Regelbetrieb findet in den meisten Fällen nicht statt.

Kurzfristige Projektlaufzeiten erzeugen jedoch kontinuierlich einen hohen Verwaltungs- und Antragsaufwand und ermöglichen in Verbindung mit prekärer Beschäftigung nur begrenzt personelle und programmatische Kontinuität. Während die Zahl der Anbieter von Integrationsleistungen in Großstädten deutlich größer ist und die Angebote untereinander kompensiert werden können, bedeutet in Städten und Gemeinden des ländlichen Raums das Ende der finanziellen Förderung von Projekten mitunter den Wegfall des kompletten Angebots und das „Einschlafen" von über Jahre gewachsenen Netzwerken.

Auch vor dem Hintergrund der Finanzknappheit der Kommunen sind kommunale Integrationsansätze im ländlichen Raum deshalb verwundbarer und in ihrer Nachhaltigkeit oft stark gefährdet. Wichtiger als die Durchführung immer neuer Projekte ist daher die Implementierung dauerhafter integrationsfördernder Strukturen. Dabei sollten vor allem die Regelstrukturen z.B. im Bildungs- und Sozialbereich für Themen der Integration geöffnet und damit Kontinuitäten gesichert werden.

4   Rahmenbedingungen und Grenzen kommunaler Steuerungsfähigkeit

Insgesamt sind die Handlungsspielräume der Kommunen im Politikfeld Integration unterschiedlich stark ausgeprägt. Der Rahmen der Integrationspolitik wird dabei durch den Bund definiert, der im Rahmen seiner allgemeinen Gesetzgebungskompetenz die Regeln und Richtlinien für Zuwanderungen aus dem Ausland festlegt. Einwanderungsgesetzgebung, Definitionen des Flüchtlingsstatus, Regelungen zur Residenzpflicht u.a. fallen nicht in die Zuständigkeit der Kommunen. Auch andere zentrale integrationsrelevante Politikfelder, wie z.B. der Bildungs-, Gesundheits-, oder Sozialbereich, werden maßgeblich von den übergeordneten staatlichen Ebenen (Bund und Land) gestaltet und entziehen sich damit in weiten Teilen der Reichweite kommunaler Politik. Den wohl größten

Handlungsfreiraum haben die Kommunen im Bereich der sogenannten „freiwilligen Aufgaben", die sich über ein weites Feld von lokalen Wohlfahrtsleistungen bis hin zur Unterhaltung kultureller und sozialer Einrichtungen erstrecken. Die Fähigkeit zur Erbringung dieser Leistungen ist allerdings stark von der kommunalen Finanzsituation abhängig. Die Ausstattung der kommunalen Haushalte kann bei der Betrachtung kommunaler Handlungsspielräume und der Analyse kommunaler Aufgabenwahrnehmung nicht ausgeblendet werden. Denn nicht nur das eigenständige Handeln der Kommunen, sondern auch für das erfolgreiche Einwerben von Fördermitteln setzt voraus, dass die Kommunen über genügend eigene und freie Mittel verfügen. Die fiskalische Handlungsfähigkeit determiniert die Handlungs- und Gestaltungsfähigkeit der Gesamtkommune. In den letzten Jahren zeigt sich dabei, dass viele Kommunen aufgrund ihrer Finanzknappheit wichtige Aufgaben aus dem Bereich der freiwilligen kommunalen Aufgaben nicht mehr wahrnehmen können, da ihre Finanzmittel nur für die gesetzlich vorgeschriebenen Aufgaben reichen (vgl. Pohle 2010, S. 173). Insgesamt ist die kommunale Ebene in ihrer Rolle als Garant erfolgreicher Integration „gemessen an ihrer Finanzausstattung sowie der administrativen und politischen Kompetenz die am schlechtesten ausgestattete Politikebene" (Bogumil 2001, S. 17f.).

Gleichwohl haben die viele Kommunen ein dezidiertes Interesse daran, die Zuwanderung ausländischer Fachkräfte zu befördern und deren Immigration zu vereinfachen und zu beschleunigen, auch wenn sie die Bedingungen der Integration vor Ort nicht in Gänze beeinflussen können. Bommes sieht die Kommunen vor allem in der Funktion als „Moderatoren der Integration", die es ihnen ermöglicht in der Integrationspolitik auch dort aktiv zu sein, wo sie keine unmittelbare Zuständigkeit haben (Bommes 2010, S. 36).

Eine Besonderheit kommunaler Integrationspolitik im ländlichen Raum liegt zudem in der Zuständigkeitsteilung zwischen Landkreisen, kreisangehörigen Städten und Gemeinden, aus der sich unterschiedliche und oft sehr spezifische Rahmenbedingungen für die integrationspolitischer Akteurs- und Entscheidungsstrukturen ergeben. Die Landkreise und ihre Gemeinden sind dabei jeweils selbständige Gebietskörperschaften. Zwischen ihnen gibt es keine hierarchische Über- bzw. Unterordnung. In einer gestuften Verwaltungsgliederung teilen sich beide Gebietskörperschaften kommunale Aufgaben in einer Art Funktionsverbund. Das Themenfeld der Integration ist demnach unterschiedlich in den Verwaltungsstrukturen der Kreise und Städte verankert und führte in der Vergangenheit zu einer deutlich heterogenen Landschaft kommunaler Integrationsstrukturen.

5   Fazit

Die gesellschaftlich-politische Debatte um Zuwanderung und damit auch die politisch-strukturellen Rahmenbedingungen der Kommunen im Bereich Integrationspolitik haben sich in Deutschland in den letzten fünf bis sieben Jahren grundlegend verändert. Die Rolle der Kommunen für einen gelingenden Integrationsprozess von Migranten wurde spätestens im Nationalen Integrationsplan (BBMFI 2007a) deutlich hervorgehoben. Dagegen verschärften sich die strukturellen und sozio-ökonomischen Rahmenbedingungen für Zuwanderung insbesondere der peripherisierten und ländlichen Kommunen deutlich.

Wenn es um die Anwerbung von Investitionen und Beschäftigten geht, sind Städte im ländlichen und peripherisierten Raum gegenüber größeren Städten und Metropolregionen kaum konkurrenzfähig. Zu ihrer geringeren Attraktivität für Zuwanderung tragen nicht nur die fortschreitende Ausdünnung technischer, sozialer und kultureller Infrastrukturen sondern auch die zweifach stigmatisierende Wahrnehmungen der Städte und Regionen bei: Diskutiert werden peripherisierte Städte und Regionen zum Einen als „Entleerungsräume", oder randständige Schrumpfungsregionen, andererseits kämpfen viele Städte und Regionen mit negativen Images einer dort scheinbar virulenter verbreiteten Fremdenfeindlichkeit und Präsenz rechtsextremer Einstellungen.

Die Ausgangsbedingungen für Zuwanderung könnten somit kaum schlechter sein. Aber spätestens der prognostizierte Fachkräftemangel führte auch in strukturschwachen und vom demografischen Wandel benachteiligten Städten und Regionen zu einer stärkeren Beschäftigung mit den Themen Zuwanderung und Integration ausländischer Migrantinnen und Migranten. Die Kommunen erkennen, dass die Funktionsfähigkeit des städtischen Gemeinwesens und der örtlichen Infrastrukturen vom Zuzug neuer Personen und auch der Aktivierung bislang ungenutzter Potenziale abhängt. Das gilt sowohl für den örtlichen Arbeitsmarkt, der vielfach vom Fachkräftemangel betroffen ist, als auch für ehrenamtliche Strukturen wie Kirchengemeinden, freiwillige Feuerwehren und Vereine.

Kommunale Integrationspolitik in Städten, Gemeinden und Landkreisen ist im Wesentlichen durch zwei zentrale Faktoren bestimmt: der föderalen Aufgabenteilung zwischen den staatlichen Ebenen bei der Ausgestaltung der Migrations- und Integrationspolitik sowie der angespannten und kritischen kommunalen Finanzsituation. Die Rahmenbedingungen der Zuwanderung, wie etwa Einwanderungsgesetzgebung, aber auch andere zentrale integrationsrelevante Politikfelder werden von den übergeordneten politischen Ebenen, von Bund und Land definiert. Die finanzielle Situation vieler Kommunen im ländlichen bzw. peripherisierten Raum führt zusätzlich zur starken Abhängigkeit der Ausgestaltung lokaler Integrationsarbeit von Bundes- und Landesbehörden.

Bei aller strukturellen Abhängigkeit von übergeordneten staatlichen Ebenen und ihren relativ geringen Handlungsspielräumen sind die Kommunen in den Bereichen Migration und Integration bereits seit Jahrzehnten aktiv. Auffällig ist jedoch vor allem die geringe Präsenz politischer und kommunaler Akteure und Entscheidungsträger. Viele lokale Akteure der kommunalen Integrationsarbeit agieren ohne staatliche Unterstützung. Integration ist damit in den Kommunen weniger ein Aufgabenbereich, den Stadtpolitik und Stadtverwaltung wahrnehmen, sondern sie wird an Wohlfahrtsverbände, freie Träger und an Akteure der Zivilgesellschaft ausgelagert und von diesen recht oder schlecht bearbeitet. Viele Kommunen sind vor diesem Hintergrund weit davon entfernt, ihr Gemeinwesen, Verwaltung und Politik im Sinne einer strategieorientierten Integrationspolitik zu professionalisieren. Kommunale Integrationsbeauftragte sind innerhalb ihrer Verwaltungen und Rathäuser oft Einzelkämpfer und unliebsame Reformer. Damit wirkt ihre Arbeit auch zuerst nach Innen – bezogen auf konkrete Problemfälle und Integrationsansätze. Dem beschriebenen oft negativen Außenbild von für Integration wenig zugänglichen oder gar abweisenden Strukturen im ländlichen Raum können sie wenig entgegensetzen.

Zusammengefasst besitzen die Kommunen im Politikfeld Migration und Integration nur begrenzte Handlungsspielräume. Zwar kam es spätestens mit den Diskussionen um den Nationalen Integrationsplans zu einer symbolischen Aufwertung des Politikfeldes Integration, seiner Aktiven und des Ehrenamts, gleichzeitig hat sich an der prekären Arbeitssituation vieler integrationspolitisch Engagierter und Aktiver wenig geändert. Nur wenige Kommunen verfügen derzeit über Ansätze strategischer Integrationspolitik und über eine querschnittsorientierte Bearbeitung des Themas in ihren eigenen Behörden und Einrichtungen unter dem Stichwort interkulturelle Öffnung. Auch wirkt das Label einer „Willkommenskultur", bei gleichzeitig restriktivem Umgang mit Asylbewerbern und einer aktiver Abschiebepraxis, gerade in kleineren Kommunen aus der Sicht von Migranten häufig eher widersprüchlich und wenig glaubhaft.

Der Diskussion um den prognostizierten Fachkräftemangel können die Kommunen aus all diesen Gründen alleine kaum eine angemessene und erfolgversprechende Zuwanderungsstrategie für Migranten aus dem Ausland entgegensetzen. Dafür erforderlich wären stabile Netzwerke, in denen die Kommunen mit Vertreter von Unternehmen und zivilgesellschaftliche Akteuren zusammenarbeiten und gemeinsam eine aktive Zuwanderungsstrategie entwickeln. Zwar gibt es durchaus Beispiele dafür, wie kommunale Behörden Unternehmen bei der Anwerbung und Einstellung ausländischer Fachkräfte unterstützen können - bisher sind diese aber eher Ausnahmen, als die Regel. Zudem liegen die größeren Potentiale vermutlich in der Ortsbindung sowie der Nach- und Weiterqualifizierung bereits vor Ort lebender Personen und in der Sensibilisierung ortsansässiger Unternehmen. Lokale Unternehmen haben im ländlichen Raum wichtige Vorbildfunktionen für gelingende Integrationsprozesse in den Arbeitsmarkt: Die Spezifik des Zugangs zum Ausbildungs- und Arbeitsmarkt für MigrantInnen im ländlichen Raum unterliegt lokalen Differenzen, die sich in angepassten Handlungsansätzen ausdrücken muss: So kann sich die stärkere Verankerung kleiner und mittlerer, oftmals noch familiengeführter Unternehmen als schwer zu steuernde Situation darstellen. Einzelne lokale Unternehmen unterliegen in hohem Maße subjektiven – und insofern auch persönlich willkürlich erscheinenden – beschäftigungspolitischen Einstellungen, die sich nur schwer integrationspolitisch beeinflussen lassen. Während also räumliche Nähe und enge soziale Netze exklusorischen Praktiken gegenübcr MigrantInnen befördern können, können von besseren Vermittlungsmöglichkeiten aufgrund der höheren sozialen Einbindung dieser lokalen Unternehmen auch Jugendliche mit Migrationshintergrund profitieren. Entscheidend ist hier die aktive Adressierung privater Unternehmen durch die lokale Wirtschaftsförderung, etwa durch politische Initiativen der Stadtpolitik. So können Handwerkskammern und die kommunale Wirtschaftsförderung die örtlichen Unternehmen bei der Einstellung von Auszubildenden und Arbeitnehmern mit Migrationshintergrund gezielt ermutigen und unterstützen. Letztlich haben örtliche Unternehmer als zentrale Akteure des lokalen Gemeinwesens ganz allgemein eine wichtige Bedeutung für gelingende oder misslingende Integrationsprozesse. Dort, wo diese Schlüsselpersonen offensiv eine diskriminierungsfreie Einstellungspolitik pflegen, hat das einen positiven Einfluss auf das lokale Integrationsklima und -geschehen.

Literatur

BAMF – Bundesamt für Migration und Flüchtlinge (2007) Zuwanderung und Integration von (Spät-)Aussiedlern – Ermittlung und Bewertung des Wohnortzuweisungsgesetzes. Forschungsbericht 3. Nürnberg

BBMFI – Beauftragte der Bundesregierung für Migration, Flüchtlinge und Integration (2007a) Der Nationale Integrationsplan, http://www.bundesregierung.de/Content/DE/ Publikation/IB/Anlagen/nationaler-integrationsplan,property=publicationFile.pdf. Zugegriffen: 20 Oktober 2010

BBMFI – Beauftragte der Bundesregierung für Migration, Flüchtlinge und Integration (2007b) 7. Bericht über die Lage der Ausländerinnen und Ausländer in der Bundesrepublik Deutschland. Berlin

BBMFI – Beauftragte der Bundesregierung für Migration, Flüchtlinge und Integration (2010) 8. Bericht der Beauftragten der Bundesregierung für Migration, Flüchtlinge und Integration über die Lage der Ausländerinnen und Ausländer in Deutschland. Berlin

Bernt M, Bürk T, Kühn M, Liebmann H, Sommer H (2010) Stadtkarrieren in peripherisierten Räumen. Problemstellung, theoretische Bezüge und Forschungsansatz. Working Paper No. 42. Leibniz-Institut für Regionalentwicklung und Strukturplanung. http://www.irs-net.de/download/wp_stadtkarrieren.pdf. Zugegriffen: 1. Dezember 2011

Bertelsmann Stiftung (o.J.) Homepage: Wegweiser Kommune, http://www.wegweiserkommune.de/datenprognosen/kommunaledaten/KommunaleDaten.action. Zugegriffen: 27. Mai 2011

BMVBS und BBR – Bundesministerium für Verkehr, Bau und Stadtentwicklung / Bundesinstitut für Bau-, Stadt- und Raumforschung (2008): Integration vor Ort. Der nationale Integrationsplan - Zwischenbilanz. Stand: November 2008. Berlin, Bonn

Bogumil J (2001) Modernisierung lokaler Politik. Kommunale Entscheidungsprozesse im Spannungsfeld zwischen Parteienwettbewerb, Verhandlungszwängen und Ökonomisierung. Nomos, Baden-Baden

Bommes M (2010) Kommunen: Moderatoren im Prozess der sozialen Integration? In: APuZ - Aus Politik und Zeitgeschichte. S 46-47

Boos-Krüger A (2005) Sozialräumliche Integration von Zuwanderern in Klein- und Mittelstädten des ländlichen Raumes. In: Schader-Stiftung (Hrsg) Expertisen-Sammelband im Projekt Zuwanderer in der Stadt 2005. Darmstadt

Bundesregierung (2011) Barrieren für ausländische Fachkräfte beseitigt. Magazin für Wirtschaft und Arbeit der Bundesregierung. http://www.bundesregierung.de/Content/DE/Magazine/02MagazinWirtschaftArbeit /08/s-c-barrieren-fuer-auslaendische-fachkraefte-beseitigt.html. Zugegriffen: 7. Dezember 2011

Destatis – Statistisches Bundesamt Deutschland (2011) Zuwanderung nach Deutschland steigt im ersten Halbjahr 2011 um 19 %. Pressemitteilung Nr. 482 vom 22.12.2011. http://www.destatis.de/jetspeed/portal/cms/Sites/destatis/Internet/DE/Presse/pm/20 11/12/PD11__482__12711.psml. Zugegriffen: 31. Januar 2012

Gesemann F, Roth R (2009): Lokale Integrationspolitik in der Einwanderungsgesellschaft. Migration und Integration als Herausforderung von Kommunen. VS Verlag, Wiesbaden

Miksch J, Schwier A (2001): Fremde auf dem Lande. Frankfurt am Main: Lembeck

Pohle H (2010) Die Finanzierungsbasis der kommunalen Haushalte in Sachsen-Anhalt – Chancengleichheit im Standortwettbewerb. In: Rosenfeld M, Weiß D (Hrsg) Gleichwertigkeit der Lebensverhältnisse zwischen Politik und Marktmechanismus. Empirische Befunde aus den Ländern Sachen, Sachsen-Anhalt und Thüringen. Arbeitsmaterialien der Akademie für Raumforschung und Landesplanung, Hannover, S 172-193

SAB – Der Sächsische Ausländerbeauftragte (2010) Runder Tisch „Anerkennung ausländischer Berufsabschlüsse". Bericht und Empfehlung. Dresden

Schader-Stiftung (2011) Integrationspotenziale in kleinen Städten und Landkreisen. Ergebnisse des Forschungs-Praxis-Projekts. Darmstadt: Schader-Stiftung

Weiss K (2009) Migration und Integration in Ostdeutschland. In: Schader-Stiftung (Hrsg): Integrationspotenziale in kleinen Städten und Landkreisen. Dokumentation des Auftaktworkshops am 28./29. Mai 2009 in Nürnberg, S 16-17

Weiss K (2011) Zuwanderung und Integration im ländlichen Raum in Ostdeutschland. In: Informationskreis für Raumplanung (Hrsg), RaumPlanung 155/2011

Wenzel HJ, Hermeling A (1997) Aussiedler im Emsland – Zuwanderung und Eingliederungsprobleme. In: 7. Jahrbuch des Emsländischen Heimatbundes Nr. 43, S 107-119

Worbs S, Sinn A, Roesler K, Schmidt HJ (2005) Räumliche Verteilung und Wohnsituation von Zuwanderern in Deutschland. In: Verbundpartner im Projekt Zuwanderer in der Stadt (Hrsg), Expertisen-Sammelband. Darmstadt, S 13-72

Innere Peripherien in großstädtischen Kontexten – das Beispiel Berlin

Daniel Förste

1 Einleitung

Das Phänomen wachsender sozialer Ungleichheit zwischen und innerhalb von großstädtischen Quartieren hat in den letzten Jahren auch in Deutschland zusehends Aufmerksamkeit gefunden (Keller und Ruhne 2011, S. 17; Häußermann et al. 2008, S. 183).

In diesem Kapitel wird die Frage gestellt, inwiefern das Konzept einer „Inneren Peripherisierung" geeignet ist, auch die in diesem Kontext beschriebene Verfestigung sozialräumlicher Ungleichheit in innerstädtischen Quartieren abzubilden. In einem ersten Schritt wird hierzu geprüft, ob sich die von Kühn und Weck (in diesem Band) skizzierten Dimensionen der Peripherisierung –, Abwanderung, Abhängigkeit, Abkopplung – auch in großstädtischen Kontexten (wieder-)finden lassen. Hieraus abgeleitet wird zweitens gefragt, welche Zusammenhänge zwischen gesamtgesellschaftlichen nicht-räumlichen Prozessen und der in Großstädten zu beobachtenden Verräumlichung sozialer Ungleichheit bestehen. Zum dritten wird diskutiert, welche Rolle lokale Politiken in diesem Kontext spielen.

Hierbei ist zu beachten, dass der Begriff der Peripherisierung in großstädtischen Kontexten häufig noch im „klassischen Sinne", d.h. mit Bezug auf räumlich am Stadtrand gelegene Gebiete, angewandt wird (Haarlander 2006, S. 37). Im Gegensatz hierzu wird im vorliegenden Beitrag argumentiert, dass die Verortung im Raum nur noch einen geringen Erklärungswert für die sozialen Lagen hat. Die Argumentation basiert auf einer empirischen Analyse kleinräumiger Sozialdaten in „Problemgebieten" der Metropole Berlin, die im Rahmen des Programms „Aktionsräume [plus]" zur Beobachtung sozialräumlicher Problemlagen von der Berliner Senatsverwaltung für Stadtentwicklung im Rahmen der Erstellung des Monitorings Soziale Stadtentwicklung erhoben wurden.

2 Soziale Ungleichheit als Merkmal städtischer Quartiere

2.1 Perspektiven auf sozialräumliche Ungleichheit

Die Analyse der ungleichen räumlichen Verteilung sozialer Merkmale gehört zum Kernbestand stadtsoziologischer Forschung, für den im Laufe der Zeit eine ganze Reihe von unterschiedlichen Konzepten und Theorien entwickelt wurde. Entsprechend gibt es heute keine einheitliche Begriffsbestimmung, mit der die Herausbildung und Verstetigung von Armutsgebieten eindeutig gefasst werden könnte. Vielmehr konkurrieren Begriffe wie Segregation, Disparitäten und Exklusion miteinander.

Das Konzept der Segregation legt den Fokus auf die deskriptive Beschreibung sozialer Ungleichheit. In ihm bündelt sich die Vorstellung einer räumlichen Ungleichverteilung von sozialen Merkmalen von Personen und Personengruppen, die mit quantitativen Erhebungsverfahren erfasst und analysiert werden kann. Der Begriff der Segregation ermöglicht dabei zwar eine dynamische und vergleichende Betrachtung sozialer Ungleichheit (Massey und Denton 1988, S. 284), in der Praxis beinhalten Segregationsstudien aber oft eher eine Deskription ungleicher Merkmalsverteilungen als eine Analyse der Ursachen für dieselben.

Das Konzept der Disparität bzw. die Disparitätsthese interpretiert die Zunahme der sozialen Ungleichheit als Ergebnis ungleicher Lebensbedingungen. Anknüpfend an das Konzept der Segregation werden hier gesellschaftliche Rahmenbedingungen auf der Makroebene, wie zum Beispiel eine wachsende Einkommenspolarisierung, als Ursache für die ungleiche soziale Entwicklung von Sozialräumen in den Forschungsansatz integriert. Die aktuelle Zunahme von Disparitäten wird so als Ergebnis des mehrdimensionalen Strukturwandels von der Industrie- zur Dienstleistungsgesellschaft verstanden (Keller 2005, S. 117; Dangschat 1999, S. 102; Power et al. 2010, S.22), der auch räumlich zu einer zunehmenden Ausdifferenzierung der verschiedenen Stadtviertel führt. Vor diesem Hintergrund wird ein rapider sozialräumlichen Wandel beschrieben, in dem bisher bestehende räumliche Konfigurationen in Frage gestellt und über Auf- und Abwertungsprozesse von Stadtteilen die Lebenschancen der Bewohner neu definiert werden (Häußermann et al. 2008, S. 372).

Der Begriff der Exklusion nimmt diese Sicht auf und entwickelt das Konzept einer Verräumlichung unterschiedlicher Lebenschancen weiter. Er geht dabei über die Beschreibung sozialräumlicher Ungleichheit hinaus und diskutiert die Mechanismen, die zum anhaltenden Ausschluss von Teilen der Bevölkerung aus einer gleichberechtigten Teilnahme an gesellschaftlich „normalen"

Lebenschancen[1] führen. Durch begrenzte Lebenschancen gekennzeichnete Quartiere werden dabei zu Orten der Ausgrenzung und des Ausschlusses bestimmter Gruppen. Damit verstärkt sich die bereits bestehende Ungleichheiten, indem sie auch eine räumliche Distanz der „Ausgeschlossenen" zur Mehrheitsgesellschaft herstellen (Kronauer 2000, S. 25). Wichtige Dimensionen von Exklusion sind der Ausschluss bestimmter Gruppen aus dem Arbeits- und Wohnungsmarkt, der Ausschluss aus sozialen Netzwerken und der Wegfall von Teilhabemöglichkeiten an politischen Entscheidungen (ebd., Alisch und Dangschat 1998, S. 221; Keller und Ruhne 2011, S. 24). Diskutiert werden in der Literatur auch Exklusionsprozesse verstärkende „Nachbarschaftseffekte", bei denen das Fehlen von Rollebildern problematische Auswirkungen auf die Sozialisation von Kinder und Jugendlichen hat.

2.2 Spaltung der Arbeits- und Wohnungsmärkte

Für die sich auf dieser Grundlage vollziehende sozialräumliche Ausdifferenzierung von Wohnquartieren spielen Veränderungen auf den Arbeits- und Wohnungsmärkten eine zentrale Rolle.

Der Arbeitsmarkt verliert mit den in den letzten Jahrzehnten zu beobachtenden rasanten Umbrüchen in der Ökonomie zusehends seine frühere Bedeutung als zentrale Instanz der sozialen Integration. Flexibilisierung und Prekarisierung der Arbeitswelt führen zu einer wachsenden Zahl an niedrig entlohnten Jobs und einer anhaltend hohen Arbeitslosenquote; hierdurch wächst der Anteil von Stadtbewohnern, die nur über geringe monetäre Ressourcen verfügen (Krummacher et al. 2003, S. 17ff.). Diese Entwicklung stellt nicht nur die finanzielle Unabhängigkeit in Frage, sondern vermindert auch die Möglichkeiten der Betroffenen, ihren gesellschaftlichen Status und ihren Wohnort selbst zu definieren. Soziale Ungleichheit wird dabei in zunehmendem Maße auch durch einen prekären Erwerbsstatus hergestellt (Hradil 2001, S. 180).

Die wachsende soziale Ungleichheit auf dem Arbeitsmarkt wird begleitet durch eine Rekonfiguration von Wohnmilieus, vor allem in Folge von Aufwertung und Gentrification innerstädtischer Quartiere (Hamnett 2003, S. 8, 52, 95). Die hochwertige Sanierung oder Neuerrichtung von Wohngebäuden geht dabei mit Verdrängungs- und Schließungsprozessen am Wohnungsmarkt einher. Durch die Verdrängung „statusniedriger" durch „statushöhere" Gruppen kommt es zu einer Armutswanderung einkommensschwacher Bewohner in noch preiswerte Bestände, und damit häufig gerade in Gebiete, die bereits durch hohe Armutsbelastungen gekennzeichnet sind. Zur verdrängten Gruppe der status-

---

1 Zur Begriffsgeschichte siehe Kronauer 2000, S. 27ff.

niedrigeren Bewohnerschaft zählen vor allem Transferhilfeempfänger, die darauf angewiesen sind, dass die Miete ihrer Wohnung unterhalb der vorgegebenen Obergrenzen für die übernommenen Kosten der Unterkunft liegt. Gleichzeitig verstärkt sich die Entmischung sozialstrukturell eher problematischer Gebiete durch den selektiven Wegzug von Mittelschichtfamilien (Häußermann et al. 2008, S. 199). Für diese führen zunehmende soziale Probleme zu einer sinkenden Attraktivität des Quartiers als Wohnstandort, so dass angesichts der zur Verfügung stehenden finanziellen Ressourcen die Wegzugsbereitschaft steigt. Dabei erfolgt die Entscheidung zum Wegzug häufig in dem Moment, in dem die Kinder das Schulalter erreicht haben. Hierdurch entmischt sich einerseits die Sozialstruktur im Gebiet, aus dem fortgezogen wird – andererseits wird in Aufwertungsgebieten zusätzlicher Druck auf dem Wohnungsmarkt erzeugt.

Ingesamt bedingt die Verschränkung von Veränderungen auf Arbeits- und Wohnungsmärkten also eine zunehmende soziale Differenzierung innerhalb der Stadt. Dabei wirken verschiedene Prozesse zusammen:

- durch die Veränderung der Arbeitsmärkte verfügt ein wachsender Anteil von Stadtbewohnern nur über niedrige Einkommen,
- durch Mieterhöhungen, oft als Ergebnis von Aufwertungen in innerstädtischen Beständen, kommt es zu einer Verdrängung einkommensschwacher Bewohner,
- durch den Fortzug Besserverdienender aus sozial problematischen Gebieten wird ein „Filtering down" der Sozialstruktur in Gang gesetzt.

Das Zusammenwirken dieser Prozesse führt zu einer intensivierten Verräumlichung sozialer Ungleichheit, bei der die Konzentration von Armut in einem Viertel nur noch im Zusammenhang mit sozialräumlichen Prozessen in anderen Quartieren verstanden werden kann. Allerdings verlaufen die damit einhergehenden Veränderungen in der Praxis in einem hohen Maße kontextspezifisch und pfadabhängig, so dass es kaum möglich ist, aus den bestehenden Makrotheorien auf die konkrete Situation vor Ort zu schließen. Im Folgenden werden die theoretischen Annahmen deshalb auf das Beispiel Berlin übertragen und versucht nachzuvollziehen, in welcher Art und Weise sich die Quartiere in Berlin sozialstrukturell entwickelt haben. Interessant ist dabei vor allem, wie die unterschiedlichen Dimensionen der Ungleichheit beschrieben werden können, und wie diese sich jeweils im Raum wiederfinden.

3   Entwicklungslinien sozialer Gegensätze in Berlin

Sowohl in Ost- wie in Westberlin war der Wohnungsmarkt bis zur Wiedervereinigung stark reguliert. Die räumliche und wirtschaftliche Isolation des Westteils der Stadt führte so zu einer starken Einschränkung von Marktmechanismen auf dem Wohnungsmarkt (Häußermann und Kapphan 2002, S. 76, 82) und zu einer zentralen Bedeutung städtebaulicher Sonderprogramme, durch die Investitionen in den Wohnungsbestand weitgehend von Lage- und Ertragserwartungen entkoppelt wurden (Bernt 2003, S. 7, 38; Häußermann et al. 2008, S. 91). In ähnlicher Weise wurde auch der Arbeitsmarkt vor einer Konkurrenz geschützt. In Ostberlin strebte eine sozialistische Wohnungs- und Wirtschaftspolitik den Abbau von sozialen Unterschieden an (Häußermann et al. 2008, S. 94; Bernt 2003, S 84ff.). Im Ergebnis dieser Entwicklung unterblieb eine starke sozialräumliche Ausdifferenzierung der Bewohnerschaft in beiden Stadthälften.

Dies änderte sich schrittweise in den 1990er Jahren: Berlin entwickelte sich von einer „politisch geteilten hin zu einer sozialräumlich gespaltenen Stadt" (Häußermann und Kapphan 2002, S. 1). Wesentliche Ursachen hierfür liegen in Veränderungen des Arbeits- und des Wohnungsmarktes der Stadt. Mit dem Ende des Kalten Krieges und der Überwindung der Teilung Deutschlands wurde so die vorhandene Industrie in beiden Teilen der Stadt schlagartig der Konkurrenz des globalen Marktes ausgesetzt. Dies führte bereits kurz nach der Vereinigung zu einer rapiden, nachholenden Strukturanpassung und zu einem enormen Verlust an industriellen Arbeitsplätzen (vgl. Krätke und Borst 2000, S. 7). Auch in der Folgezeit kam es – entgegen den Erwartungen vieler politischer Entscheidungsträger – in Berlin nicht zu einem umfassenden Wandel von einer Industrie- zu einer Dienstleistungsökonomie mit entsprechendem Arbeitsplatzwachstum. Weder siedelten sich in Berlin größere Unternehmenszentralen an, noch kam es zur Herausbildung umfangreicher unternehmensnaher Dienstleistungscluster, die den Verlust an Arbeitsplätzen hätten kompensieren können (van der Wusten 2003, S. 211; Krätke und Borst 2000, S. 19). Erst seit den 2000er Jahren kann in Berlin ein Wachstum von Arbeitsplätzen in Kultur- und Wissensdienstleistungsunternehmen und in der Tourismusbranche beobachtet werden. Die hierdurch entstehenden neuen Arbeitsplätze verteilen sich allerdings räumlich außerordentlich ungleichmäßig und konzentrieren sich – bis auf wenige Ausnahmen – in der östlichen und westlichen Innenstadt (Krätke 2002, S. 155ff.).

Auf der Seite des Berliner Wohnungsmarktes kommt es ebenfalls seit Beginn der 2000er Jahre zu erheblichen Veränderungen. Von Bedeutung ist dabei vor allem der verstärkte Rückzug des Staates aus der Wohnungsbauförderung und die Deregulierung bestehender wohnungsmarktpolitischer Instrumente:

- Durch das Auslaufen der Sanierungsgebiete und die Einstellung sowohl der Modernisierung und Instandhaltung- (ModInst-), als auch der Neubau-Förderung werden Wohnungen im günstigsten Segment des Wohnungsmarktes nur noch in geringem Umfang saniert bzw. gebaut.

- Durch den Wegfall rechtlicher Instrumente zur Mietbegrenzung – vor allem der vom Berliner Verwaltungsgericht für unzulässig erklärten pauschalen Festlegung von Mietobergrenzen in Sanierungsgebieten – entfallen zusätzliche Steuerungsmöglichkeiten der Kommune.

- Durch das Auslaufen der Mietpreisbindungen im sozialen Mietwohnungsbau steigen die Mieten in den zuvor bezuschussten Wohnungen.

- Durch Wohnungsverkäufe verliert die Stadt an wohnungspolitischen Einflussmöglichkeiten.

- Die noch in Besitz der sechs städtischen Gesellschaften verbliebenen Wohnungen sind zudem räumliche ungleich innerhalb des Stadtgebiets verteilt. Nur noch wenige Bestände befinden sich zum Beispiel in den östlichen innerstädtischen Gebieten.

In Folge dieser Entwicklungen, aber auch aufgrund einer leicht wachsenden Bevölkerung und einer deutlichen Zunahme von Haushaltszahlen, hat sich in den letzten fünf Jahren in Berlin vor allem die Lage auf dem innerstädtischen Wohnungsmarkt verschärft (IBB 2011, S. 10). Von einem entspannten Wohnungsmarkt wird heute kaum noch gesprochen, vielmehr lassen sich auch im „armen" Berlin inzwischen attraktive und sehr attraktive Wohnlagen von weniger attraktiven Lagen unterscheiden (IBB 2011, S. 42, Holm 2011a, S. 214, Holm 2011b, S. 559).

4   Neue soziale Ungleichheit – die „Aktionsräume [plus]"

In Folge der beschriebenen Entwicklungen wird seit den späten 1990er Jahren in Berlin zunehmend ein Prozess der Abwertung einzelner Teilgebiete der Stadt und die Persistenz sozialstruktureller Problemlagen auf der einen Seite und die Aufwertung auf der anderen Seite beobachtet. Das Monitoring Soziale Stadtentwicklung[2] stellte so 2008 fest, dass sich in Berlin als Ergebnis dieses lang-

---

2   Aufgabe des Monitorings Soziale Stadtentwicklung ist es, mit einem statistischen Indikatorensystem soziokulturelle Veränderungen in den verschiedenen Quartieren Berlins wissenschaftlich zu beschreiben und zu analysieren. Berlin wird dabei in 447 Planungsräume eingeteilt. Jeweils 6 Indikatoren beschreiben die soziale Lage in einem Quartier ('Status'), während weitere 6 Indikatoren den Wandel im abgelaufenen Jahr abbilden ('Dynamik'). Bei den ersten drei Status-Indikatoren (Status 1 - 3) werden aus den Daten Indikatoren zur Arbeitslosigkeit erstellt. Da kein einzelner Indikator in der Lage ist, die soziale Lage bzw. deren Entwicklung in einem

fristigen Prozesses fünf große zusammenhängende Gebiete gebildet haben, die eine hohe Konzentration von problematischen Entwicklungen aufweisen (hoher Anteile an Migranten, Beziehern von Transfereinkommen, Personen ohne oder mit nur gering qualifizierendem Schulabschluss).[3] Der Senat von Berlin fasste diese fünf Gebiete in der Initiative „Aktionsräume plus" zusammen.

Zuvorderst wurden die „Aktionsräume plus" eingerichtet, um eine bessere Vernetzung der lokalen Akteure und ein koordinierteres Handeln der Fachverwaltungen von Senat und Bezirken, insbesondere in den Bereichen Bildung, Stadtentwicklung, Integration, Arbeit und Gesundheit zu ermöglichen. Angesichts der zunehmend komplexeren Problemlagen soll zum zweiten unter dem Dach der „Aktionsräume plus" eine stärkere inhaltliche und quartiersräumliche Vernetzung von bereits bestehenden Förderkulissen erreicht werden. Die „Aktionsräume plus" dienen damit der effizienteren Umsetzung bestehender Förderinstrumente.

Bei den „Aktionsräume plus" handelt es sich um folgende fünf Gebiete:

- Kreuzberg-Nordost: Innenstadtlage, der Wohnbaubestand ist sowohl von Altbaubeständen als auch von im Rahmen des sozialen Wohnungsbaus errichteten Neubauten dominiert,
- Neukölln-Nord: Innenstadtlage, Altbaubestand dominiert, jedoch kleinere Anteile von Neubauten des sozialen Wohnungsbaus,
- Wedding/Moabit: Innenstadtlage, Altbaubestand dominiert, jedoch kleine Anteile von Neubauten des sozialen Wohnungsbaus,
- Spandau-Mitte: Stadtrandlage, unterschiedliche Baualter, Teile des „Aktionsraums" durch Großwohnsiedlungsbau dominiert,
- Nord-Marzahn/Nord-Hellersdorf: Stadtrandlage durch Großwohnsiedlungsbau („Plattenbau Ost") dominiert.

In diesem Kapitel soll anhand ausgewählter empirischer Daten untersucht werden, inwiefern die Zunahme der sozialen Ungleichheit sich in Berlin teilräumlich im Zeitraum zwischen dem 31.12.2006 und dem 31.12.2010 niederschlägt.

Quartier vollständig abzubilden, wird aus den 'Status-' und 'Dynamik-' Einzelindikatoren der Entwicklungsindikator abgeleitet. Die Ergebnisse einzelner Teilräume führen zu einer Einordnung in vier Gruppen des Entwicklungsindex, wobei Gruppe 1 die beste Entwicklung zeigt, Gruppe 4 die schlechtesten Kennzahlen aufweist. Auf Basis dieser Erkenntnisse werden öffentliche Finanzmittel, z. B. die des Bund-Länder-Programms „Soziale Stadt", eingesetzt.

3 Diese starke räumliche Konzentration der Gebiete großer Problemdichte wird im Monitoring Soziale Stadtentwicklung mit einem „sehr niedrigen Entwicklungsindex" ausgedrückt.

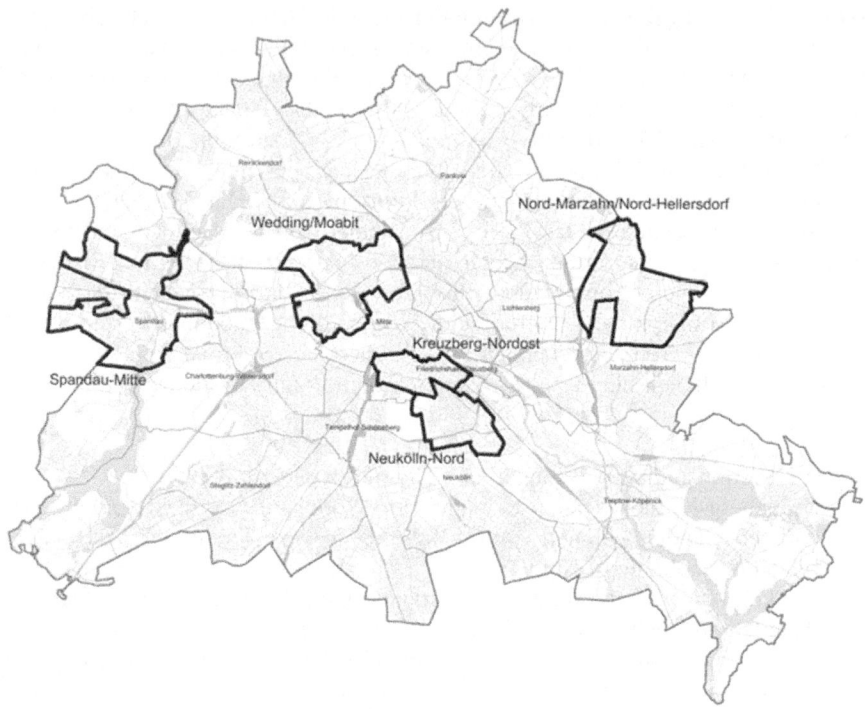

Abb. 1: Lage der „Aktionsräume [plus]"
Quelle: Senatsverwaltung für Stadtentwicklung

Familienwanderung

Einen ersten Ansatz hierzu bieten die Wanderungsdaten. Im Folgenden soll das Wanderungssaldo von Kindern unter sechs Jahren und somit das Wanderungs- verhalten von Familien, deren Kinder in das schulpflichtige Alter hineinwach- sen, untersucht werden. Der Indikator gibt Hinweise auf die Wohnmöglichkei- ten und das Wohnverhalten von Familien mit Kindern im Vorschulalter.

Die Auswertung der Daten zeigt, dass es in dem betrachteten Zeitraum in allen drei Jahren in den innerstädtischen „Aktionsräumen" zu einer Abwande- rung und einem Wegzug von Familien mit Kindern gekommen ist. Besonders stark ist dieser Trend in den Gebieten Kreuzberg-Nordost und Neukölln-Nord ausgeprägt. Hingegen war das Wanderungssaldo in den Gebieten außerhalb der „Aktionsräumen", also den Gebieten mit geringeren sozialen Problemdichten, positiv. Offensichtlich fand hier eine selektive Wanderung aus den sozialstrukturell problematischen Gebieten in die weniger stark belasteten Gebiete statt. Die beiden „Aktionsräume" Nord-Marzahn/Nord-Hellersdorf und Spandau-Mitte, die am Stadtrand liegen, wiesen hingegen zumindest in 2009 und 2010 Wanderungsgewinne auf. Zuvor wurden auch hier Wanderungsverluste erzielt. Ein Grund für die Wanderungsgewinne ist vermutlich der Verbleib der in den beiden Gebieten wohnenden Familien mit Kindern. Diese Familien sind, wie die weitere Untersuchung zeigt, oft durch Armut geprägt, so dass eher anzunehmen ist, dass sich die in den Gebieten wohnenden Familien einen Wegzug finanziell nicht leisten können. Es gibt aber auch Hinweise, dass es sich bei den zuziehenden Familien mit Kindern eher um jene Personengruppe handelt, die in den innerstädtischen Gebieten keinen finanziell adäquaten Wohnraum mehr vorfindet (Schönball 2011). Insofern sorgt diese Armutswanderung für eine zusätzliche sozialstrukturelle Belastung des Gebietes.

Indikator – Saldo der An- und Abmeldungen von Kindern unter 6 Jahren	2007	2008	2009	2010
1 - Wedding/Moabit	-2,5	-2,6	-2,5	-1,9
2 - Kreuzberg-Nordost	-4,3	-3,5	-3,4	-3,1
3 - Spandau-Mitte	-0,4	0,5	1,9	1,6
4 - Neukölln-Nord	-3,9	-3,8	-2,9	-2,8
5 - Nord-Marzahn/Nord-Hellersdorf	-0,3	-0,8	1,5	1,8
Gebiete außerhalb der „Aktionsräume [plus]"	0,0	0,3	0,3	0,3
Berlin	-0,7	-0,4	-0,1	-0,1

Tab. 1: Wanderungssaldo von Kindern unter 6 Jahren in % in Berlin 2008-2010: Differenz der An- und Abmeldungen pro 100 Einwohnerinnen und Einwohner unter 6 Jahren

Quelle: Amt für Statistik Berlin-Brandenburg, Monitoring Soziale Stadtentwicklung, eigene Berechnungen

Grund für die selektive Abwanderung von Eltern mit Kindern aus den Innenstädten ist offenbar, dass in den innerstädtischen „Aktionsräumen" die dort vorherrschenden Bedingungen von einem Teil der Eltern für das Aufwachsen und die Entwicklung der Kinder als nicht förderlich angesehen werden. In bestimmten Gebieten werden bewusste Wohnentscheidungen von Familien mit bald schulpflichtigen Kindern getroffen (Häußermann et al. 2008, S. 197). Eine negative Bewertung des Wohnumfeldes und die Wahrnehmung der Qualität der

Schulen kann so eine selektive Abwanderung mit sich bringen, die zu einer sozialen Entmischung der Gesamtbevölkerung führt. Allerdings muss eine positive Wanderungsbilanz nicht immer mit einer Verbesserung der sozialen Zusammensetzung der Gebietsbevölkerung einhergehen. In den beiden „Aktionsräumen", die in der äußeren Stadthälfte liegen, werden zwar positive Wanderungssalden erreicht, allerdings muss gefragt werden, ob damit eine Verringerung der sozialstrukturellen Problemdichte einhergeht oder ob sich diese bedingt durch Armutswanderung nicht sogar erhöht.

Hohe Bevölkerungsanteile ohne Erwerbsarbeit – Abhängigkeit von Transferzahlungen

Einen zweiten Indikator zur Darstellung der Disparität bilden die Arbeitslosenzahlen. In die Analyse wurden die Personen aufgenommen, die Arbeitslosengeld nach SBG II und SGB III beziehen, also sowohl Arbeitslosengeld- als auch Sozialhilfeempfänger.[4]

Indikator Arbeitslosig- keit	2006	2007	2008	2009	2010	Differenz zu „Gebieten außerhalb der Aktionsräume" in Prozent				
						2006	2007	2008	2009	2010
1 - Wedding/ Moabit	18,3	14,2	13,7	13,8	14,6	188	165	173	162	183
2 - Kreuzberg- Nordost	14,3	13,9	12,0	12,9	12,3	147	162	152	152	154
3 - Spandau- Mitte	14,4	14,0	12,7	12,7	12,7	149	163	161	149	159
4 - Neukölln- Nord	17,9	16,2	14,0	14,6	13,7	185	188	177	172	171
5 - Nord- Marzahn/ Nord- Hellersdorf	16,2	15,6	14,6	13,6	12,8	167	181	185	160	160
Gebiete außerhalb der „Aktionsräume"	9,7	8,6	7,9	8,5	8,0	100	100	100	100	100
Berlin	11,5	10,2	9,4	9,9	9,4	118	119	119	116	118

---

4   Da die als Basis zugrunde gelegte Einwohnerzahl auch Nichterwerbspersonen im betreffenden Alter einschließt und damit deutlich größer ist als die der Erwerbspersonen, fällt der auf der Basis der Erwerbsbevölkerung berechnete so genannte „Arbeitslosenanteil" deutlich niedriger aus als die offizielle „Arbeitslosenquote" auf Basis der Erwerbspersonen.

Indikator Jugendarbeits- losigkeit	2006	2007	2008	2009	2010	Differenz zu „Gebieten außerhalb der Aktionsräume" in Prozent				
						2006	2007	2008	2009	2010
1 - Wedding/ Moabit	11,7	10	7,9	7,3	6,7	194	204	168	143	149
2 - Kreuzberg- Nordost	8,5	9,4	7,7	8,4	7,8	141	192	164	165	173
3 - Spandau- Mitte	5,4	6,6	7,2	6,6	6,9	89	135	153	129	153
4 - Neukölln- Nord	11,9	10	8,6	7,2	7,1	197	204	183	141	158
5 - Nord- Marzahn/ Nord- Hellersdorf	9,5	9,1	9,6	9,7	9,6	158	186	204	190	213
Gebiete außerhalb der „Aktionsräume"	6,0	4,9	4,7	5,1	4,5	100	100	100	100	100
Berlin	7,2	6,2	5,8	6	5,5	119	127	123	118	122
Indikator Langzeit- arbeitslosigkeit										
1 - Wedding/ Moabit	8,2	5,5	4,5	4,6	4,3	205	167	155	159	159
2 - Kreuzberg- Nordost	5,9	4,9	4,3	4,3	3,9	145	148	148	148	144
3 - Spandau- Mitte	6,9	6,2	5,2	4,5	4,1	172	188	179	155	152
4 - Neukölln- Nord	7,4	6	5	4,6	4,2	184	182	172	159	156
5 - Nord- Marzahn/ Nord- Hellersdorf	8,0	7,3	6,2	5,1	4,1	199	221	214	176	152
Gebiete außerhalb der „Aktionsräume"	4,0	3,3	2,9	2,9	2,7	100	100	100	100	100
Berlin	4,9	4	3,4	3,4	3,1	122	121	117	117	115

Tab. 2: Indikator Arbeitslosigkeit (Arbeitslose (SGB II und III) in % der 15-65-Jährigen), Jugendarbeitslosigkeit (Arbeitslose unter 25 Jahren (SGB II und III) in % der 15-25-Jährigen), Langzeitarbeitslosigkeit (Arbeitslose mit einer Bezugszeit von über einem Jahr (SGB II und III) in % der 15-65-Jährigen)

Quelle: Amt für Statistik Berlin-Brandenburg, Monitoring Soziale Stadtentwicklung, eigene Berechnungen

Die Betrachtung des Indikators Arbeitslosigkeit zeigt, dass dieser in den „Aktionsräumen" jeweils deutlich höher liegt als in den Gebieten außerhalb der „Aktionsräume [plus]". So beträgt der Unterschied zwischen dem „Aktionsraum" Neukölln-Nord und den anderen Neuköllner Gebieten 5,7 Prozentpunkte. Bei der Betrachtung der Entwicklung der Erwerbslosigkeit in dem genannten Zeitraum zeigt sich ein Rückgang der Arbeitslosigkeit in Berlin, sowohl in den Gebieten außerhalb der „Aktionsräume" als auch in vier von fünf „Aktionsräumen". Eine Ausnahme bildet das Gebiet Wedding/Moabit. Insofern ist die Problemdichte insgesamt etwas zurückgegangen. Allerdings bleibt der Abstand zwischen den „Aktionsräumen [plus]" und den sie umgebenden Gebieten konstant bestehen. Der Abstand verändert sich auch in guten Konjunkturzeiten nicht zum Positiven, die Abkopplung ist unabhängig von der wirtschaftlichen Entwicklung.

Der hohe Anteil der Arbeitslosen in der Altersgruppe unter 25 Jahren gibt Hinweise darauf, dass der erste Übergang in das Ausbildungs- und Beschäftigungssystem und damit der Erwerb einer wesentlichen Teilrolle innerhalb des Erwachsenenstatus in vielen Fällen nicht gelingt. So ist der Wert in den beiden Gebieten Kreuzberg-Nordost und Neukölln-Nord um ein vielfaches höher als in den Gebieten außerhalb der „Aktionsräumen [plus]", wo nur jeder zwanzigste Jugendliche als arbeitslos gezählt wird. Jugendarbeitslosigkeit ist ferner ein besonderes Problem der im Außenbereich der Stadt gelegenen Stadtteile. In Nord-Marzahn/Nord-Hellersdorf sind fast doppelt so viele Jugendliche ohne Arbeit wie in Gebieten außerhalb der „Aktionsräume" und auch in Spandau-Mitte werden hohe Werte erreicht.

Die hohe Arbeitslosigkeit ist mit erhebliche Risiken und Belastungen für die Jugendlichen und jungen Erwachsenen verbunden und schmälert ihre Zukunftschancen beachtlich, da in dieser Lebensphase die Berufsausbildung erfolgt. Diese kann dann zu einem späteren Zeitpunkt nur noch sehr schwer nachgeholt werden. In der langfristigen Betrachtung zeigt sich eine bedenkliche Verstetigung des Abstands zwischen den „Aktionsräumen" und den sie umgebenden Gebieten für die Gebiete Kreuzberg-Nordost, Spandau-Mitte und Nord-Marzahn/Nord-Hellersdorf. Hingegen verringert sich der Abstand in Wedding/Moabit, ohne allerdings völlig zu verschwinden. Hier können genauere Aussage hinsichtlich der Beständigkeit der Problemdichten erst in den nächsten Jahren getroffen werden.

Auch bei den Langzeitarbeitslosen ergibt sich ein ähnliches Bild. Zählen im gesamtstädtischen Durchschnitt nur 3,1 Prozent und in den Gebieten außerhalb der „Aktionsräume" nur 2,7 Prozent zu den Leistungsempfängern, die länger als ein Jahr arbeitslos sind, so liegt ihr Anteil in allen „Aktionsräumen" teilweise sehr weit darüber. Insbesondere in den beiden am Stadtrand gelegenen Gebieten und in Neukölln-Nord stellt die Langzeitarbeitslosigkeit ein großes Problem dar.

Bedenklich ist auch, dass sich in der langfristigen Betrachtung eine ähnliche Entwicklung zeigt wie bei den Arbeitslosendaten: Obwohl zwischen 2006 und 2010 Rückgänge sowohl in den Gebieten außerhalb der „Aktionsräume" als auch in den „Aktionsräumen" erzielt werden konnten, bleibt der Abstand zwischen den stark belasteten Gebieten und den weniger problembelasteten Gebieten bestehen. Auch eine positive wirtschaftliche Entwicklung führt also nur in geringem Maße zu einer Verringerung von Disparitäten resp. einer Angleichung von starken und schwachen Gebieten.

Indikator „Transfer-hilfenbezieher"	2006	2007	2008	2009	2010	Differenz zu „Gebieten außerhalb der Aktionsräume" in Prozent				
						2006	2007	2008	2009	2010
1 - Wedding/ Moabit	21,0	24,2	24,5	24,3	24,3	204	228	231	236	238
2 - Kreuzberg-Nordost	26,8	26,5	26,7	26,1	25,9	260	250	252	253	254
3 - Spandau-Mitte	18,6	19,4	19,5	19,9	19,6	181	183	184	193	192
4 - Neukölln-Nord	28,0	28,8	29,2	28,5	28,9	272	272	275	277	283
5 - Nord-Marzahn/ Nord-Hellersdorf	17,7	17,9	18,1	19,3	19,3	172	169	171	187	189
Gebiete außerhalb der „Aktionsräume"	10,3	10,6	10,6	10,3	10,2	100	100	100	100	100
Berlin	13,6	13,8	13,8	13,8	13,7	132	130	130	134	134

Tab. 3: Transferhilfenbezieher (Nicht arbeitslos gemeldete, erwerbsfähige Empfängerinnen und Empfänger von Existenzsicherungsleistungen nach SGB II, nicht-erwerbsfähige Empfängerinnen und Empfänger von Existenzsicherungsleistungen nach SGB II und Leistungsempfängerinnen und -empfänger nach SGB XII)

Quelle: Amt für Statistik Berlin-Brandenburg, Monitoring Soziale Stadtentwicklung, eigene Berechnungen

Wie bereits beschrieben, drücken sich die innerstädtischen Disparitäten vor allem durch die unterschiedliche ökonomische Situation aus. Fehlende Erwerbstätigkeit ist somit ein zentraler Indikator für die sozialstrukturellen Problemlagen der Gebiete. Mit der Arbeitslosigkeit und insbesondere mit einer langfristigen Dauer der Arbeitslosigkeit treten sozialer Statusverlust und das Risiko der

Armut auf. Ein hoher Anteil von Personen, die von Arbeitslosigkeit betroffen sind, bedeutet für ein Quartier unter anderem einen sinkenden sozialen Status, höhere Anforderungen an die sozialen Dienste und einen Verlust von Kaufkraft. Zudem hat eine verfestigte und langfristige Arbeitslosigkeit zur Folge, dass sich auch in Zeiten einer wirtschaftlichen Erholung diese Situation nicht automatisch verbessert.

Darüber hinaus zeigt sich, dass in den „Aktionsräumen [plus]" ein hoher Anteil von Personen wohnt, die nicht allein von ihrem Einkommen leben können und deshalb trotz Erwerbstätigkeit Sozialleistungen in Anspruch nehmen müssen.[5] Diese werden oftmals als „Aufstocker" bezeichnet. Auch hier zeigt sich ein großer Unterschied zwischen der Gesamtstadt und den „Aktionsräumen [plus]". Ein noch stärkerer Abstand ergibt sich wiederum zwischen den „Aktionsräumen [plus]" insgesamt und den Gebieten außerhalb der „Aktionsräume". Zudem lässt sich beobachten, dass sich diese Ungleichverteilung vor allem in Bezug auf diejenigen Gebiete, die die „Aktionsräumen [plus]" umgeben, in den letzen Jahren in Jahren in fast allen „Aktionsräumen" verstärkt hat. Der Abstand ist zwischen 2006 und 2010 außer in Kreuzberg-Nordost angestiegen. Hier zeigt sich eine Entwicklung, die sich wiederum abkoppelt von den konjunkturellen Daten und den Trends für die Gesamtstadt weiter verschlechtert.

Transferbezug bei Kinder und Jugendlichen

Zur Bewertung der Armutsbelastung eines Quartiers gehört auch die Betrachtung derjenigen Kinder und Jugendlichen, die in Armut leben. Die materiellen Bedingungen, unter denen Kinder und Jugendliche aufwachsen, haben Einfluss auf ihre Sozialisation und prägen die Chancen für die gesellschaftliche Integration als Erwachsene (Häußermann et al. 2008, S. 97; Farwick 2004, S. 303).

Die Werte des Indikators Transferbezug bei Kinder und Jugendlichen in Berlin zeigen deutlich, welches Ausmaß die Disparität zwischen den „Aktionsräumen" und den übrigen Gebieten erreicht. In den „Aktionsräumen" ist die Zahl derjenigen Kinder, die von Transferzahlung abhängig sind und somit als in Armut lebend verstanden werden können, um ein Vielfaches höher als im Berliner Durchschnitt oder in den Gebieten außerhalb der „Aktionsräume [plus]". Besonders hoch sind die Werte in den Gebieten Wedding/Moabit, Kreuzberg-Nordost und Neukölln-Nord, hier ist der Anteil der Kinder, die in Armut leben,

---

5   Beim Monitoring Soziale Stadtentwicklung werden beim Indikator Status 4 (Nicht-arbeitslose Empfängerinnen und Empfänger von Existenzsicherungsleistungen (nach SGB II und XII)) diejenigen Bezieher von Transferhilfen erfasst, die über keine eigene ausreichende finanzielle Lebensgrundlage verfügen bzw. diese nicht durch Erwerbseinkommen erzielen können (SGB II und SGB XII Kap. 3 und 4).

mehr als doppelt so hoch wie in den Gebieten außerhalb der „Aktionsräume". In diesen Gebieten leben zwei von drei Kindern in Armut.

Indikator Transferhilfenbezug bei Kindern- und Jugendlichen	2006	2007	2008	2009	2010	Differenz zu „Gebieten außerhalb der Aktionsräume" in Prozent				
						2006	2007	2008	2009	2010
1 - Wedding/ Moabit	60,7	62,1	62,6	63,7	63,2	202	208	220	224	232
2 - Kreuzberg-Nordost	62,8	63,1	61,5	61,4	59,9	209	212	216	216	219
3 - Spandau-Mitte	49,7	51,8	50,9	52,3	53	166	174	179	184	194
4 - Neukölln-Nord	68,4	68,5	67	67,3	66,4	228	230	235	237	243
5 - Nord-Marzahn/ Nord-Hellersdorf	56,8	57,8	57	56,9	55	189	194	200	200	201
Gebiete außerhalb der „Aktionsräume"	30,0	29,8	28,5	28,4	27,3	100	100	100	100	100
Berlin	38,6	38,6	37,4	37,4	36,4	129	130	131	132	133

Tab. 4: Transferhilfenbezug von Kindern und Jugendlichen (Nichterwerbsfähige Empfängerinnen und Empfänger von Existenzsicherungsleistungen in % der Einwohnerinnen und Einwohner unter 15 Jahren)

Quelle: Amt für Statistik Berlin-Brandenburg, Monitoring Soziale Stadtentwicklung, eigene Berechnungen

Wie bereits zuvor bei den Indikatoren zum Transferbezug und zur Arbeitslosigkeit, sind auch bei diesem Indikator hinsichtlich des Ausmaßes der Kinderarmut hohe Differenzen zwischen den „Aktionsräumen" und den sonstigen Stadtgebieten erkennbar, was auf eine erhöhte Problemdichte in den „Aktionsräume [plus]" schließen lässt. In den Gebieten außerhalb der „Aktionsräume" ist die Kinderarmut in etwa nur halb so hoch. Sie liegt dort zudem fast 10 Prozent unterhalb des städtischen Durchschnitts. Bei der Betrachtung der „Aktionsräume" selbst zeigen sich nur geringe Unterschiede zwischen den im Berliner Zentrum gelegenen „Aktionsräumen" und den am Stadtrand gelegenen Gebieten.

Bedenklich ist, dass sich diese Entwicklung in den letzten Jahren zunehmend verstärkt hat. In allen „Aktionsräumen [plus]" ist der Abstand zwischen den

Anteilen armer Kindern in den „Aktionsräumen" und den sie jeweils umgebenden Gebieten angestiegen. Insofern zeigt sich auch hier eine „Entkopplung" der
Entwicklung innerhalb der problematischen Gebiete von derjenigen in der Gesamtstadt.

Vergleich der Schulempfehlungen

Dieser Trend bestätigt sich auch bei einem weiteren Indikator, den Schulempfehlungen. Schulempfehlungen sind für die Analyse von sozialen Problemkonstellationen vor allem deshalb relevant, weil der erreichte Bildungsstand einen
entscheidenden Schlüssel für die zu bewältigende Integration in das Erwachse-
nenleben darstellt.

Dabei ist entscheidend, welcher Schulabschluss erreicht wird. Gerade für
Kinder und Jugendliche, die die Schule ohne einen Abschluss verlassen, bestehen besondere Schwierigkeiten bei der Suche nach einem geeigneten Berufs-
ausbildungsplatz. Auch hier zeigt sich, dass wie bereits bei den zuvor beschriebenen Indikatoren die Problemdichten in den „Aktionsräumen plus" höher sind
als im städtischen Durchschnitt. So verließen im Gebiet Wedding/Moabit 17
Prozent der Schüler die Schule ohne Abschluss, während es im städtischen
Durchschnitt nur 9,5 Prozent waren (S.T.E.R.N. 2010, S. 24). Ein zweites Indiz
für eine höhere Problemdichte in den „Aktionsräumen" liefert die nur noch bis
zum Schuljahr 2011 in Berlin ausgesprochenen verbindlichen Grundschulemp-
fehlungen für die weitergehende Schule. Die Empfehlung zeichnet bereits einen
Schulabschluss vor und damit auch, welche grundlegenden Voraussetzungen für
den Übergang in den Beruf bzw. die Berufsausbildung geschaffen werden. Bei
der Betrachtung des Indikators zeigt sich, dass die Empfehlung zum Besuch der
Hauptschule in den innerstädtischen „Aktionsräumen" in höherem Maße ausgesprochen wird, als dies im städtischen Durchschnitt der Fall ist (Planergemeinschaft 2010, S. 56). Auf der anderen Seite erhalten in den „Aktionsräumen plus"
weniger Schüler eine Gymnasialempfehlung, als dies im städtischen Durchschnitt der Fall ist (ebd., S. 101).

5   Regieren jenseits der Regelfinanzierung – Die Rolle von
       Sonderprogrammen in den „Aktionsräume plus"

Zusammengefasst zeigt ein Vergleich von Sozialdaten also deutliche und sich
verstetigende Disparitäten zwischen den „Aktionsräumen plus" und der Gesamtstadt. Die damit einhergehende „Entkopplung" sozial schwacher Viertel beschränkt sich jedoch nicht nur auf sozialstrukturelle Entwicklungen. Sie gilt

darüber hinaus auch für ihre politische Einbindung, für die Governance von Stadtentwicklung, die sich in diesen Gebieten, vor allem in Folge der zur Regelfinanzierung gewordenen Vielzahl von Sonderprogrammen, deutlich von derjenigen in anderen Stadträumen unterscheidet.

Bei der Betrachtung der momentanen Verteilung der Kulissen der Städtebauförderung zeigt sich so schon auf einen kurzen Blick, dass der Löwenanteil der Fördermittel in Berlin in den bereits beschriebenen Gebieten konzentriert wird. 47 von 75 Fördergebieten Berlins liegen so innerhalb der fünf „Aktionsräumen [plus]". Noch deutlicher wird diese Konzentration, wenn diejenigen Programme herausgerechnet werden, die vor allem auf eine bauliche Aufwertung setzen (Sanierungs- und Entwicklungsgebiete, Städtebaulicher Denkmalschutz) und nicht auf eine Verbesserung der Sozialstruktur: in diesem Fall befinden sich 40 von insgesamt 55 Gebieten in den „Aktionsräumen".

	Berlin gesamt	davon in „Aktionsräume [plus]" liegend
Soziale Stadt/ Quartiersmanagement	34	30
Stadtumbau West	6	4
Stadtumbau Ost	9	1
Aktive Zentren	6	5
Städtebaulicher Denkmalschutz	14	4
Sanierungs- und Entwicklungsgebiete	6	3
Summe	75	47

Tab. 5: Kulissen der Städtebauförderung und Stadterneuerung in den „Aktionsräumen [plus]"

Quelle: Senatsverwaltung für Stadtentwicklung und Umwelt

Der Einsatz von Fördermitteln in den beschriebenen Räumen ist dabei kein Novum; einzelne Gebiete können auf eine fast 50jährige Geschichte als Schwerpunktgebiet der Städtebauförderung zurückblicken. Allerdings wurde die räumliche Konzentration von Mitteln in den letzten Jahren sogar noch verstärkt. Entsprechend lassen sich heute zunehmende räumliche Konzentrationen von Fördermitteln auf wenige Bereiche einzelner Bezirke beobachten, in denen die Gebietskulissen nun flächendeckend zu finden sind bzw. sich die einzelnen Untersuchungs-, Betreuungs- und Fördergebiete sogar überschneiden. Besonders deutlich wird dies an der räumlichen Lage und der räumlichen Verteilung der Quartiersmanagementgebiete: Lagen in der ersten Phase der Umsetzung des Programms Soziale Stadt in Berlin die Quartiersmanagementgebiete noch in den östlichen Innenstadt, so wurden diese Gebiete in der zweiten Phase aus der ersten Programmkategorie entlassen. Zusammen mit der Konzentration weiterer Programme führte das zu einer zunehmenden Fokussierung städtischer Interventionsansätze auf wenige Gebiete, die dafür gleich mit einer Kumulation unterschiedlicher Entwicklungsansätze bedacht werden. So wird bspw. der Norden Neuköllns seit 2009 beinahe flächendeckend durch 10 Quartiersmanagementteams betreut. Hinzu kommen heute zwei Sanierungsgebiete, zwei Stadtumbaugebiete und ein Fördergebiet „Aktive Zentren", die ebenfalls alle in Neukölln-Nord liegen. Ähnliche Statistiken lassen sich auch für andere „Aktionsräume" aufstellen.

Insgesamt kommt es hierdurch zu einer hohen Konzentration von Finanz- und Personalmitteln, die durch die genannten Programme zur Verfügung gestellt werden. Auffällig ist bei dieser Betrachtung, welche zentrale Rolle die Programme der Städtebauförderung in den Gebieten der „Aktionsräume [plus]" spielen. Die Programme der Städtebauförderung sind ursprünglich implementiert worden, um einzelne Fehlentwicklungen durch städtebauliche Maßnahmen abzumildern. Dies ist nicht mehr der Fall, da nun in hervorstechendem Maße unterschiedliche fachlichpolitische Fragestellungen in den Projekten gelöst werden sollen, die über reine baulich-investive Aspekte hinausgehen. Die Themenpalette der geförderten Projekte hat sich dabei verbreitert, es werden neben der Erneuerung von Infrastrukturen nun soziointegrative Projekte in den Bereich Bildung, Ausbildung, lokale Ökonomie, Gesundheit, Integration und Stadtteilkultur finanziert. Hinzu tritt in jüngster Zeit die Förderung von Aktivitäten im Bereich des Klimaschutzes.

Die beschriebenen Konstellationen sind eine Folge der durch Wirtschaft und Arbeitsmarkt verursachten Exklusion der Viertel und sollen mithelfen diese zu verringern. Die beschriebenen Sonderformen staatlicher Intervention stehen in Teilen parallel zum sozusagen als „Normalfall" in den zuständigen Bezirksämtern umgesetzten Haushalt des Bezirks bzw. übernehmen in Teilen dessen Rolle.[6] Ironischerweise führt die Umsetzung der Städtebauförderung aber in der Praxis aufgrund der Persistenz der problematischen Gebiete nicht in den Normalbetrieb zurück, sondern erschafft Dauerstrukturen, in denen sich finanzielle und politische Abhängigkeiten verstetigen.

---

6   Begleitet wird die zunehmende Bündelung der Finanzmittel von einem Rückzug des Staates zum Beispiel aus der Wohnungspolitik. Wie bereits dargestellt, verzichtet die Stadtentwicklungspolitik seit 2001 auf wohnungspolitische Instrumente und stieg somit aus der aktiven Wohnungsbauförderung aus. Gleichzeitig sind die in den Gebieten investierten Summen im Vergleich zu den Mitteln, die für frühere staatliche Interventionen zur Verfügung standen, gering. So kommen die oben genannten Programme insgesamt auf eine Fördersumme von 70 Millionen Euro. Im Vergleich zu den Mitteln, die in den 90er Jahren zum Beispiel in den Sanierungsgebieten eingesetzt wurden, fällt dies relativ gering aus.

Die eingesetzten Fördermittel stellen dabei ein wichtiges Instrument mit hoher gesamtstädtischer Steuerungswirkung dar, gleichzeitig sind sie mit einer Reihe von Spezifika in Bezug auf ihre Finanzierungs-, Bewilligungs- und Bearbeitungslogiken verbunden, die sich von denen der Regelfinanzierung unterscheiden und zu anderen Beziehungen zwischen den beteiligten Akteure führen.

So ist die Arbeitsteilung zwischen der lokalen Ebene und der Landesebene bei der Umsetzung von Pflichtaufgaben zumeist klar geregelt, d.h. es ist festgelegt, welche Stelle für die Umsetzung der jeweiligen Aufgabe zuständig ist und welche Ressourcen hierfür zur Verfügung stehen. Hier wird meist nach dem Prinzip der Subsidiarität verfahren, d.h. für die Finanzierung, Ausgestaltung und Umsetzung von Programmen ist zumeist die Bezirkebene zuständig.

Die in der Städtebauförderung anzutreffenden Konstellationen unterscheiden sich deutlich von diesem „Normalverfahren" und sind in vielen Punkten anders strukturiert. Erste Unterschiede ergeben sich so bei der Auswahl der Projekte, die gefördert werden. Hier besitzt die bezirkliche Ebene meist nur noch ein Vorschlagsrecht in Bezug auf die inhaltlichen Schwerpunktsetzung von Projekten – die letztendliche Entscheidung über Beantragung und Auswahl wird allerdings durch die Senatsebene getroffen, da diese dem Bund gegenüber die Programmverantwortung übernimmt. Auch die Kontrolle über den Mittelfluss liegt nur noch bedingt auf der lokalen Ebene: Fördermittelhöhe und der Fördermitteleinsatz können von den Fördergebern jederzeit verringert werden, ohne dass dies auf lokaler Ebene rechtlich verhindert werden kann. Im Rahmen der Bearbeitung und Umsetzung der Projekte ergeben sich weitere Besonderheiten. So ist die Senatsebene an der Projektsteuerung direkt beteiligt. Hierzu dienen oftmals projektbezogene Steuerungsrunden, an denen die Vertreter der gesamtstädtischen Ebene wie auch der lokalen Ebene teilnehmen. Beide Ebene stimmen in den Runden die weiteren Umsetzungsschritte der Projekte ab. Ferner existiert eine entsprechende Berichtspflicht der Akteure auf der lokalen Ebene gegenüber der gesamtstädtischen Ebene.

Durch die eben dargestellten Differenzen ergibt sich eine politischen Abhängigkeit: Die Entscheidung über in den Gebieten zur Verfügung stehenden Mittel sowie die Auswahl der geförderten Maßnahmen obliegt nicht den Akteuren der Ebene des Stadtteils, sondern wird von der höheren Ebene des Landes getroffen.

Die beschrieben Entwicklungen zeigen zuallererst, dass sich durch die Programme Unterschiede zur „normalen" Verwaltungspraxis ergeben. Negativ kann sich dies unter anderem dann auswirken, wenn durch die Verlagerung die Expertise der lokalen Ebene übergangen wird und Einzelinteressen, die einen Zugang zur überlokalen Ebene finden, zum Zuge kommen, obwohl es den Bedarf der entsprechenden Maßnahmen oder Projekte nicht gibt. Aber auch ohne diese „Störungen" haben die Prämissen und Strategien der Landesebene einen prägenden Einfluss auf die Steuerung vor Ort, indem sie eine Ausrichtung der lokalen Strategien an den „von oben" zu erwartenden Vorgaben und Fördermöglichkeiten befördern und so quasi „Leitplanken" für die lokale Vorgehensweise setzen.

6   Das Konzept der Inneren Peripherisierung

Die in den vorherigen beiden Kapiteln beschriebenen Entwicklungsdynamiken sind keineswegs neu, Berlin ist bereits zuvor von einer Reihe von Autoren als Beispiel einer sozialstrukturell gespaltenen Stadt benannt worden. Dabei wurde auf verschiedene Konzepte zurückgegriffen, die jeweils in einer starken Nähe zu dem in diesem Band diskutierten Begriff der „Peripherisierung" stehen. Entsprechend stellt sich daher die Frage, welchen Mehrwert gegenüber bereits verwendeten Ansätzen das bisher vor allem aus der Untersuchung von Klein- und Mittelstädte abgeleitete Konzept der „Peripherisierung" auch für die Analyse von großstädtischen Zusammenhängen haben kann.

Vergleicht man das Konzept der Peripherisierung, wie es in diesem Band Verwendung findet, mit den Konstellationen in Berliner Armutsquartieren offenbaren sich sowohl Gemeinsamkeiten, als auch Unterschiede, die die Spezifika großstädtischer Stadtentwicklungsprozesse ausmachen.

So benennen Kühn und Weck (in diesem Band) Abwanderung als eine erste Dimension der Peripherisierung. Für die „Aktionsräume plus" lassen sich im Vergleich zu den im Band im Mittelpunkt stehenden Mittelstädten keine generellen Wanderungsverluste ausmachen. Die wesentliche Ursache hierfür besteht darin, dass die in den letzten Jahren in Berlin zu beobachtende Anspannung des Wohnungsmarktes dazu geführt hat, dass die Einwohnerzahlen in den Quartieren insgesamt relativ stabil bleiben. Indes zeigt die Betrachtung der Wanderungsindikatoren nach demografischen Merkmalen, dass aus den innerstädtischen Gebieten mit hohen sozialen Problemdichten verstärkt statushöhere Familien wegziehen, deren Kinder in das schulpflichtige Alter kommen. Dieser selektive Wegzug von Familien mit Kindern in einzelnen „Aktionsräumen" kann als bewusste Wohnentscheidung gegen ein Gebiet und somit als Abwanderung gedeutet werden.

In den äußeren „Aktionsräumen" zeigt sich jedoch eine gegenteilige Situation: hier werden in einzelnen Gebieten auch Wanderungsgewinne bei Familien erzielt, die als Ausdruck einer Armutswanderung interpretiert werden können und die Problemdichte in den Gebieten eher noch erhöhen. Im Vergleich zu den im Kapitel 2 von Kühn und Weck dargestellten Entwicklungen kann die Abwanderung in großstädtischen Kontexten zumindest nicht unhinterfragt als Indikator für Peripherisierungsprozesse verwendet werden. Die Interpretation von

Wanderungsdaten erfordert hier in stärkerem Maße eine Kopplung mit sozialen Merkmalen.

Die Abkopplung von wirtschaftlich fortgeschrittenen Entwicklungssträngen ist als eine weitere Dimension der Peripherisierung benannt worden. Für Berlin zeigt sich bei der Betrachtung von Arbeitsmarktdaten, dass sich in den Gebieten mit hoher sozialer Problemdichte zum Teil eine Abkopplung von der Entwicklung in den restlichen Gebieten der Stadt vollzieht. Gesamtstädtische positive ökonomische Entwicklungstrends gehen im Großen und Ganzen an den „Aktionsräumen plus" vorbei und auch die in den letzten Jahren positive wirtschaftliche Entwicklungen konnten in diesen Gebieten nicht zu einer wirklichen Entspannung der sozialen Situation beitragen. Dies betrifft vor allem die „Aktionsräume" Nord-Marzahn/Nord-Hellersdorf und Wedding/Moabit. In Neukölln-Nord haben sich die sehr hohen Werte nicht grundlegend verringert. Wie sich aus den Daten zur Arbeitslosigkeit und noch stärker zur Transferabhängigkeit zeigt, bleiben auch in wirtschaftlich besseren Zeiten die beträchtlichen Unterschiede zwischen den „Aktionsräumen plus" und den sie umgebenden Gebieten bestehen und Zugewinne an Arbeitsmöglichkeiten in der Gesamtstadt schlagen sich in den „Aktionsräumen plus" nur in geringerem Ausmaß nieder. Offensichtlich ist es für bestimmte Bevölkerungsschichten in den genannten Gebieten schwierig, sich aus der Arbeitslosigkeit zu befreien.

Weiterhin zeigt sich, dass die Strategien der lokalen Ebenen im Umgang mit Peripherisierungsproblemen stark durch Entscheidungen auf überlokalen Ebenen geprägt werden. Diese Abhängigkeit von Entscheidungen, die nicht auf der lokalen Ebene gefällt werden, wird von Kühn und Weck als dritte Dimension der Peripherisierung benannt. Eine hierzu analoge Entwicklung ist in Berlin vor allem in Bezug auf die Programme der Städtebauförderung erkennbar, bei denen die Finanzierung von über die kommunalen Pflichtaufgaben hinausgehenden Projekten mit einem Bedeutungszuwachs der Landesebene einhergeht.

Kühn und Weck konnten in ihrem Beitrag in diesem Band darlegen, dass mit dem Begriff der Peripherien als „sozial-räumlichen Prozessbegriff" der Anspruch einer geht, Peripherisierung als Prozess zu verstehen, „in dem Räume zu peripheren Räumen „gemacht" werden." Die Stärke einer solchen Betrachtung könnte auch für „innere Peripherien" darin bestehen, Forschungsansätze, die die ein explizites räumliches Verständnis haben mit solchen, die Themenstellungen behandeln, die nicht an den Raum sondern an überlokale Politikinhalte (policies) geknüpft sind, zu verbinden. Das Konzept der „Peripherisierung" kann also einen Forschungsansatz unterstützen, der „abgehängte" Viertel nicht nur mit Bezug auf ihre Armut beschreibt, sondern die Vielzahl an Verbindungen deutlich macht, die eine Minderausstattung dieser Räume mit Interessen und Entscheidungen verbindet, die außerhalb dieser Räume getroffen werden.

Obgleich der Forschungsansatz der „Peripherisierung somit auch für großstädtische Zusammenhänge eine Relevanz hinsichtlich der Beschreibung des „Makings" sozialer Ungleichheit hat, stehen weiterführend Fragen im Raum. Sowohl in Bezug auf die konzeptionelle Entwicklung, als auch in Bezug auf die Forschungspraxis ist eine inhaltliche Vertiefung notwendig. Es bedarf daher in Zukunft weiterer Untersuchungen, die helfen können, die genauen Zusammenhänge zwischen sozialen, ökonomischen und politischen Entwicklungen auf nationaler und internationaler Ebene und ihrem Niederschlag im Raum besser zu verstehen. Dabei ist insbesondere die Frage interessant, wie das Zusammenspiel der verschiedenen Maßstabsebenen (Scales) die sozialräumliche Differenzierungen in innerstädtischen Kontexten beeinflusst. Hiermit verbunden ist die Diskussion, welchen Einfluss die lokale Ebene und die hier agierenden Akteure überhaupt noch haben und welche Rolle die Programme der Städtebauförderung dabei spielen.

Literatur

Alisch M, Dangschat J (1998) Armut und soziale Integration. Strategien sozialer Stadtentwicklung und lokaler Nachhaltigkeit. Leske + Budrich, Opladen

Bernt M (2003) Rübergeklappt. Die behutsame Stadterneuerung im Berlin der 90er Jahre. Schelzky & Jeep, Berlin

Dangschat J (1999) Modernisierte Stadt. Gespaltene Gesellschaft. Ursachen von Armut und sozialer Ausgrenzung. Leske + Budrich, Opladen

Farwick A (2004) Segregierte Armut: Zum Einfluss städtischer Wohnquartiere auf die Dauer von Armutslagen. In: Häußermann H, Kronauer M, Siebel W (Hrsg) An den Rändern der Städte. Armut und Ausgrenzung. Suhrkamp Verlag, Frankfurt/Main, S 286-314

Haarlander T (2006) Zentralität und Dezentralität. Großstadtentwicklung und städtebauliche Leitbilder des 20. Jahrhundert. In: Zimmermann C (Hrsg) Zentralität und Raumgefüge der Großstädte des 20. Jahrhundert. Franz Steiner, Stuttgart, S 23-40

Hamnett C (2003) Unequal city. London in the global Arena. Routledge, London

Häußermann H, Kapphan A (2002) Berlin: Von der geteilten zur gespaltenen Stadt? Leske + Budrich, Opladen

Häußermann H, Läpple D, Siebel W (2008) Stadtpolitik. Suhrkamp Verlag, Frankfurt/Main

Holm A (2011a) Gentrification in Berlin. In: Herrmann H, Keller C, Neef R, Ruhne R (Hrsg) Die Besonderheit des Städtischen. Entwicklungslinien der Stadt(soziologie). VS Verlag für Sozialwissenschaften, Wiesbaden, S 213-232

Holm A (2011b) Kosten der Unterkunft als Segregationsmotor. Befunde aus Berlin und Oldenburg. In: Informationen zur Raumentwicklung (IzR) 9. 2011. S 557-566

Hradil S (2001) Soziale Ungleichheit in Deutschland. VS Verlag für Sozialwissenschaften, Wiesbaden

IBB-Investitionsbank Berlin (2011): IBB Wohnungsmarktbericht 2010. <http://www.ibb.de/portaldata/1/resources/content/download/ibb_service/publikatio nen/IBB_Wohnungsmarktbericht_2010.pdf> , Zugegriffen: 15.01.2012

Keller C (2005) Leben im Plattenbau. Zur Dynamik sozialer Ausgrenzung. Campus, Frankfurt/Main

Keller C, Ruhne R (2011) Die Besonderheit des Städtischen. Entwicklungslinien der Stadt(soziologie) – Einleitung. In: Herrmann H, Keller C, Neef R, Ruhne R (Hrsg) Die Besonderheit des Städtischen. Entwicklungslinien der Stadt(soziologie). VS Verlag für Sozialwissenschaften, Wiesbaden, S 7-32

Krätke S (2002) Medienstadt: urbane Cluster und globale Zentren der Kulturproduktion. Leske+Budrich, Opladen

Krätke S, Borst R (2000) Berlin. Metropole zwischen Boom und Krise. Leske + Budrich, Opladen

Kronauer M (2000) Armut, Ausgrenzung, Unterklasse. In: Häußermann, Hartmut (Hrsg) Großstadt. Soziologische Stichworte. Leske + Budrich, Opladen, S 13-26

Krummacher M et al. (2003) Soziale Stadt – Sozialraumentwicklung – Sozialmanagement. Leske + Budrich, Opladen

Kuhle H (2001) Neue Formen sozialer Ausgrenzung: Sozioökonomischer Wandel in zwei Metropolen. Lang, Frankfurt/Main

Massey D, Denton N (1988) The dimensions of residential Segregation. In: Social Force, Vol. 67, No. 2 (1988). S 281-315

Planergemeinschaft (2010) Integriertes Stadtentwicklungskonzept "Aktionsraum plus" Neukölln-Nord Schlussbericht. <http://www.stadtentwicklung.berlin.de/soziale_stadt /aktionsraeume_plus/download/INSEK_Neukoelln-Nord_Internet.pdf>. Zugegriffen: 15.01.2012

Power A, Plöger J, Winkler A (2010) Phoenix Cities. Bristol: The Policy Press

Schönball, Ralf (2011). Beruflich Erfolgreiche ziehen weg aus Berlin. http://www.tagesspiegel.de/berlin/bevoelkerungswanderung-beruflich-erfolgreiche-ziehen-weg-aus-berlin-seite-2/5891806-2.html. Zugegriffen: 15.01.2012

S.T.E.R.N. (2010) Integriertes Stadtteilentwicklungskonzept Aktionsraum plus Wedding/Moabit. <http://www.stadtentwicklung.berlin.de/soziale_stadt/aktionsraeume_plus/ download/INSEK_Wedding-Moabit_Internet.pdf>. Zugegriffen: 15.01.2012

van der Wusten H (2003) Hauptstadt Berlin: das Allgemeine und das Besondere. In: Deben L, van de Ven J (Hrsg) Berlin und Amsterdam. Stadt, Stadtteile und Umland. Aksant, Amsterdam, S 201-214

Kühn M, Sommer H, Eschwege (2011a) Vom Zonenrand zur inneren Peripherie. Fallstudie im Rahmen des Projekts „Stadtkarrieren in peripherisierten Räumen". Leibniz-Institut für Regionalentwicklung und Strukturplanung, Erkner

Kühn M, Sommer H (2011b) Thesenpapier: Peripherisierungsprozesse im Stadtvergleich. Erkner (unveröffentlicht)

Resümee

Zwischenbilanz: Ergebnisse und Schlussfolgerungen des Forschungsprojektes

Matthias Bernt, Heike Liebmann

Der vorliegende Band markiert einen Zwischenstand: Auf der einen Seite stellt er einen Projektbericht dar und ermöglicht so eine Dokumentation von Forschungsergebnissen. Auf der anderen Seite verstand sich die hier vorgelegte Studie von Anfang an als erster Schritt für eine auf längere Frist angelegte Forschungsperspektive.

Vor diesem Hintergrund fokussierte die Untersuchung von Peripherisierungsprozessen zunächst vor allem auf das Handeln kommunaler Akteure in Mittelstädten in strukturschwachen Räumen. Hierzu haben wir eine große Bandbreite an Themen bearbeitet, die je verschiedene Einblicke in den Umgang mit Peripherisierungsprozessen ermöglichen. Die Gemeinsamkeiten zwischen den Beiträgen bilden die Grundlage für die folgende übergreifende Schlussdiskussion, in der wir konzeptionelle sowie politik- und planungspraktische Implikationen unserer Untersuchungsergebnisse darlegen möchten.

1 Was ist Peripherisierung? Wie prägt sie das Handeln vor Ort?

Was „Peripherisierung", das für diesen Band zentrale Konzept, meint, entschlüsselt sich vor allem, wenn man den Terminus dem wortverwandten Begriff „Peripherie" gegenüberstellt. Während traditionelle raumordnerische Diskussionen „Peripherie" vor allem als Randlage definieren, basieren die Beiträge dieses Buches auf einem anderen Verständnis von Peripherie. Peripherie wird hier als ein Ergebnis ungleicher Raumentwicklung verstanden, bei dem periphere Orte nicht einfach nur den „am Rande" gelegenen Unterbau der Zentren darstellen. Zentralisierung und Peripherisierung werden im Gegenteil als miteinander verbundene widersprüchliche Momente eines Gesamtprozesses ungleicher räumlicher Entwicklung gedacht, bei dem die Konzentration von wirtschaftlicher, kultureller und politischer Macht in einigen Städten und Regionen damit korrespondiert, dass andere Städte und Regionen „an den Rand gedrängt", „abgehängt" und „peripherisiert" werden.

Diese Herangehensweise legt ein dynamisches Verständnis von Peripherie nahe, in dem Peripherisierung nicht als Zustand, sondern als Prozess gefasst wird, der nur in einem zeitlichen Verlauf und nur in Relation zu Zentralisierungsprozessen zu verstehen ist. Der entscheidende Unterschied zwischen einer Perspektive auf „Peripherie" und einer Perspektive auf „Peripherisierung" liegt damit darin, dass letztere auf das „Making" von Peripherien fokussiert. Dies führt zu grundlegenden Differenzen im Forschungsansatz. Untersucht werden so nicht Zustandsgrößen, sondern Prozesse, Handlungen und Beziehungen. Das Interesse richtet sich nicht auf periphere Orte als zu isolierende Untersuchungseinheiten, sondern auf die Bezüge dieser Orte zu regionalen, nationalen und globalen Maßstabebenen. Beleuchtet wird also schließlich nicht der Mangel an Ressourcen, sondern das Zustandekommen dieses Mangels und der Umgang damit.

Peripherie	Peripherisierung
Zustand	Prozess, Handlung
Disparitäre Verteilung von Ressourcen, geographische Lage	Relation zwischen Akteuren
Mangel an Ressourcen	Kontrolle über die Verteilung von Ressourcen
Fokus auf den Ort	Fokus auf die Mehrebenenbeziehungen

Tab. 1: Gegenüberstellung von Merkmalen zur Beschreibung von Peripherie und Peripherisierung, eigene Darstellung

Eine solche Konzeption eröffnet zwar in analytischer Hinsicht Freiräume für ein differenzierteres Verständnis von Peripherisierungsprozessen – im Hinblick auf die empirische Identifikation von Peripherien macht es die Aufgabe aber nicht gerade leichter. Denn wenn Peripherie nicht mehr aus Raum- und Mengenmaßen (bspw. Distanz zur nächsten Autobahn, BIP pro Einwohner, Anteil Beschäftigter in F&E Sektoren), sondern aus Prozessen erklärt werden soll, steht die Analyse vor neuen Herausforderungen.

Abwanderung, Abkopplung und Stigmatisierung

Die Autoren dieses Bandes haben in einer ersten Annäherung Prozesse der Abwanderung, der Abkopplung und der Stigmatisierung sowie den Umstand der Abhängigkeit als zentrale Merkmale von Peripherisierungsprozessen definiert (vgl. Beitrag Kühn und Weck).

Abwanderung hat sich dabei als einfach handhabbarer und robuster Indikator erwiesen, in dem ein Mangel an Zukunftschancen gerafft zum Ausdruck kommt. Abwanderungen sind „Abstimmungsprozesse mit den Füßen", die in der Entscheidungsabwägung für „Gehen" und gegen „Bleiben" auf eine eingeschränkte Lebensqualität oder auf fehlende Zukunftsperspektiven für die Menschen hindeuten. Abwanderung (und der mit ihr einhergehende Bevölkerungsrückgang) führt darüber hinaus zu einer Vielzahl von Problemen (wie bspw. Wohnungsleerstand, Unternutzung sozialer Infrastruktur und teilweise auch Fachkräftemangel), die in allen von uns untersuchten Städten zu prioritären Themen der lokalen Stadtentwicklungspolitik geworden sind. Hinzu kommt, dass der mit hoher Abwanderung – bei gleichzeitig ausbleibender Zuwanderung (vgl. Beitrag Bürk und Fischer) – einhergehende Bevölkerungsverlust darüber hinaus nachhaltig die Innovationsfähigkeit der betroffenen Städte schwächt, weil durch den *brain drain* junger, gebildeter und qualifizierter Akteure die Basis für eine Ent-Peripherisierung ausgehöhlt wird. Zusammengefasst kann Abwanderung deshalb als eine Art Generalindikator verstanden werden, der Peripherisierungsprozesse prägnant widerspiegelt und nicht nur eine Momentaufnahme darstellt, sondern auch für die Zukunft Auswirkungen hat.

Auf einer etwas anderen Ebene kann auch „Abkopplung" als Merkmal von Peripherisierungsprozessen verstanden werden. „Abkopplung" ist dabei ein mehrdimensionaler Prozess, der sowohl ökonomische als auch infrastrukturelle Entwicklungen beschreiben kann. Ökonomisch steht die Abkopplung von der Innovationsdynamik fortgeschrittener wissensbasierter Ökonomien im Vordergrund (vgl. Beitrag Stein und Kujath). Auch dieser Vorgang lässt sich, mit Differenzierungen zwischen den verschiedenen Städten, in allen von uns untersuchten Orten beobachten. Bis auf Pirmasens verfügt so keine der Städte über eine Hochschul- oder Fachhochschuleinrichtung, in einem Fall wurde sogar eine bestehende Fachhochschule geschlossen. Traditionell prägende Industrien wie Bergbau, Stahlherstellung oder Schuhproduktion stehen in allen Städten unter Druck und haben entweder Schwierigkeiten, den Anschluss an aktuelle globale Entwicklungsimpulse zu finden, oder wurden bereits Opfer wirtschaftlicher Restrukturierungsprozesse. Der hieraus resultierende notwendige Wandel zu innovativen wirtschaftlichen Aktivitäten ist jedoch kompliziert, denn F&E-intensive Unternehmen sind in den untersuchten Städten auch auf regionaler Ebene kaum vorhanden. Entsprechend sind Clusterbildungen erschwert und die ortsansässigen Unternehmen müssen Prozessinnovationen betriebsintern organisieren. Auch der Anteil hochqualifizierter Bewohner an der Bevölkerung ist gering, so dass innovative wirtschaftliche Aktivitäten häufig mit einem Mangel an qualifiziertem Personal kämpfen müssen. Ökonomisch können die von uns untersuchten Regionen also als durch Innovationsschwäche geprägte Räume beschrieben werden, die den Anschluss an fortgeschrittene Wertschöpfungsprozesse nicht mehr herstellen können.

Die Abkopplung kann aber auch technische und soziale Infrastrukturnetze betreffen. Hier haben vor allem die staatlichen Politiken einen großen Einfluss, beispielsweise durch die Ausdünnung und Schließung von Einrichtungen der öffentlichen Daseinsfürsorge (wie z.b. Schulen, Krankenhäuser oder Sport- und Kultureinrichtungen) oder die Aufgabe von Haltestellen im öffentlichen Bahnverkehr. Zu beachten ist dabei, dass Abkopplung nicht nur ein aktiver Vorgang sein kann, sondern sich auch als passives „Zurückfallen" von Räumen vollzieht (bspw. durch den langsameren Ausbau moderner Kommunikationsnetze oder durch Ausbleiben von Erhaltungsinvestitionen in vorhandene Infrastrukturen).

Ein drittes Charakteristikum von Peripherisierung sind schließlich die diskursiven Arrangements, in denen die Lage peripherisierter Räume als Abweichung von einer in den Zentren definierten Normalität beschrieben und mit stigmatisierenden Attributen (bspw. „Hauptstadt der Arbeitslosen", „hässlichste Stadt Deutschlands", „Hessisch-Sibirien") versehen wird (vgl. Beitrag Bürk und Beißwenger). In dieser Hinsicht lassen sich für fast alle von uns untersuchten Städte stigmatisierende Zuweisungen finden, die diskursiv die Peripherisierung der jeweiligen Städte widerspiegeln. In der Zuweisung der stigmatisierten Phänomene als lokales Problem werden die Konsequenzen der Peripherisierung dabei der Peripherie selbst angelastet und als lokales Versagen beschrieben. Peripherisierte Orte erscheinen in der Folge nicht einfach nur als geringer mit Ressourcen (z.b. Verkehrsanschlüsse, Karrieremöglichkeiten, kulturelle Attraktionen) ausgestattet, sondern sie werden als an dieser Entwicklung selbst Schuldige abqualifiziert und mit Images versehen, die Entwicklungsnachteile quasi zur Eigenart des Ortes machen.

Abhängigkeit und ungleiche Machtverhältnisse

Gemeinsam ist allen von uns untersuchten Orten außerdem eine „Abhängigkeit" im Sinne einer Angewiesenheit auf überlokale Ressourcen und Entscheidungen. Hier lassen sich verschiedene Dimensionen erkennen, in denen räumlich skalierte Machtgefälle zwischen gesellschaftlichen Akteuren zu einem Machtungleichgewicht zwischen Zentrum und Peripherie führen.

Benachteiligung und Abhängigkeit können sich dabei zum einen auf die Organisation wirtschaftlicher Prozesse beziehen: Gegenüber von im Zentrum verorteten Entwicklungs-, Steuerungs- und Leitungsfunktionen sind nachgeordnete Bestandteile des Wertschöpfungsprozesses leicht ersetzbar und in ihrer Existenz von wirtschaftlichen, organisatorischen und politischen Erwägungen in den Unternehmensleitungen abhängig. Da diese verschiedenen Unternehmensfunktionen häufig in unterschiedlichen geografischen Lokationen positioniert sind, übersetzt sich diese funktionale Differenzierung leicht in sozialräumliche

Hierarchisierungen, bei denen im Zentrum verortete Akteure Entscheidungs-macht (verstanden im Sinne der Weberschen Definition als „Chance, innerhalb einer sozialen Beziehung den eigenen Willen auch gegen Widerstreben durch-zusetzen") gegenüber in der Peripherie situierten Akteuren innehaben.

Die hierdurch entstehenden ungleichen Machtverhältnisse sollten allerdings nicht als ausschließliche Kontroll- und Kommandobeziehung missverstanden werden, bei der Peripherien einfach nur Objekte von Entscheidungen wären, die andernorts getroffen werden. Machtbeziehungen sind im Gegenteil immer rela-tional und können nur durch aufeinander bezogenes Handeln aller an ihnen beteiligten Akteure konstituiert werden. In Bezug auf die hierdurch bedingten Interaktionsformen sind in den von uns untersuchten Städten sehr verschiedene Formen von „Abhängigkeit" erkennbar.

Die wirtschaftlich monostrukturierte Mittelstadt Pirmasens verfügt so zwar über ortsansässige Unternehmensführungen – diese orientieren in ihrer Ent-scheidungsstruktur jedoch so stark auf globale Märkte, dass die Kommunen große Anstrengungen unternehmen müssen, um sie „mit ins Boot" zu holen. Entsprechend wird die Stadtentwicklung priorität auf die Bedürfnisse dieser Akteure ausgerichtet und die Weiterentwicklung der „Schuhstadt" zum Dreh-und Angelpunkt der lokalen Stadtentwicklung gemacht. Im wirtschaftlich durch „verlängerte Werkbänke" geprägten Eschwege hingegen sind solche lokal ge-bundenen Akteure gar nicht vorhanden und entsprechend auch nicht in die Ent-scheidungsfindung einzubinden. Hier leidet die Stadtpolitik vor allem unter der Abwesenheit von lokalen Headquartern und der Dependenz von Entscheidun-gen, die außerhalb der Region getroffen werden. Dies führt zu einer Konstellati-on, die von den lokalen Verantwortlichen oft als quasi schicksalhaft wahrge-nommen wird und in der die Kommune als „Spielball" nationaler und globaler Wirtschaftsinteressen erscheint. In den beiden ostdeutschen Fällen wiederum hat der Umbruch der frühen 1990er Jahre zu einer derart drastischen Deindustriali-sierung geführt, dass die lokale Politik kaum noch endogene wirtschaftliche Potenziale finden kann, an die sie anknüpfen könnte. Hier wird eigentlich jedem potenziellen Investor „der rote Teppich ausgerollt" und die Kommunen nehmen beträchtliche Ressourcen in die Hand, um im Standortwettbewerb attraktiv zu erscheinen.

Das Verhältnis zwischen wirtschaftlichen Interessen und kommunalen Entwicklungsansätzen gestaltet sich also in den von uns untersuchten Städten unterschiedlich. Gemeinsam ist allen beschriebenen Konstellationen jedoch, dass das Verhältnis zwischen kommunalen und wirtschaftlichen Entscheidungs-trägern kaum als Partnerschaft „auf Augenhöhe" beschrieben werden kann. Zu beobachten ist vielmehr ein Ungleichgewicht, bei dem sich kommunale Akteure an einen Kontext anpassen müssen, der von überlokalen wirtschaftlichen Ent-scheidungsträgern bestimmt wird. Die Basis dieses Ungleichgewichtes ist ein

Spannungsverhältnis zwischen der territorialen Logik staatlichen Handelns und der funktionalen Logik wirtschaftlicher Tätigkeit: wirtschaftliche Akteure können den Standort ihrer Aktivitäten verlagern und ökonomisch weniger attraktive Räume „aufgeben" – kommunale und staatliche Akteure haben diese Option nicht. Trotzdem bleiben sie auf ein von der Wirtschaft zu erarbeitendes Steueraufkommen angewiesen, um ihre Tätigkeit finanzieren zu können. Dort, wo diese Angewiesenheit nicht auf ein Interesse der lokal vorhandenen Wirtschaft trifft (sei es, weil diese nur aus „verlängerten Werkbänken" besteht oder weil aufgrund eines Strukturbruchs kaum noch Unternehmen vorhanden sind), stehen Kommunen ohne die nötigen Partner da und müssen sich umso intensiver bemühen, die dadurch entstehenden Lücken zu schließen. Die bereits von Offe (1972) diskutierten „Strukturprobleme des kapitalistischen Staates" bedingen hier eine „Abhängigkeit", die den Handlungsspielraum kommunaler Akteure beschränkt und diese nötigt, einer stabilen wirtschaftlichen Basis besonderes Augenmerk einzuräumen. Peripherisierungsprozesse sind in diesem Sinne umso intensiver, je weniger Kommunen in der Lage sind, ein aktives Interesse wirtschaftlicher Akteure an ihrem Standort zu bewirken.

„Abhängigkeit", als Merkmal von Peripherisierung, kann allerdings auch das Verhältnis von strukturschwachen Kommunen zu Bund und Ländern bestimmen. Denn gerade die Einbettung raumbezogener Stadtpolitik in ein innerstaatliches Mehrebenensystem hat für strukturschwache Kommunen häufig eine ambivalente Wirkung: Auf der einen Seite ermöglichen staatliche Ausgleich- und Förderpolitiken vor Ort überhaupt erst eine Vielzahl von Projekten, Maßnahmen und Leistungen. Ohne den im deutschen Föderalismus praktizierten solidarischen Ausgleich zwischen strukturstarken und strukturschwachen Regionen wären die Lebensverhältnisse in allen von uns beobachteten Städten sehr problematisch und schon die Erfüllung der kommunalen Pflichtaufgaben wäre häufig kaum noch zu bewerkstelligen. Ein Spielraum für eigenständige kommunale Initiativen wäre ohne Unterstützung „von oben" in vielen Fällen kaum vorhanden. Hinzu kommt, dass die Dotationspraxis von Bund und Ländern auf Freiwilligkeit beruht, d.h. die Entscheidung über die mit der Annahme von Fördergeldern verbundene Aufgabe von Handlungsautonomie liegt bei den Städten selbst und sie ist für die Kommunen in der Regel attraktiv, weil sie mit einer faktischen Erweiterung von Handlungsspielräumen einhergeht.

Paradoxerweise führt die in peripherisierten Kommunen notorische Finanzknappheit aber dazu, dass die theoretisch durch die Unterstützung von Bund und Ländern erweiterte kommunale Handlungsautonomie in der Praxis außerordentlich reduziert ist. Denn in der Realität können es sich strukturschwache Kommunen kaum noch leisten, staatliche Förderanreize zu ignorieren und entsprechend wird die „Freiwilligkeit", mit der bestehende Förderanreize genutzt werden, stark relativiert. Auf der einen Seite bedingen dabei Ausgabenremanenz bei rückläufiger Bevölkerung, Zusatzausgaben für die Anpassung der Infrastruktur, erhöhte Sozialausgaben und Kosten für die intensivierte Teilnahme am „Standortwettbewerb" für sich bereits eine erhöhte Belastung des Kommunalhaushaltes (vgl. auch Mäding 2004, S. 88ff.). Der schwierigen Ausgabensituation stehen jedoch auf der anderen Seite in der Regel auch noch sinkende Einnahmen gegenüber. Da Kommunen Einnahmen nur aus Steuern und Abgaben auf Bewohner und Unternehmen sowie aus Zuweisungen von Bund und Ländern erhalten können, schlägt sich ein Rückgang an Bewohnern und im Bereich der Wirtschaft in der Regel in einem geringeren autonomen Steueraufkommen nieder. Dies führt spiegelbildlich zu einer stärkeren Angewiesenheit auf Zuweisungen von Bund und Ländern und damit – in der Realität – zu einem Verlust an Handlungsautonomie. Obwohl die kommunale Autonomie theoretisch von der Förderpraxis von Bund und Ländern unberührt bleibt, üben die Anreize, die mit ihr gesetzt werden, auf diese Weise eine das Handeln in den Kommunen stark strukturierende Wirkung aus. So orientieren auch die von uns untersuchten Städte stark auf Bundes- und Landespolitiken und entwickeln ihre Strategien in Bezug auf von diesen gesetzte Entscheidungen (z.B. Kreisgebietsreform) und Ressourcen. Die Spielräume, die sie dabei haben, sind allerdings unterschiedlich groß, entsprechend variiert der Grad der Ausrichtung lokaler Strategien an überlokalen Vorgaben. Während Osterode und Pirmasens noch auf Ressourcen lokaler Unternehmen zurückgreifen und sich eine selektive Auswahl von Fördermöglichkeiten leisten können, haben alle anderen von uns untersuchten Städte wesentlich weniger Bewegungsfreiheit und müssen sich auf eine „Projektitis" (Interview Eschwege, vgl. Beitrag Bernt) einlassen.

Peripherisierung als mehrdimensionaler Prozess

Fasst man die hier ausgeführten Punkte zusammen, lässt sich Peripherisierung als mehrdimensionaler Prozess beschreiben, der auf räumlich fixierten Machtgefällen beruht und sich in ungleichen Machtverhältnissen zwischen Akteuren im Zentrum und solchen in der Peripherie widerspiegelt. Diese Machtbeziehungen führen zu ökonomischen und infrastrukturellen Abkopplungsphänomenen, finden ihren Ausdruck in diskursiven Konstruktionen und lassen sich an der Abwanderung von Erwerbsbevölkerung ablesen.

Peripherisierung führt damit zu einer Reihe von gemeinsamen Vorbedingungen, die das Handeln der Akteure in den untersuchten Mittelstädten prägen. Deindustrialisierung, wirtschaftlicher Niedergang, Abwanderung von Einwohnern, kommunale Haushaltsprobleme und ein schlechtes Außenimage sind so typische Problemfelder, mit denen sich die Handelnden in den betroffenen Städten auseinandersetzen müssen.

Gleichzeitig sind Mischung und Intensität von Abhängigkeit, Abkopplung und Abwanderung jeweils ortsspezifisch verschieden (vgl. Beitrag Beißwenger und Sommer). Im Ergebnis sind Peripherisierungsprozesse in den Städten unterschiedlich stark ausgeprägt und wirken sich in unterschiedlicher Form und Intensität auf jeweils verschiedene Teilprozesse aus. Auch der historische Kontext und der zeitliche Verlauf von Peripherisierung variieren: Während die Peripherisierungsgeschichte von Eschwege kaum ohne einen Bezug auf die „Zonenrandförderung" der 1960er bis 1980er Jahre und ihren sukzessiven Abbau nach der Wiedervereinigung erklärt werden kann, sind die Spezifik der Peripherisierungsprozesse und die Schwierigkeiten im Umgang mit ihnen im Mansfelder Land kaum ohne ein Wissen um die Bergbautradition und den schlagartigen und umfassenden Abbruch dieses Entwicklungspfades in den Jahren 1990/91 zu verstehen (vgl. Beitrag Sommer und Liebmann).

Zusammengefasst kann man also sagen, dass Peripherisierungsprozesse in den betroffenen Städten zu ähnlichen Herausforderungen für lokales Handeln führen – die Voraussetzungen, mit diesen umzugehen, aber sind in den Städten verschieden. Es handelt sich bei Peripherisierungsprozessen somit eher um eine Art Rahmenbedingung, die einen Korridor für eine Varianz von Handlungsmöglichkeiten öffnet (und diesen gleichzeitig begrenzt).

2   Handlungsspielräume und -grenzen: Wie wird mit Peripherisierung umgegangen?

Wie aber ist dieser Korridor genauer zu beschreiben? Wie weit oder schmal ist er und welche politischen und planungspraktischen Konsequenzen hat die hier beschriebene Situation? Im Folgenden diskutieren wir thesenartig zentrale Anregungen, die unsere Forschung für die stadtentwicklungspolitische Debatte beinhalten kann. Wir wollen damit sowohl Anstöße für die Praxis geben, als auch Vorschläge für zukünftige Forschungsarbeiten skizzieren. Insgesamt erscheinen uns in dieser Hinsicht vier Themen zentral:

Ressourcenabhängigkeit prägt lokales Handeln

Prägend für das Handeln in allen untersuchten Städten ist die Abhängigkeit von Ressourcen, über deren Allokation von überlokalen Akteuren entschieden wird. Von besonderer Bedeutung sind dabei staatliche Ressourcen. Die durch diese bedingte Opportunitätsstruktur (z.B. Zusammenlegung von Kreisen, Autobahnplanung, Förderprogramme) spielt eine entscheidende Rolle für alle lokalen Versuche im Umgang mit der Peripherisierung.

Die „goldenen Zügel" staatlicher Zuweisungen haben für die Strategiebildung allerdings durchaus auch eine ambivalente Wirkung: Auf der einen Seite werden durch sie Entwicklungen angestoßen, die ohne Ressourcen von außen nicht möglich gewesen wären (z.B. IBA Lutherstadtumbau in Eisleben). Auf der anderen Seite erzwingen wechselnde Förderphilosophien, Programmzuschnitte und Richtlinien aber auch eine ständige Neuorientierung lokaler Ansätze, was vor Ort erhebliche Kosten aufwirft und das Verfolgen langfristiger Entwicklungsansätze erschwert. Die Abhängigkeit als zentrales Entwicklungsmerkmal dieser Städte wird deutlich in der Art und Weise des lokalen Umgangs mit der Peripherisierung, der zugespitzt als „strategisches Management von Abhängigkeitsbeziehungen" beschrieben werden kann (vgl. Beitrag Bernt).

Standortwettbewerb um staatliche Ressourcen

Das Management von Abhängigkeitsbeziehungen findet seinen Niederschlag auch im Feld der interkommunalen Standortkonkurrenz, in der die von uns untersuchten Städte in einer gewissen Distanz zu den – die wissenschaftliche Diskussion dominierenden – Konzepten von „unternehmerischer Stadtpolitik" stehen. Sie befinden sich zwar in der Regel durchaus in einer mehr oder weniger intensiven Konkurrenz mit anderen Städten – das Feld, auf dem diese ausgetragen wird, ist jedoch nicht unbedingt der Wettbewerb um Investoren, sondern der Zugang zu staatlichen Ressourcen und Fördermitteln. Die dem lokalen Handeln zugrunde liegenden Logiken sind entsprechend stark von politischen und bürokratischen Logiken beeinflusst. Der Spielraum, in dem lokale Akteure Strategien entwickeln, ist damit weitgehend vorgegeben, der Spielverlauf ist abhängig von überörtlich getroffenen Entscheidungen.

Die sowohl in der Wissenschaft als auch von staatlichen Instanzen häufig vorgetragene Aufforderung zu mehr strategischem Handeln können peripherisierte Städte vor diesem Hintergrund kaum erfüllen. Sie können es sich nach den erfahrenen wirtschaftlichen Strukturbrüchen häufig nicht nur nicht leisten, mögliche Entwicklungsoptionen nicht zu verfolgen, sondern müssen aus einer Position der Schwäche auf immer wieder neue Schwerpunktsetzungen staatlicher Förderanreize reagieren. Ausdruck dessen ist, dass fünf der sechs Fallstädte nur sehr vage Stadtentwicklungs-Leitbilder aufweisen und damit kaum eine *längerfristige Orientierung* für die Akteure bieten (vgl. Beitrag Kühn und Weck). Jürgen Aring beschrieb das Handeln der Kommunen im Rahmen eines im Projektkontext durchgeführten Expertenworkshops als „Strampeln im Morast": *„man weiß, wo man hin will, dass man raus will, aber auch dass die Möglichkeiten, die man hat, herauszukommen, recht begrenzt sind. Man tritt irgendwo hin und versucht, nicht unterzugehen."* (Montag Stiftung 2012, S. 10)

Einbindung von Wirtschaft und bürgerlichem Engagement

Angesichts dieser Umstände ist offensichtlich, dass ein Setzen auf eine Lösung struktureller Probleme allein „top down", durch Unterstützung übergeordneter Politikebenen, kaum realistisch sein kann. Entsprechend haben sich in fast allen Untersuchungsstädten Netzwerke etabliert, in denen öffentliche und private Akteure gemeinsam versuchen, Ressourcen für ihre Projekte vor Ort zu erschließen. Als besonders erfolgreich erweisen sich dabei Kommunen, in denen es gelungen ist, langfristige, verlässliche und auf Vertrauen basierende Kooperationsstrukturen zwischen verschiedenen Entscheidungsträgern herauszubilden. Allerdings ist eine solche „Wunschstruktur" in der Realität nur selten der Fall. In der Praxis erweist sich die Entwicklung tragfähiger Akteursstrukturen vor Ort regelmäßig als schwieriges Unterfangen: Partnerschaftliche Strukturen entwickeln sich häufig nur im Zusammenhang mit Programmen der Bundes- und Landespolitik; sie hängen damit vom Vorhandensein von Ressourcen ab, mit denen Kooperation „belohnt" wird. Lokale Netzwerke und Kooperationen sind damit oft labil und können nur selten die notwendigen Ressourcen aufbringen, um eine strategische Stadtentwicklung zu befördern.

Interkommunale Konkurrenz und Kooperation

Der beschriebene Wettbewerb der Kommunen um staatliche Ressourcen führt darüber hinaus in den von uns näher betrachteten Städten zu einer großen Diskrepanz zwischen der vielfachen Forderung nach interkommunalen Kooperationen und einer sehr viel stärker von Konkurrenz geprägten Praxis (vgl. Beitrag Kühn und Weck). Vor dem Hintergrund sinkender Einwohnerzahlen, von Reduzierungen von Infrastrukturangeboten und der drohenden Gefahr von Funktionsverlusten (bspw. durch Zusammenlegung von Landkreisen oder Ämtern, Schließung von Krankenhäusern oder Bildungseinrichtungen) entstehen kommunalpolitische Verteilungskonflikte, die von den Kommunen kaum allein im Rahmen von interkommunalen Kooperationen gelöst werden können. Dies zumal, da die Effekte der Kooperationen erst längerfristig sichtbar werden, während in der Anfangsphase ein hoher Abstimmungsbedarf und eine kompetente Steuerung unerlässlich sind. Es verwundert daher nicht, dass der Anstoß für die wenigen vorgefundenen Kooperationen in den von uns näher untersuchten Städten wesentlich von Anreizen in Form staatlicher Förderinstrumente ausging. Ein fruchtbares Wechselspiel von Kooperation und Konkurrenz entstand darüber hinaus nur dann, wenn sich Kommunen im Wettbewerb nach außen Positionierungsvorteile und Synergieeffekte versprachen (bspw. durch Kooperation der Lutherstadt Eisleben mit anderen Lutherstädten). Es handelt sich dabei oft um weiche Formen der Kooperation, z.B. im Bereich des Tourismusmarketing, die eher in Randbereichen der Stadtentwicklung zu verorten sind.

Fasst man diese Befunde zusammen, wird deutlich, dass die Spielräume lokalen Handelns stark von der Wechselwirkung lokaler Politikprozesse mit überlokalen Mehrebenenbeziehungen bestimmt sind. Das Zusammenspiel *lokaler* Akteurskonstellationen mit überlokal gesetzten Rahmenbedingungen kann so nicht einfach vorausgesetzt oder eingefordert werden. Was konkret vor Ort möglich und unmöglich ist, ist vielmehr Ergebnis eines komplizierten Zusammenspiels von lokalen Strukturen (Vorhandensein, Stärke, Interesse und Beziehungen lokaler Akteure) mit überlokalen Opportunitätsstrukturen (Andockfähigkeit lokaler Politiken an externe Ressourcengeber bzw. Erfolgsaussichten auf überlokalen Märkten). In diesem Spiel haben einige Städte größere Handlungsspielräume, andere sind erfolgreicher und wieder andere müssen durch ein Wechselbad an kleinen Erfolgen und großen Problemen gehen. In der Summe handelt es sich aber bei allen beobachteten Fällen um ein lokales Spielfeld, dessen Grenzen durch den Kontext der Peripherisierung und der daraus folgenden Abhängigkeiten bestimmt werden. In diesem Spielfeld geben nicht die lokalen Akteure die Regeln vor, sondern sie müssen „strampeln" und durch ständige Aktivität Handlungsfähigkeit und Mitspielbereitschaft demonstrieren und hoffen, ab und zu ein glückliches Tor zu landen, ohne damit jedoch ihre strukturellen Probleme lösen zu können.

3   Was folgt daraus für Stadtplanung und -politik?

Im Gegensatz zu Konzepten, die den erweiterten Spielraum für „Experimente" in strukturschwachen Regionen betonen, auf endogene Potenziale für die Lösung lokaler Krisen setzen oder für die Potenziale von Wettbewerben und Best Practices als Impulsgeber für lokales Handeln werben, überwiegt in unserer Einschätzung eine Skepsis gegenüber der Reichweite lokalen Handelns.

Aus dem hier Beschriebenen wird deutlich, dass wir die wesentlichen Optionen für einen besseren Umgang mit Peripherisierungsproblemen nicht allein auf der lokalen Ebene verorten. Vielmehr können lokale Perspektiven – gerade in den peripherisierten Städten – nur im Zusammenhang mit überlokalen Rahmenbedingungen entwickelt werden. Angesichts ihrer Strukturschwäche sind die von uns untersuchten Städte allesamt in einem solchen Maß von Rahmensetzungen und Zuwendungen von Bund und Ländern abhängig, dass ein zielgerichtetes Handeln vor Ort nur in engem Bezug auf von diesen gesetzte Orientierungen und Ressourcenzuweisungen erfolgen kann. Versuche, einen Ausweg aus der Krise dieser Städte zu finden, die nicht die Veränderung von Rahmenbedingungen auf Bundes- und Landesebenen einschließen, müssen daher ins Leere laufen.

Wir halten deshalb eine Politik, die die lokale Handlungsfähigkeit stärkt, indem sie die Basisfinanzierung von Kommunen verbessert, für den zentralen Strategieansatz im Umgang mit Peripherisierungsproblemen. Im Kern erfordert dies eine Reform der Kommunalfinanzierung, die strukturschwachen Städten die Möglichkeit gibt, ihre tiefgreifenden Probleme systematisch angehen zu können, statt sich in Wettbewerben und Verteilungskonflikten verschleißen zu müssen.

Hieraus ist keinesfalls alleine ein Votum für mehr Geld abzuleiten. In der Realität fließen ja bereits erhebliche Mittel in strukturschwache Räume. Die Art und Weise, wie diese Unterstützung gewährt wird, hat sich allerdings in den letzten Jahrzehnten verändert: in zunehmendem Maße werden Mittel in kurzfristigen Programmen, mit schnell wechselnden Förderzielen und in Wettbewerbsverfahren vergeben. Für Kommunen, die auf eine aktive Verwaltung und handlungsfähige Partner zählen können, kann dies durchaus Vorteile mit sich bringen. Für diejenigen Städte, auf die diese glücklichen Umstände nicht zutreffen, führt diese Politik jedoch zu Problemen, da sie viel weniger in der Lage sind, notwendige Unterstützungsnetzwerke zu mobilisieren, die Overheadkosten von Wettbewerbs-, Ausschreibungs- und Akquiseverfahren zu tragen oder die erforderlichen Zusammenarbeitsstrukturen innerhalb der lokalen Politik zu organisieren. Selbst innerhalb der Gemeinschaft peripherisierter Städte entsteht so eine selektierende Dynamik, in der staatliche Handlungsanreize gerade an den Kommunen mit den schwierigsten Problemkonstellationen vorbei zu gehen drohen.

Statt sich im Hamsterrad von Konkurrenz und Fördermitteleinwerbung ablaufen zu müssen, benötigen strukturschwache Kommunen deshalb kontinuierliche und verlässliche Ressourcenzuweisungen, mit denen sie die strukturellen Probleme des Schrumpfens angehen und Spielräume für die Verbesserung ihrer Wettbewerbsfähigkeit erschließen können.

Zwei Handlungsfelder, die die Probleme fehlender Kontinuität in der Förderung besonders plastisch aufzeigen, sind die Themen Migration und Bildung. Hier benötigen lokale Akteure Freiräume, um trotz Finanzknappheit die Integrationsarbeit zu professionalisieren und zu verstetigen (vgl. Beitrag Fischer und Bürk) und mehr in die Weiterbildung der bereits (oder noch) ansässigen Bevölkerung investieren zu können (vgl. Beitrag Stein und Kujath). In vielen Gemeinden gibt es hierzu bereits Initiativen, die sich durch ein Dickicht von Kompetenzzuweisungen, befristeten, projektorientierten Förderungen und fehlender Unterstützung kämpfen. Dabei bleiben kaum Spielräume, die – oft eingeforderten – Impulse für eine Veränderung von unten ermöglichen würden. In manchen Gemeinden haben die Krisen der letzten Jahrzehnte bereits zu einem Verlust an aktiven und engagierten Akteuren, sowohl in der Verwaltung als auch in der lokalen Wirtschaft und der Zivilgesellschaft, geführt, so dass es nur noch wenig Ansatzpunkte für lokale Initiativen gibt. Eine Unterstützung peripherisierter Kommunen braucht deshalb nicht allein mehr Geld, sondern sie sollte Hilfen zur Qualifizierung von strategischen Konzepten und Entscheidungsprozessen, eine Stärkung der Kompetenzen vor Ort sowie eine Unterstützung von (auch kritischen und kontroversen) lokalen bzw. regionalen Initiativen einschließen.

Hinzu kommt die Notwendigkeit, bei allen Vorschlägen für diese Städte eine realistische Perspektive einzunehmen. Angesichts zusehends disparater regionalwirtschaftlicher Entwicklungen einerseits und europaweit abnehmender Bevölkerung andererseits wird die Decke für eine wachsende Anzahl von Städten in Zukunft einfach zu kurz sein, um einen „Turnaround" zu schaffen. Für diese Städte kann es nicht darum gehen, der „Abkopplung" durch „Anschluss" in allen Bereichen zu begegnen. Es wird vielmehr darum gehen müssen, den Verlust an Funktionen und Bevölkerung mit möglichst geringen Verwerfungen zu managen und dafür das Potential kreativer Köpfe in der Stadtgesellschaft zu nutzen. Für diese Entwicklung bedarf es angepasster Leitbilder, die darauf orientieren sollten, welche Funktionen diese Städte zur Sicherung der Daseinsvorsorge im Raum künftig übernehmen können. Entwicklungsansätze, die sich allein aus den Erfahrungen prosperierender Zentren speisen (bspw. Attraktivierung der Städte für die „creative class"), dürften hier nur in Ausnahmen angebracht sein.

Wir haben in diesem Band die Bedingungen untersucht, unter denen Akteure in peripherisierten Mittelstädten mit den Problemen ihrer Städte umzugehen versuchen. Dabei, so hoffen wir gezeigt zu haben, ist ihr Handeln stark von äußeren, für sie ungünstigen, Rahmenbedingungen bestimmt. Darüber hinaus ist es stark von den jeweils spezifischen Konstellationen, Traditionen und Pfadabhängigkeiten in den jeweiligen Kommunen geprägt. Entsprechend orientieren unsere Handlungsempfehlungen auf einen differenzierten Umgang mit Peripherisierungsprozessen, der vor allem die Handlungsfähigkeit lokaler Akteure stärkt und diese befähigt, der jeweiligen lokalen Problemlage angepasste Strategien zu verfolgen.

Angesichts einer zusehends disparitären Stadt- und Regionalentwicklung gehen wir davon aus, dass das hier diskutierte Thema in Zukunft noch weiter an Bedeutung gewinnen wird. Peripherisierungsprozesse gibt es jedoch nicht nur in Mittelstädten. Sie können im Gegenteil auf und zwischen unterschiedlichen räumlichen Ebenen stattfinden und entsprechend sollten in Zukunft Gemeinsamkeiten und Unterschiede zwischen den von uns untersuchten Konstellationen und ähnlichen Prozessen auf anderen räumlichen Ebenen stärkere Beachtung finden. Für besonders interessant halten wir dabei die Untersuchung von Peripherisierungsprozessen innerhalb von Großstädten und innerhalb von strukturschwachen Regionen. Der hier dargelegte Zwischenstand kann, so hoffen wir, hierfür einen Ausgangspunkt bieten.

Literatur

Mäding H (2004) Demographischer Wandel und Kommunalfinanzen - Einige Trends und Erwartungen. Deutsche Zeitschrift für Kommunalwissenschaften (DfK) 43 (1). 84-102

Montag-Stiftung (2012) Mittelstädte im peripherisierten Raum zwischen Abkopplung und Innovation. Ergebnisse eines Experten-Workshops in Günne/Möhnesee am 08. und 09. September 2011

Offe C (1972) Strukturprobleme des kapitalistischen Staates. Ansätze zur politischen Soziologie. Frankfurt a.M.: Edition Suhrkamp

Anhang

AutorInnenverzeichnis

Sabine Beißwenger, Dipl.-Geogr.; 2007-2009 Wissenschaftliche Mitarbeiterin am Geographischen Institut der Universität zu Köln im DFG-Schwerpunktprogramm "Megacities – Megachallenge. Informal Dynamics of Global Change". Seit 2009 Wissenschaftliche Mitarbeiterin am ILS - Institut für Landes- und Stadtentwicklungsforschung, Dortmund; Arbeitsschwerpunkte: Entwicklungsprozesse von Mittelstädten, Arbeitsmigration, Stadtentwicklung in Ostasien.

Matthias Bernt, Dr. phil; seit 2008 wissenschaftlicher Mitarbeiter der Forschungsabteilung Regenerierung von Städten am Leibniz-Institut für Regionalentwicklung und Strukturplanung (Erkner), Lehrbeauftragter an der Humboldt Universität zu Berlin; Arbeitsschwerpunkte: Urban Governance, schrumpfende Städte, Gentrification.

Thomas Bürk, Dr. phil.; Sozialgeograph und empirischer Kulturwissenschaftler; 2008-2011 wissenschaftlicher Mitarbeiter in der Forschungsabteilung Regenerierung von Städten am Leibniz-Institut für Regionalentwicklung und Strukturplanung (Erkner). Arbeitsschwerpunkte: Stadtforschung, Cultural Studies, kritische Geographie, Diskurs- und Dispositivanalysen.

Susen Fischer, Dipl.-Sozialwissenschaftlerin; von 2007 bis 2011 wissenschaftliche Mitarbeiterin am Leibniz-Institut für Regionalentwicklung und Strukturplanung (Erkner), von 2009-2011 Mitarbeit im Forschungsprojekt „Integrationspotenziale in kleinen Städten und Landkreisen" (gefördert durch die Schader-Stiftung); Arbeitsschwerpunkte: lokale Governance, Integration von Zuwanderern.

Daniel Förste, Dipl. Sozialwissenschaftler; wissenschaftlicher Mitarbeiter am Leibniz-Institut für Regionalentwicklung und Strukturplanung (Erkner), zuvor Mitarbeit am Berliner Monitoring Soziale Stadtentwicklung; Arbeitsschwerpunkt: Soziale Stadtentwicklung, Integrierte und sozialräumliche Stadtpolitik, Wohnungspolitik

Manfred Kühn, Dr. rer. pol.; kommissarischer Leiter der Forschungsabteilung Regenerierung von Städten am Leibniz-Institut für Regionalentwicklung und

Strukturplanung (Erkner); Arbeitsschwerpunkte: Stadt- und Regionalplanung, strategische Planung, Stadtlandschaften.

Hans-Joachim Kujath, Prof. Dr.; von 1994 bis September 2009 Leiter der Abteilung Regionalisierung und Wirtschaftsräume und stellvertretender Direktor des Leibniz-Instituts für Regionalentwicklung und Strukturplanung (Erkner); seit September 2009 Seniorwissenschaftler am IRS. Seit 2004 Honorarprofessor an der Technischen Universität Berlin, Institut für Stadt- und Regionalplanung. Arbeitsschwerpunkte: Strukturwandel zur Wissensökonomie, Wirtschaftsraum- und Wirtschaftsverflechtungsanalysen, Metropolenforschung, Europäische Raumentwicklung, Regionale Struktur- und Raumentwicklungspolitik.

Heike Liebmann, Dr.-Ing.; bis April 2012 Leiterin der Forschungsabteilung Regenerierung von Städten am Leibniz-Institut für Regionalentwicklung und Strukturplanung (Erkner), seit Mai 2012 Leitung des Bereichs Stadtplanung bei der Brandenburgischen Beratungsgesellschaft für Stadterneuerung und Modernisierung, Lehrbeauftragte an der Brandenburgischen Technischen Universität in Cottbus; Arbeitsschwerpunkte: Stadtentwicklung und Stadtpolitik unter Schrumpfungsbedingungen, Stadtumbau.

Hanna Sommer, Dr. phil.; seit 2007 wissenschaftliche Mitarbeiterin in der Forschungsabteilung Regenerierung von Städten am Leibniz-Institut für Regionalentwicklung und Strukturplanung (Erkner). Arbeitschwerpunkte: Stadt- und Regionalentwicklung, Städtekooperationen, Wohnungsmarktforschung.

*Axel Stein ,*Dr.Ing.; 2004-2012 wissenschaftlicher Mitarbeiter der Forschungsabteilung Dynamiken von Wirtschaftsräumen am Leibniz-Institut für Regionalentwicklung und Strukturplanung (Erkner), seit April 2012 Berater bei KCW, einer Strategie- und Managementberatungen für öffentliche Dienstleistungen. Arbeitsschwerpunkte: räumliche Entwicklungen in der Wissensgesellschaft, Raum- und Verkehrsplanung, Kommunalberatung, Mobilität im ländlichen Raum

Sabine Weck, Dr. rer. pol.; stellvertretende Leiterin des Forschungsfeldes Sozialraum Stadt am ILS – Institut für Landes- und Stadtentwicklungsforschung (Dortmund); Forschungsschwerpunkte: städtische Schrumpfungs- und Wachstumsprozesse, städtische Bewältigungsstrategien im Umgang mit Strukturwandel, Migration und Stadt, Ansätze integrierter Quartierserneuerung, insbesondere ökonomischer Revitalisierungsstrategien

The manufacturer's authorised representative in the EU is Springer
Nature Customer Service Centre GmbH, Europaplatz 3, 69115 Heidelberg,
Germany. If you have any concerns regarding our products, please
contact ProductSafety@springernature.com

Printed and bound by CPI Group (UK) Ltd, Croydon, CR0 4YY
27/04/2026
02097632-0001